Kohlhammer
Urban-
Taschenbücher

W0071157

Grundkurs Philosophie

Der Grundkurs Philosophie in den Urban-Taschenbüchern gibt einen umfassenden Einblick in die fundamentalen Fragen heutigen Philosophierens. Er stellt die wichtigsten Bereiche der Philosophie systematisch dar; ergänzend gibt er eine Übersicht über ihre Geschichte von der Antike bis zur Gegenwart. Anliegen des Grundkurses ist es, den Einstieg in die Philosophie zu ermöglichen und zu eigenständigem Denken anzuregen. Besonderer Wert wird deshalb auf eine verständliche Sprache und eine klare Gliederung der Gedankenführung gelegt; zu allen Abschnitten ist weiterführende Literatur angegeben.

Koordination: Friedo Ricken und Gerd Haeffner

Emerich Coreth
Harald Schöndorf

Philosophie des 17. und 18. Jahrhunderts

Grundkurs Philosophie 8

Zweite, durchgesehene Auflage

Verlag W. Kohlhammer
Stuttgart Berlin Köln

CIP-Titelaufnahme der Deutschen Bibliothek

Grundkurs Philosophie. – Stuttgart ; Berlin ; Köln
Kohlhammer.
   (Urban-Taschenbücher ; …)
   Literaturangaben

8. Coreth, Emerich: Philosophie des 17. und 18. Jahrhunderts.
  – 2., durchges. Aufl. – 1990

Coreth, Emerich:
Philosophie des 17. und 18. Jahrhunderts / Emerich Coreth ;
Harald Schöndorf. – 2., durchges. Aufl. – Stuttgart ; Berlin ;
Köln : Kohlhammer, 1990
   (Grundkurs Philosophie ; 8)
   (Urban-Taschenbücher ; Bd. 352)
   ISBN 3-17-010813-1
NE: Schöndorf, Harald:; 2. GT

Zweite, durchgesehene Auflage 1990
Alle Rechte vorbehalten
© 1983 W. Kohlhammer GmbH
Stuttgart Berlin Köln
Verlagsort: Stuttgart
Umschlag: Studio 23
Gesamtherstellung:
W. Kohlhammer Druckerei GmbH + Co. Stuttgart
Printed in Germany

Inhalt

IV. Benedictus de Spinoza

V. Gottfried Wilhelm Leibniz

B. Empirismus

I. Francis Bacon

II. Thomas Hobbes

III. John Locke

IV. George Berkeley

V. David Hume

C. Aufklärung

I. Allgemeine Merkmale

II. Einzelerscheinungen

D. Immanuel Kant

I. Kritik der reinen Vernunft

II. Kritik der praktischen Vernunft

Der vorliegende Band »Philosophie des 17. und 18. Jahrhunderts« schildert die Geschichte der Philosophie der beginnenden Neuzeit bis einschließlich Immanuel Kant. Im Anschluß an Kant werden auch die philosophischen Strömungen behandelt, die sich unmittelbar an ihn anschließen (Kantianismus, Neukantianismus) und aus dieser Tradition hervorgehen (Wertphilosophie), während die Philosophie des Deutschen Idealismus dem Band »Philosophie des 19. Jahrhunderts« vorbehalten ist. Das Gewicht der Darstellung liegt auf der Herausarbeitung der Grundgedanken der Philosophen, deren Einfluß historisch bedeutsam und prägend wurde.

Die genauen Angaben der Werke der besprochenen Autoren und der wichtigen Literatur über sie finden sich am Ende des Bandes, wobei im Bedarfsfall die für die Zitate benutzten Werkausgaben durch ein Sternchen (*) vermerkt sind.

Die Einleitung und der Abschnitt »Rationalismus« wurden von Harald Schöndorf verfaßt. Autor des gesamten übrigen Werkes ist Emerich Coreth.

Literatur:

Bréhier II 1968
Chevalier III 1961
Copleston IV–VI 1958–60
Erdmann I–V 1977
Fischer I–V; X 1869 ff.
Hirschberger II 1988
Höffe 1985

Röd VII–VIII 1978–84
Rombach 1981
Speck Neuzeit I–II 1982–86
Ueberweg III 1924
Vorländer III–V 1965–67
Windelband I 1922
Windelband/Heimsoeth 1980

Einleitung

Mit den großen Philosophen des 17. Jahrhunderts beginnt die neuzeit- 1
liche Philosophie im vollen Sinne des Wortes. Auch wenn die Denker
der damaligen Zeit ihre Überlegungen gerne und nicht ohne Berechti-
gung als einen radikalen Neuanfang verstehen, so reichen die Wurzeln
dieses Denkens doch bis tief ins ausgehende Mittelalter hinein. Eine
Vielzahl geistesgeschichtlicher Faktoren hat zur Entstehung des neuzeitlichen Denkens beigetragen. In einer *zusammenfassenden Skizze* sollen
darum die wichtigsten Faktoren des *geistigen Umbruchs* genannt werden,
der sich in der Zeit vom 14. bis zum 17. Jahrhundert in Europa vollzieht
und den Übergang zur Neuzeit bahnt.

Man kann die entscheidenden Veränderungen mit wenigen Worten wie
folgt charakterisieren: Die überkommene, hierarchisch gestufte Ordnung der Wirklichkeit, wie sie erlebt und verstanden wird, zerbricht
mehr und mehr und macht zugleich einer Auffassung Platz, wo alles
gleichartig nebeneinandersteht. In der Naturwissenschaft führt dies zu
einer mathematisch-quantitativen Methode, die Welt zu untersuchen
und technisch nutzbar zu machen. Im Bereich der Werte und Überzeugungen bedeutet es, daß der einzelne für seine Entscheidungen mehr
und mehr auf sich selbst gestellt ist. Dadurch wächst eine stärkere Betonung des Individuums und seiner persönlichen Freiheit, aber es erweist
sich auch die Notwendigkeit, Methoden zu finden, die es dem einzelnen
erlauben, in Zweifelsfällen zu persönlicher Gewißheit und verantwort-
licher Entscheidung zu gelangen.

Literatur:

Blumenberg 1987
Mittelstraß 1970

1. Zerbrechen bisheriger Ordnungen

Bei allen Schwierigkeiten und Spannungen im einzelnen war es im 2
Hochmittelalter weitgehend gelungen, in Europa eine strukturierte
kulturelle und gesellschaftliche Ordnung zu schaffen, der ein differen-
ziertes Weltbild entsprach, das auf Gott als seinen letzten Einheitspunkt
bezogen war. Die *Einheit des Reiches, der Kirche und der ständischen Feudal-
gesellschaft* konnte aber im ausgehenden Mittelalter *nicht mehr aufrecht-
erhalten* werden.

Die Einheit der abendländischen Kirche zerbricht durch die Reformation endgültig. Damit hört auch die Identität des Christentums mit der einen, gesellschaftlich verfaßten Kirche im abendländischen Kulturraum auf. Es gibt jetzt verschiedene Konfessionen, und die Entscheidung für die Zugehörigkeit zu einer von ihnen trifft der einzelne oder oft genug sein jeweiliger Landesherr.

Das Scheitern Kaiser Karls V. bei seinen Einigungsbemühungen machte die Schwäche der Zentralgewalt im Reich offenkundig. Die aufstrebenden Fürsten und Nationalstaaten konnten mit Hilfe der konfessionellen Gegensätze ihre Macht ausbauen. Zum anderen wurde die Stellung der Familien der Hocharistokratie zunehmend von der wirtschaftlichen Macht der in den Adel nachdrängenden reichen Bürger, vornehmlich aus den selbstbewußten freiheitlichen Handelsstädten, in Frage gestellt. Schließlich zeigten die Bauernaufstände der damaligen Zeit, daß die überkommene ständische Ordnung nicht mehr fraglos hingenommen wurde.

Das geistig-kulturelle Gefüge Europas wurde aber nicht nur im Innern erschüttert, sondern auch nach außen aufgebrochen. Bisher hatte man es nach außen hin nur mit dem Islam zu tun, der wie das Christentum monotheistisch und von griechischer Philosophie geprägt war. Nun konfrontieren neuentdeckte Kontinente und Kulturen (Amerika, Ferner Osten) mit bisher unbekannten Religionen und Weltbildern. Am einschneidendsten dürfte allerdings der Umsturz des geozentrischen Weltsystems gewesen sein, wovon noch die Rede sein wird.

3 In der *Philosophie* lösen *Voluntarismus und Nominalismus*, deren Hauptvertreter in der Franziskanerschule zu finden sind *(Duns Scotus*, 1266 bis 1308; *Wilhelm von Ockham*, ca. 1285–1349), die eindeutige Seins- und Wertordnung auf. Die Lehre vom Vorrang des Willens und der Liebe sowie ein extremes Verständnis der Freiheit Gottes verbanden sich mit der Leugnung echter begrifflicher Wesenserkenntnis (Universalienstreit). Unter diesen Voraussetzungen bot die Schöpfungsordnung dem Menschen keinen zuverlässigen Halt und Rahmen mehr.

Thomas hatte »*Sein*« als einen analogen Begriff verstanden, der immer einen bestimmten Grad an Vollkommenheit meint. Scotus lehrt hingegen einen univoken Seinsbegriff, und die Kommentatoren des Aquinaten verstehen darunter bald nur noch die bloße Existenz, was im Verlauf der Neuzeit zur faktischen Ersetzung der gestuften Vollkommenheiten durch nebeneinanderstehende Sachgehalte (realitates) führen wird.

Auch die Auffassung von »*Natur*« wandelt sich. Nominalismus und neue Naturwissenschaft zerstören das Bild einer eigenständigen Naturordnung mit eigenen Zielen. Aber auch Schwierigkeiten mit dem theologischen Natur-Gnade-Verständnis spielen hier mit. Man sah darin einen Widerspruch, daß die göttliche Begnadung die wahre und einzig gemäße Vollendung der menschlichen Natur darstelle, ohne daß der

Mensch hierauf einen Anspruch habe. Die einen sahen darum in der Natur eine selbständige Ganzheit, so daß die Gnade fast nur noch eine äußerliche Überhöhung darstellte. Andere Richtungen schrieben der menschlichen Natur vor dem Sündenfall eine Vollkommenheit zu, die jede Gnade überflüssig machte, während die Urschuld die Natur dann völlig korrumpiert habe, so daß jedes natürliche Erkennen und Bemühen des Menschen fruchtlos oder gar sündig wurde. Damit war Tür und Tor für völlig gegensätzliche Interpretationen der »Natur« bis hin zu ihrer Degradierung zu einem bloßen Mittel für menschliche Zwecke geöffnet.

Literatur:

Hegyi 1959
De Lubac 1965

2. Die neue Naturwissenschaft

Durch Astronomen und Physiker wie *Nikolaus Kopernikus* (1473–1543), aktet *Tycho Brahe* (1546–1601), *Johannes Kepler* (1571–1630) und *Galileo Galilei* (1564–1642) trat die Erkenntnis, daß sich die Erde wie die anderen Planeten um die Sonne dreht, einen unaufhaltsamen Siegeszug an, wenn sie auch noch längst nicht in allen Punkten wirklich bewiesen werden konnte. Die damit verbundene Entthronung des überkommenen Weltbildes diskreditierte nicht nur das Vertrauen in die Tradition, sondern überhaupt in die auf dem Augenschein basierenden natürlichen Meinungen und Überzeugungen der Menschen.
Die aristotelische Physik hatte den himmlischen Sphären eigene Gesetze zugeschrieben. Jetzt wurden nicht nur Mensch und Erde aus dem Mittelpunkt der Welt gerückt; es gibt überhaupt keine privilegierten Orte, Sphären, Richtungen oder ähnliches mehr. Die *Physik der Neuzeit*, die durch *Isaac Newton* (1643–1727) ihre klassische Gestalt erhält, begreift das All als endlosen homogenen geometrischen Raum, wo überall dieselben mathematisch formulierbaren Gesetze gelten. Qualitative Verschiedenheiten werden in quantitative Unterschiede überführt oder auf sie reduziert, damit alles mathematisch exakt zählbar und meßbar wird.
Eine wichtige Rolle spielt das neue Verständnis der *Bewegung*. Nach 5 aristotelischer Auffassung sind die Dinge von sich aus in Ruhe und benötigen eine Wirkursache sowie ein Ziel, um in Bewegung zu geraten. Als Modell dient das Lebendige. Natürliche Bewegungen sind von erzwungenen zu unterscheiden. Bewegung und Veränderung ganz allgemein bedeutet Aktuierung einer Potenz, Verwirklichung einer Möglichkeit, die auch ihr Ziel verfehlen kann.

Schwierigkeiten kamen, als man erklären wollte, wieso ein einmal ange-
stoßener Körper weiterhin in seiner Bewegung verharrt. Ferner kam
die Meinung auf, Zielgerichtetheit gebe es nur bei bewußten Wesen.
Erst ein neues Verständnis von Bewegung ermöglichte eine zutreffende
Erklärung der Planetenbahnen und des freien Falls.

Grundlegend wird jetzt die mechanische Ortsveränderung, für die gilt:
Ohne äußere Einwirkung behält ein Körper die gleichförmige gerad-
linige Bewegung (oder Ruhe) bei, die ihm derzeit zuzuschreiben ist
(Gesetz der Trägheit). Dies hat eine ganze Reihe wichtiger Konsequenzen, die die neuzeitliche Naturwissenschaft charakterisieren:

Ruhe und Bewegung sind gleichwertig. Eine Ursache wird nur noch
für die Änderung von Richtung oder Geschwindigkeit benötigt, nicht
mehr für die Bewegung als solche. Natürliche und erzwungene Bewegungen gehorchen denselben Gesetzen. Zur Erforschung der Naturgesetze können Experimente unter beliebigen, künstlich herbeigeführten
Bedingungen angestellt werden. Zur Bestimmung einer gleichmäßigen
Bewegung braucht man nicht mehr deren Anfang und Ziel zu kennen;
es genügt, den Verlauf zwischen zwei beliebigen Punkten zu messen.
Eine ungleichmäßige Bewegung kann mit Hilfe der von Leibniz und
Newton erfundenen Infinitesimalrechnung in kleinste Abschnitte unter-
teilt werden, die als gleichmäßig angesehen und daher mit mathematischen Formeln beschrieben werden können.

6 Zur *Mathematisierung* kommt, vor allem zu Beginn der Neuzeit, die
Mechanisierung mit ihren technischen Erfolgen. Nicht nur der Nachweis
des Blutkreislaufs durch William Harvey (1628), sondern auch die
Konstruktion von Automaten legten es nahe, menschliches und anderes
Leben maschinell zu interpretieren. Und die Beliebtheit des Uhren-
gleichnisses (Geulincx, Leibniz) hängt natürlich mit dem Fortschritt
auf dem Gebiet der Uhrentechnik zusammen (1570 erfand Peter Henlein
die Taschenuhr). Erwähnt seien auch noch die technischen Errungen-
schaften auf dem Sektor der Optik: Ohne die Erfindung des Fernrohrs
wären die astronomischen Untersuchungen nicht möglich gewesen, die
zur Bestätigung des kopernikanischen Systems erforderlich waren.

Literatur:

Blumenberg 1987
Dijksterhuis 1956
Maier 1949–58

Wenn sich vorgegebene Ordnungen nicht mehr als stabil erwiesen, 7
dann kam dem einzelnen Menschen ein größeres Gewicht zu, was seine
Überzeugungen und seine Lebensführung betraf. Auf dem Gebiet der
Religion konnte Erneuerung und Vertiefung der Frömmigkeit nur
geschehen, wenn der einzelne sich persönlich darum mühte. Die viel-
fältigen Reformbestrebungen in der Kirche im ausgehenden Mittelalter
und der beginnenden Neuzeit waren darum gewöhnlich auch mit einer
Verinnerlichung des Glaubens verbunden. Diese verband sich leicht mit
einer Zunahme und Betonung persönlicher, womöglich außergewöhn-
licher religiöser Erfahrung, wie sie in der niederrheinischen, flämi-
schen und spanischen Mystik jener Zeit ihren Höhepunkt fand.

Was sich als besondere persönliche Begnadung oder Erleuchtung darstellte, konnte aber ebensogut Irrtum und Aberglaube sein. Nicht
zufällig steht zu Beginn der Neuzeit in allen Konfessionen der Hexen-
wahn in Hochblüte. Es bedarf also der Kriterien, um gerade auf diesen
Gebieten das Wahre und Echte vom Falschen zu scheiden.

Dabei geht es oft um persönliche, individuelle Erfahrungen, so daß eine 8
objektive Feststellung der Richtigkeit des Inhalts nicht unbedingt möglich ist. Zudem gab es nicht wenige Punkte, wo auch unter Theologen
innerhalb der offiziellen Kirche Meinungsverschiedenheiten bestanden.
Darum wurde die Frage nach der persönlichen *Gewißheit* immer wichtiger. Sie ist in Luthers Suche nach einem gnädigen Gott für mich ebenso
vorhanden wie im Bemühen des Ignatius von Loyola (1491–1556), in
seinen Geistlichen Übungen die Frage einer persönlichen Berufung zu
einem religiösen Leben zu klären.

Gewandelte Zeitumstände und verschiedene theologische Meinungen
machten es teilweise schwierig, zu einer unumstrittenen Beurteilung
sittlicher Fragen zu gelangen. Darum wurden die »Moralsysteme« entwickelt, die angeben sollten, welchen Grad an Gewißheit oder Wahr-
scheinlichkeit eine Meinung haben mußte oder durfte, um zur Richt-
schnur für eine verantwortliche Entscheidung zu dienen.

So kommt es zu einer stärkeren Akzentuierung des *Individuums* und 9
seiner *Freiheit*, namentlich in der Renaissance, wo der Mensch der Natur
gegenübertritt und frei ihre Gesetze erforscht, um sich ihrer bedienen
zu können. Das voluntaristische Verständnis der göttlichen Freiheit
färbte auf die Auffassung vom Menschen ab. Dessen Freiheit war in
der Tradition umgriffen von der Zielgerichtetheit der ganzen Schöpfung
auf Gott hin, während sie jetzt – sofern sie nicht deterministisch geleugnet wird – zur grundlegenden Verfügung über sich selbst wird,
die es ermöglicht, allem anderen gegenüber, wenigstens innerlich, in
Distanz zu treten.

10 Im Zusammenhang mit den Unionskonzilien in Ferrara und Florenz kommen östliche Gelehrte in den Westen und leiten eine Neuaufnahme *antiker philosophischer Auffassungen* ein.

In Italien greifen Denker wie *Marsilio Ficino* (1433–1499) und *Giovanni Pico della Mirandola* (1463–1494) den Platonismus auf und entwickeln ihn weiter. *Pietro Pomponazzi* (Pomponatius, 1462–1524/5) vertritt einen averroistischen Aristotelismus und leugnet darum die Unsterblichkeit der Seele. In Löwen greift *Justus Lipsius* (1547–1606) die Lehre der Stoiker auf, und in Frankreich erneuern *Michel de Montaigne* (1533–1592) und *Pierre Charron* (1541–1603) die pyrrhonische Skepsis. *Lorenzo Valla* (1405/7–1457) ist Epikur verpflichtet, und der Atomismus eines *Pierre Gassendi* (1592–1655) stellt eine Spielart des Empirismus dar.

Von Italien her wirkt die Neuaufnahme antiken Denkens auch auf die Humanisten wie *Reuchlin* (1455–1522) und *Erasmus* (1466/9–1536) ein. In der Frührenaissance war man teilweise bestrebt, Platon und Aristoteles zu harmonisieren. Später finden sich entschiedene Aristotelesgegner wie der italienische Naturphilosoph *Bernardino Telesio* (1508/9–1588) oder der Logiker und Dialektiker *Pierre de la Ramée* (Petrus Ramus, 1515–1572). Hier ist auch *Martin Luther* (1483–1546) zu nennen, während *Philipp Melanchthon* (1497–1560) sehr bald das Studium aristotelischer Philosophie förderte und so die Zeit des Deutschen Aristotelismus einleitete, der namentlich von protestantischen Gelehrten bis zur Zeit Kants weithin an deutschen Universitäten gepflegt wurde.

11 *Theosophische, pantheistische* und *mystische* Spekulationen finden sich bei *Agrippa von Nettesheim* (1486–1535), *Sebastian Franck* (1499–1542/3) und *Valentin Weigel* (1533–1588). Ihr Hauptvertreter im deutschen Raum wurde aber der dunkle und schwer verständliche Schuster aus Görlitz *Jakob Böhme* (1575–1624), dessen Hauptwerk »Morgenröte im Aufgang« auch »Aurora« genannt wird. Aus dem »Ungrund« entfaltet sich von Ewigkeit her die Trinität, aus der dann wieder das geistige und dann das sichtbare All erfließt, das von sieben Grundkräften beherrscht wird. Inwieweit Böhmes nicht immer gleich bleibende Metaphysik pantheistisch ist, ist umstritten.

Von Nikolaus von Cues (Cusanus, 1401–1464) beeinflußt ist das pantheisierende monistische Denken des in Nola geborenen Dominikaners *Giordano Bruno* (1548–1600). Nach seinem System, das neuplatonischen Geist atmet, besteht das unendliche All aus unzähligen Welten. Die individuellen »Kontraktionen der Gottheit« nennt er Monaden, eine Bezeichnung, die Leibniz wieder aufgreifen wird. Alles ist beseelt und bildet eine große Einheit, deren Wesen im Wechsel der Erscheinungen identisch bleibt.

Naturphilosophische Spekulationen, die auf den Menschen als den Mikrokosmos und eine als Grundwissenschaft verstandene Medizin bezogen sind, vertritt *Paracelsus* (Theophrastus Bombastus von Hohenheim, 1493–1541). Bei ihm finden sich medizinische, alchemistische und magisch-mystische Elemente, wenn er etwa ein Lebensprinzip »Archaeus« ansetzt oder die Urmaterie aus Quecksilber, Schwefel und Salz bestehen läßt.

Neben diesen vielen neuen Strömungen wurde aber auch die *Scholastik* 12 weiter gepflegt, wobei sich neben den zwei bedeutendsten italienischen Kommentatoren des Thomas von Aquin, *Silvester von Ferrara* (1474 bis 1528) und *Thomas de Vio Caietanus* (1468/9–1534), vor allem spanische Denker hervortaten. Zu nennen ist hier vor allem der Dominikaner *Francisco de Vitoria* (1483/93?–1546), der die Schule von Salamanca begründete, und der Jesuit *Francisco Suárez* (1548–1617). Seine »Disputationes metaphysicae«, die erste zusammenfassende systematische Darstellung scholastischer Philosophie, wurden zu dem führenden Lehrbuch der Scholastik bis ins 19. Jahrhundert hinein, auch wenn er in einigen metaphysischen Grundfragen vom Standpunkt des Thomas abweicht.

Ein besonderes Verdienst kommt der spanischen Scholastik für die 13 Entwicklung des *Natur- und Völkerrechts* zu, das im Zeitalter der Kolonisierung der Neuen Welt wichtig wurde. Vor allem *Vitoria* und *Suárez* haben sich hier hervorgetan. Zum Klassiker des Staats- und Völkerrechts wurde später der Niederländer *Hugo Grotius* (1583–1645).

Die *staatsphilosophischen* Überlegungen der frühneuzeitlichen Denker wenden sich auf Grund der Konfessions- und Bürgerkriege der Sicherung des Friedens und der Festigung der Macht im Staate zu. Einen Idealstaat entwerfen *Thomas More* (Morus, 1478–1535: »Utopia«) und *Tommaso Campanella* (1568–1639: »Sonnenstaat«). (Campanella verdient auch Erwähnung, weil er trotz einer sensualistischen Erkenntnistheorie wie Augustinus und später Descartes die Selbstgewißheit des Zweifelnden herausstellt.) Um die Erhaltung der Macht des Fürsten unter Absehung aller ethischer Erwägungen geht es *Niccolò Machiavelli* (1469 bis 1527: »Il principe«). *Jean Bodin* (1529/30–1596) prägt für die dem Herrscher zukommende Unabhängigkeit der Staatsgewalt den Begriff der Souveränität.

5. Charakteristika der frühneuzeitlichen Philosophen

Die ab dem 17. Jahrhundert aufkommende neue Philosophie ist nicht 14 mehr wie durchgängig im Mittelalter und teilweise noch in der Renaissance Sache von Klerikern, die Universitätsprofessoren sind. Wir haben es jetzt in der Regel vielmehr mit Privatgelehrten oder Politikern und

Diplomaten zu tun. Denn der neuzeitliche Aufbruch des Denkens entstammt nicht der Schultradition, sondern dem Milieu der Gebildeten
und Wissenschaftler der Zeit, mit denen die Philosophen in regem Ge-
dankenaustausch stehen.

Bis hinein in die Aufklärungszeit ist Philosophie Diskussionsstoff in den
Kreisen der Gebildeten; erst die Philosophie Kants und der Idealisten
ist dafür zu speziell und zu schwierig. Vor Kant ist die Philosophie auch
von den übrigen Wissenschaften noch nicht getrennt; und nicht wenige
Philosophen dieser Zeit sind hervorragende Mathematiker oder Natur-
wissenschaftler.

Im Mittelalter war neben das Kommentieren, das auch weiterhin gepflegt wurde, die Untersuchung eines Themas in Form von »quaestio-
nes« getreten, die alle zusammen eine »Summe« ergaben. Typisch für
die Neuzeit hingegen ist der fortlaufende systematische Gedankengang,
der in einem »Traktat« oder »Essay« niedergelegt wird. An die Stelle
der Summe tritt das System, das von einigen Grundthesen aus mehr
oder weniger deduktiv entwickelt wird.

A. Rationalismus

Unter der Bezeichnung Rationalismus pflegt man in der Philosophie- 15
geschichte diejenigen Philosophen des 17. Jahrhunderts zusammenzufassen, nach denen die Grundprinzipien des menschlichen Erkennens
allein im Geist begründet sind und die sinnliche Erkenntnis gegenüber
dem reinen Denken von minderem Rang ist. Ferner besteht bei diesen
Philosophen die Tendenz, allein auf Grund logischer Zusammenhänge
wirkliche Sachverhalte zu deduzieren.

Literatur:

Bouillier 1969

I. René Descartes

Leben und Werke

René Descartes wurde am 31. März 1596 in La Haye (Touraine) als drittes 16
Kind des Juristen Joachim Descartes und seiner Frau Jeanne geboren,
die bereits 1597 stirbt. Von 1607 bis 1615 (1606–1614?) wird er am
Collège Royal der Jesuiten in La Flèche (Anjou) ausgebildet und lernt
die scholastische Philosophie sowie die neue Naturwissenschaft kennen.
Aus Gesundheitsgründen genießt er manche Privilegien; er darf z. B.
länger schlafen. 1616 erwirbt er in Poitiers das Lizentiat der Rechte.
1618, im Jahr des Beginns des 30jährigen Krieges, tritt er in Moritz von
Nassaus Armee ein, wird in den Niederlanden ausgebildet und reist in
den folgenden Jahren quer durch Europa. Er wechselt in die Dienste
Maximilians von Bayern und erlebt im Winterlager in Neuburg/Donau
im November 1619 eine Erleuchtung, die ihn von seinen Zweifeln
befreit.
1620/21 beendet er sein Soldatenleben und kehrt nach Frankreich zurück,
reist zwei Jahre später nach Italien und lebt von 1625 bis 1628 in Paris.
Doch dann emigriert er in die Niederlande, um dort ungestört und frei
arbeiten zu können. Er wechselte oft seinen Aufenthaltsort, hatte aber
briefliche Kontakte mit bedeutenden Gelehrten seiner Zeit. In diesen
Jahren dürfte er mit den unvollendet gebliebenen und erst 1701 ver-
öffentlichten »Regulae ad directionem ingenii« begonnen haben. Einen
praktisch vollendeten Traktat über die Welt veröffentlichte er nicht,

als er 1633 von Galileis Verurteilung erfährt, dessen Standpunkt er teilte. 1635 gebar ihm in Santport Hijlena Jans eine Tochter namens Francine, die aber schon 1640 starb.

1637 veröffentlicht er anonym den »Discours de la méthode«, dem je eine Abhandlung über Dioptrik, Himmelserscheinungen und analytische Geometrie beigefügt ist. 1641 erscheint die erste Auflage der »Meditationes de prima philosophia«. Descartes hatte das Manuskript einigen Gelehrten, darunter den ihm befreundeten Theologen Mersenne und Arnauld sowie den empiristischen Philosophen Hobbes und Gassendi zukommen lassen und deren Einwände samt seinen eigenen Erwiderungen angefügt. Die 1642 erschienene zweite Auflage enthält zudem noch die Einwände des Jesuiten Bourdin. 1644 kommen die »Principia philosophiae« heraus, eine Zusammenfassung der Metaphysik und Naturphilosophie Descartes'.

1644, 1647 und 1648 macht Descartes eine Reise nach Frankreich. 1649 erscheint die Schrift »Les passions de l'âme«, die durch die Korrespondenz mit Elisabeth von der Pfalz angeregt worden war, die Descartes auch zu Präzisionen seiner Leib-Seele-Lehre veranlaßt hatte. Im September desselben Jahres zieht Descartes auf Wunsch von Königin Christine nach Stockholm, der er frühmorgens philosophische Unterweisungen geben soll. Anfang 1650 erkrankt er dort und stirbt am 11. Februar. Sein Sarg wurde 1667 nach Frankreich überführt.

Literatur:

Alquié 1950; 1962   Laporte 1950
Beck 1967   Röd 1982
Gouhier 1969   Williams 1981
Gueroult 1968   Wilson 1978

1. Die Methode

17 Die Suche nach gewissem und zuverlässigem Wissen hat Descartes schon sehr früh beschäftigt. Da der Verstand »die bestverteilte Sache der Welt« (Disc. I Anf.) ist, muß nur die richtige *Methode* angewandt werden, um wahre Erkenntnis zu erlangen. Die herkömmliche Logik trägt zur Mehrung unserer Erkenntnis nichts bei und wird von Descartes darum nicht geschätzt. In den »Regeln« lehnt sich Descartes an die Methode der Mathematik an und gibt Anweisungen, wie vom intuitiv evidenten Grundwissen methodisch sorgfältig zu komplexerem Wissen vorangeschritten werden muß.

Eine Art Quintessenz hiervon bilden die *vier Regeln*, die das zweite Kapitel des »Discours« enthält. Zuerst darf nur das als sicher und evident Erkannte für wahr gelten. Sodann muß jedes Problem in so viele Teile zerlegt werden, als zur besseren Lösung nötig ist. Auf diese Forderung nach Analyse folgt als drittes die Regel der Synthese des Wissens aus den einfachsten und am leichtesten erkennbaren Bausteinen. Als viertes erfordert umfassendes Wissen schließlich die Vollständigkeit aller Elemente.

Das gesamte Wissen, das er neu begründen will, vergleicht Descartes in seinem Brief an den Übersetzer der »Prinzipien« ins Französische mit einem *Baum*. Die Wurzel bildet die Metaphysik, die Physik ist der Stamm, und Mechanik, Medizin und Ethik stellen die Äste dar. Auf diese drei letztgenannten Wissenschaften, die der Mensch für sein Leben braucht, zielt also alles ab. Dies setzt aber voraus, daß wir durch die Naturwissenschaft zu »maîtres et possesseurs de la nature« (Disc. VI, 2. Abs.) geworden sind. Andererseits hängt aber alles von der Wurzel ab, weshalb Descartes zunächst einmal die Fundamente der Metaphysik neu legen will.

Während dieser Zeit der Revision aller theoretischen Überzeugungen 18 benötigt man aber dennoch Regeln für das praktische Leben. Sie faßt Descartes im dritten Kapitel seines Discours, der eine stilisierte Autobiographie mit einem Überblick über die wichtigsten philosophischen Lehren verbindet, in einer *»provisorischen Moral«* zusammen.

Als erstes will er die Gesetze und Sitten seines Vaterlandes und seiner Religion respektieren und sein Leben nach den gemäßigten Ansichten der vernünftigen Menschen seiner Umwelt ausrichten sowie keine Verpflichtung eingehen, die ihn später hindern könnte, besseren Einsichten zu folgen. Die zweite Maxime rät, in Zweifelsfällen der einmal eingeschlagenen Orientierung geradlinig weiter zu folgen. Als drittes soll man sich mit seinen Wünschen auf das Mögliche bescheiden, wenn man glücklich leben will.

2. Die Selbstgewißheit des Geistes

Wenn Descartes seine Meditationen von der »ersten Philosophie« handeln läßt, so spielt er damit auf die aristotelische Bezeichnung der Metaphysik an. In diesen Meditationen will Descartes nicht fertiges Wissen auf geometrische Weise »synthetisch«-deduktiv präsentieren, sondern »analytisch« den Weg zur Gewinnung dieses Wissens nachzeichnen.

Ausgangspunkt dafür ist der radikale *Zweifel* an den von Jugend auf eingeprägten Meinungen, die sich oft als falsch herausgestellt haben. Um sicherzugehen, will Descartes nur das als wahr gelten lassen, was sich als unbezweifelbar gewiß erweist. Dieser methodische Zweifel, der dem Menschen auf Grund seiner Freiheit möglich ist, ist keine Willkür, sondern ein begründetes und somit rationales Vorgehen, was einschließt, daß die Gesetze der Vernunft selbst unangetastet bleiben.

Ähnlich wie die antike Skepsis verweist Descartes auf Sinnestäuschungen und Traumbilder, um damit die Sinneswahrnehmungen als trügerisch zu entlarven. Damit ist aber nur das Existierende in seiner konkreten Ausgestaltung fragwürdig geworden, nicht jedoch die Grundbausteine aller Vorstellungsbilder und ihre Wesensgesetze, die Gegenstand der mathematischen Wissenschaften sind.

Descartes will aber jeden denkbaren Zweifel ausräumen und unterstellt darum die Existenz eines »genius malignus«, eines (fast) allmächtigen Betrüger-Gottes oder -Dämons, der uns sogar bei klar und deutlich eingesehenen mathematischen Sachverhalten täuscht. Es gab ja damals Theologen, die meinten, Gott täusche auch gelegentlich Menschen, um seine Heilsordnung auszuführen. Ferner war Descartes der Meinung, daß alle Wesensgesetze der Schöpfung Gottes freier Verfügung unterlägen und von ihm geändert werden könnten.

20 Wo ist nun unter dieser Voraussetzung, daß alles bisher Geglaubte falsch ist, ein sicherer und unerschütterlicher archimedischer Punkt, der Fundament wahren Wissens sein kann? Mag ich mich auch in allem täuschen oder getäuscht werden, so bin doch ich es, der getäuscht wird: »Und so komme ich, nachdem ich nun alles mehr als genug hin und her erwogen habe, schließlich zu der Feststellung, daß dieser Satz: ›Ich bin, ich existiere‹, sooft ich ihn ausspreche oder in Gedanken fasse, notwendig wahr ist.« (Med. II, 3)

Im Discours und in den Prinzipien gebraucht Descartes die berühmt gewordene Formulierung »Ich denke, also bin ich«, die zum Ausdruck bringt, daß jeder Akt des Denkens, und das heißt des Bewußtseins, die *Gewißheit der eigenen Existenz* einschließt. Dabei handelt es sich nicht um einen formalen Schluß von einem allgemeinen Prinzip, daß Denken ein Subjekt voraussetzt, auf den Einzelfall, sondern um eine unmittelbare Einsicht, bei der der allgemeine Grundsatz mitentdeckt wird.

21 Nach dem Aufweis der Existenz meiner selbst ist die Frage nach der Natur oder dem Wesen dieses Ich zu klären. Dies darf nicht durch überkommene Definitionen geschehen, sondern muß aus dem erhoben werden, was als zweifelsfrei gewiß erkannt wurde. Für die Bestimmung der Natur meiner selbst, soweit sie bis jetzt erkennbar ist, bleibt darum nur: »Das Denken ist's, es allein kann von mir nicht getrennt werden... Ich bin also genau nur ein denkendes Wesen, ...« (Med. II, 6)

Das Wesen des Menschen, soweit es sich in der unmittelbaren Selbstgewißheit des Bewußtseins als zweifellos wahr zeigt, besteht darin, *res cogitans* zu sein: »ein Wesen, das zweifelt, einsieht, bejaht, verneint, will, nicht will und das sich auch etwas bildlich vorstellt und empfindet.« (Med. II, 8) Mit dem Begriff der cogitatio sind also alle möglichen

Bewußtseinsinhalte gemeint, aber nur, soweit sie meinem Bewußtsein angehören.

Was Geist ist, wird also nicht aus seinen Objekten erschlossen, sondern unmittelbar innerlich als Selbstgegebenheit erfaßt, die jede Täuschung ausschließt. Da nun aber das Wesen des Geistes im Vollzug und nicht, wie früher, in der Fähigkeit des Denkens gesehen wird, muß Descartes behaupten, der Geist denke immer. Der gegenteilige Eindruck entstehe dadurch, daß wir uns später nicht mehr an dieses Denken erinnern. Die Selbstgewißheit unserer Existenz dauert so lange an, als wir denken, so daß wir uns die »Meditation« als einen einzigen, dem Geist gegenwärtigen Denkvollzug vorstellen müssen.

Da es eine eingewurzelte Gewohnheit ist, der nach außen gerichteten 22 Sinneswahrnehmung mehr zu vertrauen und ihre Objekte (zu denen auch der eigene Körper gehört) zu Unrecht für gewisser zu halten als den eigenen Geist, zeigt Descartes nunmehr, daß auch Sinneserkenntnis letzten Endes ein geistiger Vorgang ist. Setze ich nämlich ein Stück Wachs der Hitze aus, so schmilzt es und verändert alle seine sinnlich wahrnehmbaren Eigenschaften (Form, Farbe, Geruch). Daß ich es dennoch weiterhin als Wachs ansehe, gründet ebenso in einem Urteil meines Verstandes wie die Tatsache, daß ich durchs Fenster gesehene Gestalten für Menschen halte.

Wenn aber jede Erkenntnis durch Urteilen gewonnen wird, »so erkenne ich ganz offenbar, daß ich nichts leichter und augenscheinlicher erkennen kann – als meinen Geist« (Med. II, 16); und somit hat sich auch auf diese Weise bestätigt, daß das geistige Selbstbewußtsein Fundament und Ausgangspunkt jeder weiteren Erkenntnis ist.

3. Ideenlehre

Um einen Weg zu weiteren gesicherten Erkenntnissen zu finden, reflek- 23 tiert Descartes auf die formale Eigenart der Urgewißheit des geistigen Ich, um zu sehen, ob das so gewonnene Wahrheitskriterium auch auf andere Inhalte anwendbar ist.

Dieses Kriterium sei die »clara quaedam et distincta perceptio« gewesen (Med. III, 2). Was darunter zu verstehen ist, erläutert Descartes in den Meditationen allerdings nicht, obwohl er diese Charakterisierung bereits in seinen unveröffentlichten »Regeln« verwandt hatte. Erst in den »Prinzipien« erfahren wir, daß dasjenige *klar* ist, was »dem aufmerkenden Geiste gegenwärtig und offenkundig ist«, also ein mit Bestimmtheit erkennbarer Gehalt, sofern er als solcher geistig in den Blick genommen wird. *Deutlich* (distinkt) ist eine Erkenntnis, wenn sie zudem »von allen übrigen so getrennt und unterschieden (sejuncta et praecisa) ist, daß sie gar keine andren als klare Merkmale in sich enthält.« (Princ. I, 45) Was nicht klar ist, ist dunkel (obscurum), und der Gegenbegriff zu deutlich lautet verschwommen (confusum).

Klarheit und Deutlichkeit kommt aber auch den mathematischen Sätzen zu, die auf Grund des genius malignus bezweifelbar sind. Darum muß die Möglichkeit eines Betrügergottes durch den Beweis der Existenz des wahren Gottes ausgeschlossen werden.

Wäre Descartes' Urgewißheit nicht von höherem Rang, so würde auch sie durch die Hypothese des genius malignus hinfällig. Nun zeigt aber schon die Argumentation der zweiten Meditation, daß die Selbsterkenntnis eine wesentlich höhere Gewißheit beinhaltet, da sie sich als notwendige Bedingung bzw. Implikation jedes Denkaktes herausstellt und darum unbestreitbar ist, worauf Descartes hier aber nicht reflektiert.

24 Bevor Descartes nun zum eigentlichen Gottesbeweis schreitet, klassifiziert er die »cogitationes«, die Bewußtseinsinhalte. Er unterscheidet die *Ideen* im eigentlichen Sinne, die »gleichsam Bilder der Dinge« sind (Med. III, 5), von den Willensakten oder Affekten (die er hier in eines faßt) und den Urteilen. Nur diesen kann Wahrheit oder Falschheit zukommen, da sie den Ideen Entsprechung zu äußeren Dingen zuschreiben oder nicht. Später kennt Descartes dann aber doch auch eine »materielle Falschheit« der Ideen als solcher, wenn sie etwas als positiven Sachgehalt darstellen, was in Wirklichkeit ein Mangel ist (wie Kälte oder Leere).

In einer weiteren Unterteilung unterscheidet Descartes die mir eingeborenen Ideen (ideae innatae) von den mir anderswoher zukommenden (adventiciae) und den von mir selbst gebildeten (Med. III, 7). Daß die eingeborenen einfachen Grundbegriffe jederzeit allesamt gleichsam greifbar wären, steht in ausdrücklichem Gegensatz zu Descartes' Lehre. Eine Aufzählung aller eingeborenen Ideen im Sinne einer Kategorienlehre hielt er für unnütz.

Diese Einteilungen zeigen, daß »Ideen« bei Descartes primär etwas sind, was im Inneren unseres Bewußtseins da ist, und daß dann erst in einem zweiten Schritt zu klären ist, ob ihnen auch »außerhalb« dieses Bewußtseins etwas entspricht.

Auf den Gedanken einer solchen Übereinstimmung bringt uns die Natur, verstanden als »impetus naturalis«, als blinder Naturtrieb, der trügerisch ist und uns nicht Wahrheit, sondern zweckmäßiges Verhalten eingeben soll (Med. VI, 15). Hiervon zu unterscheiden ist das »lumen naturale« der vernünftigen Einsicht, die uns Wahrheit vermittelt.

4. Gottesbeweise

Der eigentliche Beweisgang für die *Existenz Gottes* beginnt mit einer 25
Unterscheidung zweier Aspekte unserer Ideen. Einerseits haben sie
miteinander gemein, bloße Gedanken, modi cogitandi, zu sein. Sie
unterscheiden sich aber voneinander, wenn man das in ihnen Vorgestellte
betrachtet. Auf diesen vorgestellten Sachgehalt (»realitas objectiva«)
wendet Descartes nun das Kausalprinzip an: Jeder Bedeutungsgehalt
muß letzten Endes von einem wirklich existierenden Sachgehalt (»realitas actualis« oder »formalis«) herrühren, der mindestens dieselbe Seins-
höhe und -vollkommenheit aufweist.

Descartes erläutert dies auch so: Wer sich eine komplizierte Maschine
ausdenkt, braucht dazu nicht nur überhaupt Geist, sondern muß eine
solche Maschine bereits kennen oder entsprechende Intelligenz oder
Begabung dafür besitzen (AT VII, 103 f.).

Im Einklang mit der Tradition denkt Descartes Gott als unendliche,
unabhängige, allwissende und allmächtige Substanz. Während nun aber
die Idee einer jeden anderen Substanz aus mir selbst kommen könnte,
da ich geistige Substanz bin, kann die Idee der *Unendlichkeit*, wie sie
Gott zukommt, nicht in Endlichem ihren Ursprung haben. Also muß
Gott wirklich existieren.

Könnte der Begriff der Unendlichkeit nicht doch aus dem Endlichen
abgeleitet werden? Dies ist nicht der Fall, denn trotz der negativen
sprachlichen Formulierung ist hier unbegrenzte Positivität gemeint.
Ferner ist der Begriff der Unendlichkeit nicht inhaltsleer und meint
auch kein endloses Fortschreiten, das Mangel besagen würde, sondern
verwirklichte Fülle.

Ähnlich wie in der zweiten Meditation fügt Descartes noch einen zwei- 26
ten Beweisgang an, der von der *Kontingenz* des konkreten Menschen,
der den Gedanken »Gott« denkt, auf die Existenz dieses Gottes führt.
Wäre der Mensch Ursprung seiner selbst, so wüßte er darum und hätte
sich selbst mit der Vollkommenheit ausgestattet, die im Begriff Gottes
gedacht wird. Darum kann nur der vollkommene Gott selbst sein
Schöpfer sein. Schöpfung ist dabei nicht auf den Anfang beschränkt,
sondern schließt beständige Erhaltung ein, da kein Zeitpunkt den
folgenden hervorzubringen vermag. Die Tatsache, daß Gott als höchste
Einheit gedacht werden muß, schließt aus, daß der Mensch, der diesen
Gedanken hat, durch ein Zusammenwirken verschiedener Faktoren
zustandegekommen ist.

In der wichtigen Schlußüberlegung der dritten Meditation bemerkt 27
Descartes, daß die Idee Gottes nicht eine unter vielen anderen ist; sie ist
vielmehr gar nicht von mir verschieden, da ich nach Gottes Bild und
Gleichnis geschaffen bin. In meiner geistigen Selbsterkenntnis erfasse

ich mich (als Zweifelnder) als ein abhängiges, endliches und nach dem Unendlichen strebendes Wesen, was meine Bezogenheit auf den wirklich existierenden Gott voraussetzt.

Damit zeigt Descartes nicht nur, daß die Erkenntnis Gottes ebenso wie meine Selbsterkenntnis aus demselben ursprünglichen Denkakt der zweifelnden Selbstvergewisserung entspringt, sondern auch, daß die ganze argumentative Beweisführung nur die rationale Absicherung und Stützung einer intuitiv evidenten Gewißheit darstellt. Der Gottesbeweis der dritten Meditation gehört also noch zur *Entfaltung der cartesischen Urgewißheit*.

Durch den Beweis der Existenz Gottes wird das Wahrheitskriterium der klaren und deutlichen Erkenntnis in Geltung gesetzt. Denn es widerspricht nicht nur der Güte, sondern bereits der Vollkommenheit Gottes, uns zu täuschen, da Täuschung und Betrug ihrem Wesen nach Unvollkommenheit und Schwäche besagen.

Man hat Descartes den Vorwurf eines *Zirkels* gemacht. Daß der Zweifel der ersten Meditation aber nicht die Grundprinzipien des Seins und der Vernunft überhaupt betrifft, haben wir schon in Nr. 19 dargelegt, so daß der Gottesbeweis sich nicht auf zweifelhafte Erkenntnisse stützt. Auch die Frage, ob nun Gott oder der eigene Geist Grund und Ausgangspunkt aller Gewißheit ist, ist leicht zu klären: Der Sache nach gründet alles in Gott, aber für unser Erkennen ist die Selbstgewißheit des Geistes das erste.

28 Obwohl Gott in den Überlegungen Descartes' eigentlich nur die Rolle des Garanten der Wahrheit des Erkennens innehat, entwickelt Descartes in der fünften Meditation einen weiteren Gottesbeweis. Es handelt sich dabei um die Argumentation, die der von Anselm ähnlich ist und später von Kant »*ontologisch*« genannt wurde.

Den Ausgangspunkt stellt die Einsicht dar, daß Wesenszusammenhänge klar und deutlich erkannt werden und darum wahr sein müssen. Nun existiert Gott aber kraft seines eigenen Wesens; d. h. Wesen und Existenz gehören bei Gott notwendig untrennbar zusammen. Wenn dies der Fall ist, dann folgt aus dem Begriff des Wesens Gottes auch seine Existenz. – Der Zusammenhang zwischen Wesen und Existenz erweist sich nur bei Gott als absolut notwendig, sofern ich überhaupt den Begriff Gottes denke. An anderer Stelle wendet Descartes das Argument so, daß er sagt, Gott existiere aus der Kraft seines eigenen Wesens und somit notwendig.

Ausführlicher als nach der dritten Meditation legt er am Ende des apriorischen Beweises dar, daß es nun auch dann keinen Grund zum Zweifeln an klar und deutlich Erkanntem mehr gebe, wenn wir uns der Gründe nicht mehr erinnerten, da Gott die Wahrheit solcher – auch erinnerter – Erkenntnis verbürge.

War das Problem zunächst gewesen, inmitten von Täuschung und Irrtum 29
überhaupt gesicherte Wahrheit zu finden, so legt sich nunmehr angesichts
der Wahrhaftigkeit Gottes die umgekehrte Frage nahe: Wieso irren wir
uns überhaupt, wenn Gott doch kein Betrüger ist? Man kann diese
Fragestellung die *cartesische Version des Theodizeeproblems* nennen, da sie
der Frage nach der Möglichkeit und Rechtfertigung des Übels angesichts
der Güte Gottes analog ist (Nr. 69).

Zunächst einmal ist der *Irrtum* ein Mangel, also nichts positiv Geschaf-
fenes, wofür Gott verantwortlich gemacht werden könnte. Ferner kennen wir Gottes Zwecke nicht und wissen darum nicht, wozu er Unvollkommenes schafft. Allerdings meint Descartes, die Vollkommenheit
der gesamten Schöpfung sei größer, wenn sie auch Unvollkommenes
enthalte.

Den eigentlichen Grund für die Ermöglichung des Irrtums sieht Descartes aber darin, daß die klare und deutliche Erkenntnis unseres Verstandes begrenzt ist, während unser freier Wille, insofern er rein für
sich genommen die Fähigkeit zum Ja oder Nein darstellt, unbegrenzt
ist. Darum ist es möglich, daß wir auch da zustimmen, wo keine klare und
deutliche Erkenntnis vorliegt und deshalb ein Irrtum möglich ist. Beschränken wir dagegen unser zustimmendes Urteil auf klare und deutliche Einsichten, so sind wir vor Täuschung sicher.

Descartes sieht in dieser *Freiheit*, die, formal gesehen, in ihrer Unbegrenztheit der Freiheit Gottes nicht nachsteht, unsere eigentliche *Gott-
ähnlichkeit*. Allerdings liegt für ihn die größte Freiheit nicht in der völlig
offenen Unentschiedenheit, sondern die Freiheit wächst mit der Ent-
schiedenheit für das Wahre und Gute auf Grund klarer Einsicht und
göttlicher Gnade. So verbindet sich der moderne Gedanke, daß die
Freiheit den Kern des Menschen ausmacht, mit dem klassischen Gedanken, daß die höchste Form der Freiheit gerade in der vernünftigen
Entscheidung für das Gute besteht.

6. *Materie und Geist*

Zu Beginn der fünften Meditation bemerkt Descartes, daß nunmehr die 30
Existenz Gottes und meines eigenen Geistes erwiesen sei, so daß nun
als dritter Komplex die Frage nach dem Materiellen anzugehen ist.
Denn Gott, Geist und Materie sind die drei Arten der Substanz. Die
Substanz wird in den Prinzipien nicht positiv als Selbstand definiert,
sondern als ein Ding, »das so existiert, daß es zu seiner Existenz keines
anderen Dinges bedarf«, was im eigentlichen Sinn nur für Gott zutrifft,

da alles andere nur mit Gottes Beistand zu existieren vermag, so daß der Substanzbegriff Gott und endlichen Dingen in analoger Weise zukommt (Princ. I, 51). (Vgl. Nr. 52)

In der Darlegung seiner Grundgedanken »more geometrico« am Ende der zweiten Antworten definiert Descartes die Substanz als das unmittelbare Subjekt, worin und wodurch ein bestimmtes uns erkennbares *(Wesens-) Attribut* existiert (AT VII, 161). Nun ist der Weg nicht mehr weit für Spätere, die Substanz mit dem Attribut zu identifizieren oder ganz zu eliminieren. Wie das Attribut die Stelle des scholastischen Propriums einnimmt, so tritt an die Stelle des Akzidens der *Modus*. (Vgl. Nr. 53 f)

31 Neben der denkenden Substanz gibt es im Bereich des Geschaffenen das Materielle, dessen Wesen Descartes in der (räumlichen) Ausdehnung erblickt *(res extensa)*, zu welcher auch die Gestalt und die Bewegung zählen. Denn dies läßt sich mathematisch (geometrisch) klar und deutlich erfassen und ist deshalb wahr.

Alle sinnlich wahrnehmbaren Eigenschaften der Dinge sind zwar für die Sinne, nicht aber für den Verstand klar: sie lassen sich nicht in ein begrifflich-rationales System bringen. Sie sind rein subjektive Sinneseindrücke, die durch das Einwirken bestimmter Bewegungen auf unsere Sinnesorgane bewirkt werden.

Die Identifizierung des Wesens der Materie mit der Ausdehnung hat zur Konsequenz, daß es keinen leeren Raum geben kann. Ferner wird die Materie im Gegensatz zum Geist somit zu etwas rein Äußerlich-Oberflächenhaftem. Es können ihr also keine inneren Eigenschaften zukommen, und darum lehnt Descartes so etwas wie Kräfte ab. Alles muß mechanisch erklärt werden: von der Schwere bis zum Leben. Der Kosmos hat sich durch Wirbelbewegungen, die ursprünglich von Gott angestoßen wurden, in seinen heutigen Zustand entwickelt.

32 Aber damit haben wir bereits vorgegriffen. In der sechsten und letzten seiner Meditationen muß Descartes erst einmal die *Existenz des Materiellen* nachweisen, wozu er die beiden Wahrnehmungsarten analysiert, die mit dem Leib zu tun haben scheinen: anschauliches Vorstellen (imaginari) und sinnliches Empfinden (sentire).

Descartes hat dies beides, soweit es nur als Bewußtseinsgegebenheit genommen wird, als eine Weise des »cogitare« verstanden, rechnet es aber nicht zum Wesen der »res cogitans«. Den Unterschied zwischen reinem Denken und anschaulichem Vorstellen, für das man eine gewisse Anstrengung benötige, macht er am Beispiel eines Tausendecks klar, das man zwar präzise denken und berechnen, sich aber nicht exakt anschaulich (als Phantasiebild) vorstellen kann.

Da mein Geist auch ohne die imaginatio seine Identität behielte, scheint diese Erkenntnisweise vom eigenen Leib abzuhängen, dessen sich der

Geist als Mittel bedient, während er sich beim reinen Denken auf sich selbst richtet. Dies mache die Existenz des Leibes aber nur wahrscheinlich, nicht gewiß.

Darum verläuft der Beweis der Existenz des Materiellen nunmehr mit Hilfe der Sinneswahrnehmung. Der Sachgehalt (realitas) der Sinnesobjekte muß, wie wir bereits aus dem ersten Gottesbeweis wissen, von Wirklichem herrühren, das mindestens denselben Seinsrang hat (Nr. 25). Da ich aber keinerlei Möglichkeit habe, irgendein höheres Wesen als Erzeuger dieser Ideen zu erkennen, wäre ich hilflos der Täuschung ausgeliefert, wenn sie nicht von wirklichen materiellen Dingen stammten. Damit wäre aber Gott ein Betrüger, was unmöglich ist. Also existiert das Materielle.

Bei der Frage nach den einzelnen materiellen Dingen, deren Existenz 33 sich hiermit erwiesen hat, steht der eigene Leib an erster Stelle; dann kommen die Dinge um mich herum, bei denen aber jeweils zu prüfen wäre, was von ihnen mir wirklich klar und deutlich erkennbar ist. Da diese Prüfung im alltäglichen Leben aber auf Grund der Umstände nicht immer durchgeführt werden kann, können wir den Irrtum in unserem Leben nicht völlig eliminieren.

Körper und Geist können unabhängig voneinander in ihrem Wesen begriffen werden, weshalb es ihnen metaphysisch, d. h. mindestens durch 34 die Kraft Gottes, möglich ist, unabhängig voneinander zu existieren. Damit sind die philosophischen Voraussetzungen für die Unsterblichkeit der Seele gegeben. An die Stelle einer als Lebensprinzip verstandenen Seele war der seiner selbst bewußte Geist getreten. Die Lebensfunktionen, ja sogar alle durch Gewohnheit oder sonstwie automatisierten Handlungen werden dem mechanisch interpretierten Körper zugeschrieben (vgl. AT VII, 229 f).

Zugleich bedeutet dies, daß Körper wie Geist für sich vollständige Substanzen sind, deren Einheit beim Menschen eine rein faktische Zusammensetzung darstellt. Dennoch wehrt sich Descartes gegen die Auffassung seines Schülers Regius, der diese Einheit nur »per accidens« verstanden wissen will. Denn die Tatsache, daß wir Hunger, Durst und Schmerzen nicht intellektuell erkennen, sondern affektiv empfinden, beweist, daß der Geist im Leib nicht nur wie ein Seemann im Schiff ist, sondern »ganz eng mit ihm verbunden und gleichsam vermischt« ist, so daß er mit ihm eine Einheit bildet (Med. VI, 13).

In seiner Korrespondenz mit Elisabeth von der Pfalz nennt Descartes die Leib-Seele-Einheit eine dritte »notion primitive« (ursprünglichen Begriff) neben dem Begriff des Geistes und dem des Körpers (AT III, 665); und in den Prinzipien schreibt er dieser Einheit ebenso wie dem Geist und Körper spezifische Tätigkeiten zu, nämlich bildliches Vorstellen, sinnliches Wahrnehmen und Empfinden sowie die Affekte (I, 48).

So kann man die Leib-Seele-Einheit in der Sicht der genannten Stellen als eine weitere Art Substanz verstehen. Diese Einheit vermögen wir aber nur in der alltäglichen, vorphilosophischen Erfahrung zweifelsfrei durch unsere Sinne zu erfassen, während wir im Denken den Unterschied von Leib und Seele erkennen.

35 Physiologisch stellt sich Descartes die Wechselwirkung zwischen Leib und Seele so vor, daß die Zirbeldrüse (Epiphyse) im Gehirn als Schaltstelle zwischen dem Geist und den »Lebensgeistern« (spiritus animales) dient, die die Lebensimpulse in den Nervenbahnen weitergeben. So kann der Geist über diese Drüse die Bewegungsrichtung der Lebensgeister beeinflussen (die Summe der Bewegung selbst muß konstant bleiben) und so körperliche Bewegung verursachen. Umgekehrt wirken die Lebensgeister über die Zirbeldrüse auf den Geist ein und bewirken Vorstellungen, Empfindungen und Affekte. Da dies ein kausaler Vorgang ist, darf das reine Denken nicht von ihm betroffen werden und geschieht darum nach Descartes völlig unabhängig vom Körper.

36 Die Entstehung der *Affekte* und der Umgang mit ihnen ist kein Vorgang, der sich zwischen verschiedenen Bereichen der Seele abspielt, sondern eine Interaktion zwischen Geist und Körper. Die *»passions de l'âme«*, wie Descartes die Affekte oder Leidenschaften nennt, sind Aktionen des Körpers, d. h. der Lebensgeister. Daneben kennt Descartes aber auch rein geistige Affekte, die er Emotionen nennt. Alle Affekte lassen sich auf die sechs Grundaffekte Bewunderung, Liebe, Haß, Verlangen, Freude und Trauer zurückführen.

Aufgabe des Geistes ist es, eine vernünftige Herrschaft über die Affekte zu erlangen. Aber Descartes vertritt keineswegs ein stoisches Ideal der Leidenschaftslosigkeit, denn ohne die Affekte hätte die Leib-Seele-Verbindung ihren Reiz und Sinn verloren.

7. Würdigung

37 Descartes geht nicht mehr von einer analogen Seinsordnung aus, die die gemeinsame Basis aller Wirklichkeit darstellt, und die im Bereich der Welt immer eine Zusammensetzung aus bestimmbarer, letzten Endes unerkennbarer Materie und bestimmender, geistig erkennbarer Form darstellt.

Die Grundeinstellung ist jetzt die Gegenüberstellung des geistigen Ich-Subjekts, das als Bewußtsein nur sich selbst, dafür aber von innen her zugänglich und durchsichtig ist, und der materiellen Welt, die als Objekt nur von außen her erkennbar ist. Ausgangspunkt für alles Weitere sind die Bewußtseinsinhalte, die »Ideen« (Vorstellungen).

Damit wird Descartes zum Vater der neuzeitlichen *Bewußtseins- und*

Subjektphilosophie. Während der Geist als reines Bei-sich gesehen wird, wird die Materie im Gegensatz zu ihm als das Nebeneinander der Ausdehnung begriffen. Während in der aristotelischen Sicht die Weltdinge aus der Materie als dem Bestimmbaren und im Grunde Unerkennbaren und aus der geistig erkennbaren, Bestimmung und Einheit verleihenden Form zusammengesetzt waren, besteht jetzt das Wesen der Materie nur noch aus dem, was an ihr geistig, und das heißt mathematisch, erfaßbar ist.

Descartes zeigt treffend, daß jeder Denkakt die Geistigkeit des Ich als 38 ursprünglichen Ort jeglicher Wirklichkeitserfassung unmittelbar einschließt und voraussetzt, und er erweist sich dabei als Wegbereiter der *Transzendentalphilosophie.* Aber die Tatsache, daß sich für kein einzelnes der von mir verschiedenen Objekte des Bewußtseins die Gewißheit erreichen läßt, die ich von meiner eigenen Existenz habe, läßt Descartes übersehen, daß dennoch jedes menschliche Selbstbewußtsein ohne Bewußtsein von anderem unmöglich ist, und daß die Welt als ganze unbezweifelbar ist. Täuschung und Irrtum können ja nur erkannt werden, wenn ich an irgendeinem Punkt Wahrheit erfasse; und die Kohärenz meiner gesamten Welterfahrung läßt sich nicht bestreiten. Offen ist nur, welchen ontologischen Status die so erfahrene Welt besitzt.

Das begleitende Selbstbewußtsein wird von Descartes mit dem ausdrücklich reflexen und dessen rational-begrifflicher Ausformulierung identifiziert. Dadurch scheint es dieselbe Eindeutigkeit und Transparenz zu besitzen wie jedes andere Objektbewußtsein, und die Natur des Ich wird mit der Rationalität gleichgesetzt, obwohl der Unterschied zwischen dem rein Rationalen und dem Anschaulichen, Sinnlichen usw. nur durch die Leiblichkeit des Menschen erklärbar ist.

Ferner kann eine punktuelle unvermittelte Selbsterfassung allein nicht gut deutliche (distinkte = unterschiedene!) Erkenntnis ermöglichen, die wegen der Diskursivität menschlicher Erkenntnis immer einen Rückbezug auf Erinnertes und eine unterscheidende Bezugnahme auf anderes einschließt.

Die radikale *Entgegensetzung von Materie und Geist* macht es für die nach- 39 folgende Philosophie zu einem fundamentalen Problem, deren Einheit zu verstehen, die ja zumindest im Menschen offensichtlich da ist. Denn die cartesische Lösung erwies sich als inkonsistent. Okkasionalismus, monistischer Parallelismus (Spinoza), prästabilierte Harmonie (Leibniz), Materie als Erscheinung (Leibniz, Kant), spiritualistischer (Berkeley) oder materialistischer Reduktionismus, idealistische oder materialistische Dialektik können als Versuche verstanden werden, an Descartes' Verständnis von Geist und Materie festzuhalten und dabei doch die Einheit von Mensch und Welt zu denken.

Die ausschließliche Aufteilung der Welt in Subjektiv-Geistiges und Materielles läßt keinen Platz für Wirklichkeiten, die, wie viele soziale und kulturelle Gebilde, weder rein geistig noch rein materiell sind.

40 Die Gründung des Geistigen im Bewußtsein des Subjekts kann zu einer Subjektivierung alles Ideellen führen, dem dann das Objektiv-Materielle als das eigentlich Reale entgegengesetzt wird. Daß der menschliche Körper in seinen Funktionen als autonomes mechanisches System verstanden wird, ebnet den Weg zu einem mechanistischen Verständnis des ganzen Menschen, wie wir es bei de Lamettries »L'homme machine« finden. So konnten Ansätze bei Descartes zu Empirismus und Positivismus führen.

Andererseits hat Descartes aber den Grundstein für *idealistisches Denken* gelegt. Denn die Frage nach der rechten Erkenntnis ist jetzt nicht mehr eine Vorfrage, sondern mit der metaphysischen Fragestellung verschränkt. Und während Descartes noch auf realistischem Boden steht und seine Überlegungen mit dem Standpunkt des gewöhnlichen Bewußtseins beginnt, werden spätere Denker von vornherein die bewußtseinsimmanent verstandenen Vorstellungen zum Ausgangspunkt nehmen. Damit sind aber, wenn man nicht idealistisch denkt, Bewußtsein und Wirklichkeit von vornherein durch eine fast unüberbrückbare Kluft voneinander getrennt.

Schließlich ist Descartes einer der ersten, wenn nicht der erste in der Reihe der neuzeitlichen Denker, die die Philosophie auf ein völlig *neues Fundament* stellen möchten. Und es geht ihm, wie später Kant, darum, die Philosophie mit derselben methodischen Strenge und Gewißheit auszustatten wie die Naturwissenschaften, deren philosophisches Fundament er legen möchte.

II. Der Okkasionalismus

41 Unter der Bezeichnung *»Okkasionalisten«* pflegt man die nachcartesischen Philosophen zusammenzufassen, die das Problem des *Zusammenwirkens von Leib und Seele* durch die Annahme zu lösen versuchten, daß Gott anläßlich (lat. occasio = Gelegenheit, Anlaß) eines Bewußtseinsaktes die entsprechende körperliche Bewegung hervorruft und umgekehrt. Diese Bezeichnung ist freilich – vor allem für Malebranche – einseitig, da sie nur einen Aspekt des Denkens der betreffenden Philosophen heraushebt und nicht eine zusammenfassende Charakterisierung dieser Philosophen ist.

1. Die Problemstellung

Descartes hatte eine Interaktion zwischen Geist und Körper behauptet, 42
aber nicht wirklich erklären können. Zum einen waren Körper und
Geist so verschieden, daß ihre Einheit und somit auch ein Übergang vom
einen zum anderen philosophisch unbegreiflich war, zum anderen
hielt Descartes (zu Unrecht) die Summe aller Bewegungen für eine
Konstante, und man mußte sich fragen, ob dann überhaupt noch ein
Einfluß auf Bewegungen von außerhalb der Materie widerspruchslos
denkbar war.

Es war darum nur konsequent, wenn in der Folge Anhänger der cartesischen Philosophie diese Problematik so zu lösen versuchten, daß sie
mehr und mehr davon abrückten, einen realen Einfluß der Seele auf den
Körper und umgekehrt anzunehmen, und stattdessen Gott zur einzig
wahren Wirkursache der Übereinstimmung von körperlichem und
geistigem Geschehen erklärten. Dies war kein völlig neues Denkmodell.
Die Scholastik hatte sowohl die Erschaffung der menschlichen Seele
als auch die Eingießung der Gnade bei der Spendung der Sakramente so
erklärt, daß hier Gott anläßlich einer bestimmten menschlichen Handlung etwas bewirkt, dessen wahre Ursache er allein ist.

Dabei gibt es natürlich eine ganze Reihe von Zwischenpositionen, die
eine eingeschränkte Art von Kausalität für die Seele (und den Leib)
zulassen, obwohl die eigentliche Kausalität Gott zukommt. Der Übergang von der klassischen Lehre, nach der Gott für alles weltliche Geschehen Erstursache ist, was die weltlichen Zweitursachen aber nicht
an ihrer wahren Ursächlichkeit hindert, bis zu der Annahme, daß das
Weltliche nur noch rein äußere Veranlassung ist, ist fließend.

Literatur:

Specht 1966

2. Geulincx und Malebranche

Während die Cartesianer *Johann Clauberg* (1622–1665) und *Louis de la* 43
Forge (1632–1666) der Seele noch eine gewisse Ursächlichkeit zuerkann-
ten, dürfte *Géraud de Cordemoy* (1620–1684), der überhaupt jedes Wirken
zweier Körper aufeinander für unbegreiflich erachtete, als der erste
wirkliche Okkasionalist zu betrachten sein.

Die Hauptvertreter dieser philosophischen Richtung sind der aus Ant-
werpen stammende und zuerst in Löwen, dann nach seinem Übertritt
zum Calvinismus in Leiden lehrende *Arnold Geulincx* (1624–1669) und
der Pariser Oratorianerpater *Nicolas de Malebranche* (1638–1715).

44 Schon Descartes hatte ein Problem darin gesehen, daß bestimmte physiologische Vorgänge auf unerklärliche Weise bestimmte Gefühle (z. B. Hunger) hervorrufen. *Geulincx* erklärt nun, daß eine Verursachung nur dann stattfindet, wenn wir uns nicht nur des Zieles, sondern auch der Mittel der Durchführung bewußt sind. Da wir aber nicht wissen, auf welche Weise (physiologisch) die Bewegung unseres Körpers zustandekommt, wenn wir sie wollen, so sind wir auch nicht deren echte Ursache. Diese Ursache ist vielmehr Gott.

Geulincx geht sogar noch weiter und behauptet, wir seien nur Modi des unendlichen Geistes, so wie auch jeder Körper nur ein Modus des unendlichen unteilbaren Körpers sei, was auf Spinozas Auffassung vorausweist (Nr. 55).

Da wir den Eindruck haben, daß bestimmte Willensentschlüsse entsprechenden körperlichen Bewegungen zugeordnet sind und umgekehrt bestimmte körperliche Vorgänge entsprechende Empfindungen auslösen, so muß Gott jedesmal dafür sorgen, daß diese Übereinstimmung tatsächlich stattfindet. Zumindest in seiner späteren Zeit scheint Geulincx dies aber nicht als ein jeweils neues Eingreifen Gottes interpretiert zu haben, sondern er gebraucht für das Bewirken dieser Übereinstimmung – wie später Leibniz – den Vergleich mit zwei Uhren, die so eingestellt sind, daß sie immer dieselbe Zeit anzeigen.

Literatur:

De Lattre 1967

45 *Malebranche*, dessen zweibändiges Hauptwerk den Titel »La recherche de la vérité« trägt (1674/75), übernimmt Descartes' naturphilosophische Anschauungen, hält sich aber für seine Ideenlehre an die augustinische Tradition, der er als Oratorianer verbunden ist.

Daß die Ideen, wie Descartes annahm, im Subjekt ihren Ort haben sollen, geht nicht an, da das endliche Subjekt nicht ewige, unveränderliche Ideen besitzen kann. Die Ideen haben ihren Ort in dem, der sie urbildlich hervorbringt, in Gott. In ihm schauen wir zunächst einmal die unveränderlichen und ewigen Wahrheiten, dann aber auch die intelligible Ausdehnung, die den Archetyp der materiellen Welt darstellt. Und wir sehen in Gott die geometrischen Beziehungen dieser Ausdehnung.

Wenn wir die Sinneswahrnehmungen eines Gegenstandes machen, dann erkennen wir ihn, indem wir seine Idee in Gott schauen. So kann Malebranche sagen: »Wir sehen alle Dinge in Gott.« (Rech. III, 2, 6) Gott ist der Ort für die Geister, wie der Raum der Ort für die Körper ist.

Man hat Malebranche unterstellt, er lehre eine unmittelbare Gottesschau (im 19. Jahrhundert wurde dafür der Name Ontologismus geprägt). Aber Malebranche behauptet nicht, daß wir natürlicherweise Gott in seinem Ansichsein erkennen könnten. Wir sehen ihn nur, soweit er für uns mitteilbar ist. Weder von Gott noch von unserer Seele haben wir eine klare und deutliche Idee; diese haben wir nur von der intelligiblen Ausdehnung.

Die Sinne liefern uns keine klare Erkenntnis; in diesem Punkt geht Malebranche mit Descartes einig. Da unsere geistige Erkenntnis Schau der Ideen ist, vermittelt sie uns keine Gewißheit über die Existenz der materiellen Dinge, die von uns nur auf Grund von Sinneserfahrung und Gefühl nahegelegt wird. Wirkliche Gewißheit über die Existenz des Materiellen haben wir nur auf Grund der Offenbarung, also im Glauben.

Gott ist die einzige Ursache von allem, was geschieht. Daraus ergibt sich Malebranches Okkasionalismus. Es gibt keinerlei Wirken von einem Geist auf einen Körper oder umgekehrt, ja nicht einmal von einem Geist auf einen anderen oder von einem Körper auf einen anderen.

Literatur:

Alquié 1974
Lewin 1981
Reiter 1972

III. Blaise Pascal

Leben und Werke

Eine der wichtigsten Gestalten in der Anfangszeit des Cartesianismus ist Pascal. Er ist wie Descartes ein genialer Mathematiker, steht aber denkerisch in einem zwiespältigen Verhältnis zu ihm. Einerseits übernimmt er cartesianisches Gedankengut, andererseits wendet er sich schroff gegen Descartes. Er ist kein systematischer Philosoph, sondern ein zutiefst religiös bestimmter Denker.

Blaise Pascal wurde am 19. Januar 1623 in Clermont (Clermont-Ferrand, Auvergne) geboren. Seine Mutter starb früh, und er kam 1631 nach Paris, um dort eine angemessene Ausbildung zu erhalten. Sein mathematisches Genie zeigt sich bald: 1640 veröffentlicht er eine Arbeit über Kegelschnitte, anschließend arbeitet er an einer Rechenmaschine. Er interessiert sich lebhaft an der in der damaligen Physik heiß umstrittenen Frage, ob es ein Vakuum gibt, und läßt darum Torricellis Versuch auf dem Puy-de-Dôme nachmachen.

1646 erlebt er seine erste religiöse Bekehrung, die ihn in den Einfluß des jansenistisch geprägten Klosters Port-Royal bringt. In den folgenden Jahren widmet er sich weiterhin der Wissenschaft und dem gesellschaftlichen Leben, bis er 1654 seine eigentliche, tiefe Bekehrung erlebt, die er in dem berühmten »Mémorial« zu Papier bringt, wo er den Gott Abrahams, Isaaks und Jakobs und nicht den Gott der Philosophen als den wahren und eigentlichen Gott herausstellt.

Seine Verbindung mit Port-Royal ist jetzt sehr intensiv, aber er nimmt nie den Jansenismus an und bleibt römisch-katholisch. In den Jahren 1655–57 verfaßte er die »Lettres provinciales«, in denen er die seiner Meinung nach zu laxe Moralauffassung der Jesuiten kritisiert. In den folgenden Jahren arbeitet er an einer »Apologie« des christlichen Glaubens, die er aber nicht mehr fertigzustellen vermag. Die Fragmente davon sind in den posthum herausgegebenen »Pensées« enthalten. Pascal stirbt am 19. August 1662 in Paris.

Literatur:

Steinmann 1962
Wasmuth 1962

Philosophie

47 Pascal akzeptiert zwar Descartes' geometrische Methode, aber er hält sie für unzureichend, wenn es um die Metaphysik als ganze geht. Die mathematische Vorgehensweise *(esprit de géométrie)* ist notwendig und gut für das Fortschreiten wissenschaftlicher Erkenntnis, wenn wir aus bestimmten Sätzen schlußfolgernd zu weiteren Erkenntnissen gelangen wollen.

Aber nicht nur die entscheidenden metaphysischen Erkenntnisse, sondern auch die mathematischen Grundeinsichten können auf diese Weise nicht gewonnen werden, wie dies Descartes anscheinend gemeint hatte. Grundbegriffe wie Raum, Zeit, Bewegung, Dreidimensionalität können nur durch eine Intuition der ersten Prinzipien erfaßt werden. Dieses intuitive Erkennen nennt Pascal auch Fühlen. Neben den genannten Prinzipien umfaßt es alles, was den Bereich des Rationalen übersteigt, sei dies im Hinblick auf metaphysische und religiöse Einsichten oder im praktischen Leben und der Menschenkenntnis.

Organ dieser Art von Erkennen ist das Herz *(cœur)*, das Gründe hat, die der Verstand nicht kennt (Le cœur a ses raisons, que la raison ne connaît point; Pens. 277). Im Gegensatz zum geometrischen Geist ist hier der Geist des Feinsinns *(esprit de finesse)* am Werk. Es geht hier um Höheres als die bloße Rationalität. Pascal vertritt einen Primat der

Religion gegenüber der Philosophie, des Lebens gegenüber der Theorie, des Herzens gegenüber dem Verstand, ohne daß er das Rationale auf seinem Gebiet in irgendeiner Weise herabwürdigen möchte.

Die Wirklichkeit gliedert sich nach Pascal in drei Ordnungen, die jeweils einander unendlich überlegen sind. Die unterste Ordnung ist die des Körpers, die Auslieferung ans Fleischliche. Darüber steht die Ordnung des Geistes, des Denkens, der Wissenschaft. Doch noch weit überragender ist die dritte und höchste Ordnung, die Ordnung der Liebe, die Ordnung Gottes, wie sie uns in Jesus Christus erscheint.

Pascals kritische Bemerkungen über die philosophische *Gotteserkenntnis* 48 müssen im Licht seiner Zuordnung der zweiten und dritten Ordnung gesehen werden. Er will nicht die Möglichkeit eines philosophischen Aufweises der Existenz Gottes bestreiten, aber der Nutzen eines solchen Arguments ist fragwürdig. Denn zum einen pflegen die Gottesleugner dadurch nicht überzeugt zu werden, und zum anderen kommt es darauf an, sich als ganzer Mensch zu dem in Jesus Christus geoffenbarten Gott zu bekehren.

Diesem Zweck soll auch das Argument der Wette dienen. Wenn die Annahme der Existenz Gottes falsch ist, verliere ich in keinem Fall; wenn es aber Gott gibt, dann kommt alles darauf an, auf ihn gesetzt zu haben. Damit soll kein schlüssiges Argument vorgebracht werden, sondern ein Ansporn für den Willen, sich frei zum Glauben zu entscheiden.

Die Situation des *Menschen* charakterisiert Pascal in extremen, ja para- 49 doxen Formulierungen. Der Mensch ist ein denkendes Schilfrohr. Er ist wie ein schwankendes Rohr ein Nichts, verglichen mit der Unendlichkeit des Alls. Andererseits ist er aber wieder unvergleichlich ausgezeichnet durch sein Denken und übertrifft damit das ganze Universum. Im Verhältnis zum Nichts ist er alles.

Der Mensch steht also in der Mitte zwischen zwei Extremen. Er ist einerseits elend und ausgeliefert, hat aber zum anderen seine Würde gerade dadurch, daß er darum weiß. Diese dialektische Zerrissenheit weiß Pascal mit existenzialistischen Farben als Langeweile, Elend und Eitelkeit zu schildern, woraus der Mensch nur erlöst wird, wenn er sich Jesus Christus und seiner Gnade öffnet.

IV. Benedictus de Spinoza

Leben und Werke

50 Benedictus (portug. Bento, hebr. Baruch) de Spinoza (auch Despiñoza
u. ä.) wurde am 24. November 1632 in Amsterdam als Sohn jüdischer
Eltern geboren, die aus Portugal ausgewandert waren, um im freien
Holland vor Schwierigkeiten wegen ihres Glaubens sicher zu sein. Sein
Vater, ein angesehener jüdischer Kaufmann, ließ ihm eine Ausbildung
im jüdischen Gesetz und im Talmud zuteil werden. Nach dessen Tod
übernimmt er 1654 zusammen mit seinem Bruder dessen Geschäft, setzt
aber daneben seine Studien fort, so daß er neben dem Alten Testament
und dem Talmud auch die neuen Naturwissenschaften und die klassische
sowie die cartesische Philosophie kennt.

Vermutlich wegen seiner pantheisierenden Gottesauffassung und seiner
Zweifel an der Verbindlichkeit des mosaischen Gesetzes wird Spinoza
am 27. Juli 1656 aus der Synagoge exkommuniziert. Er muß darum aus
dem Geschäft aussteigen und widmet sich künftig dem Linsenschleifen.
Um 1660 verläßt er Amsterdam und begibt sich nach Rijnsburg, wo er
der religiösen Gruppe der Kollegianten nahesteht. Er verfaßt dort den
»Kurzen Traktat« (Korte Verhandeling), den unvollendet gebliebenen
»Traktat über die Verbesserung des Verstandes« sowie eine Einführung
in die Philosophie Descartes' und die »Cogitata Metaphysica« (die beiden
letzteren Werke erschienen 1663).

Im Frühjahr 1663 zieht er nach Voorburg um, wo er mit der Arbeit an
seiner »Ethik« beginnt. 1669 übersiedelt er nach Den Haag und veröffentlicht 1670 anonym den »Theologisch-Politischen Traktat«. 1673
wird ihm eine Professur in Heidelberg angeboten. Aber obwohl ihm
der Kurfürst volle Lehrfreiheit zusichert, lehnt Spinoza dieses Angebot
ab.

Spinoza wies schon früh Anzeichen einer schwächlichen Gesundheit
auf und litt lange Zeit seines Lebens an einer zunehmenden Tuberkulose,
die schließlich am 21. Februar 1677 seinen Tod herbeiführte. Noch im
selben Jahr wurde sein Nachlaß nach Amsterdam gesandt und veröffentlicht. Die wichtigsten in dieser Ausgabe enthaltenen Werke sind die
»Ethik« und der »Politische Traktat«.

Literatur:

Dunin Borkowski 1933–36   Hubbeling 1978
Gueroult 1969–74   Walther 1971
Hecker 1978   Wolfson 1969

Spinozas Hauptwerk, die »Ethica ordine geometrico demonstrata«, zielt 51
auf eine Affektenlehre ab, deren metaphysische Grundlage in den ersten
beiden Teilen gelegt wird, die »Über Gott« und »Über die Natur und
den Ursprung des Geistes« handeln. Wenn auch manche Autoren seine
Affektenlehre höher schätzen, so liegt Spinozas Bedeutung doch in
seiner Metaphysik, die nachhaltig auf den Deutschen Idealismus eingewirkt hat.

Eine Art Hinführung zum System stellt der unvollendet gebliebene
»Tractatus de intellectus emendatione« dar. Spinoza zeigt, daß die Gewißheit der Wahrheit einer Idee nicht irgendwo außerhalb liegen kann,
sondern sich im Gedachten selbst erweisen muß.

In seiner Ethik drückt Spinoza dies einmal dadurch aus, daß er zu
Beginn des zweiten Teils die adäquate Idee als diejenige definiert, die
sich allein von ihren Eigenschaften und Merkmalen her als wahr erweist
(Def. IV). Und an einer anderen Stelle macht er klar, daß das Kriterium
für Wahr oder Falsch kein Drittes ist, sondern die Wahrheit selbst:
»Sane sicut lux seipsam, & tenebras manifestat, sic veritas norma sui,
& falsi est.« (Eth. II, 43, Schol.)

Nun wird verständlich, warum Spinoza in seiner Ethik – »dogmatisch«,
wie Kant später kritisierte – unmittelbar mit dem Höchsten und Absoluten beginnt und von hier aus alles Weitere mit logischer Notwendigkeit
deduziert. Denn nur ein unvollständiges Erkennen kann irren. Wenn
aber das Denken die Wirklichkeit vollständig begreift, indem es alles
aus seinem Seinsgrund her versteht, dann kann es nicht mehr fehlgehen.
Die logische Grund-Folge-Ordnung eines solchen Denkens wird daher
mit der realen Ursache-Wirkung-Ordnung identisch. Wir erfassen die
Wirklichkeit in ihrem Ansichsein.

Dies geschieht auch mit der entsprechenden, nämlich der geometrischen
Methode, die nach den zu Beginn erforderlichen Definitionen und
Axiomen jeden Lehrsatz als notwendige Folge aus vorangegangenen
beweist. So wird Spinoza zum ersten Philosophen, der ein rigoroses
System konstruiert. Allerdings finden sich manche wichtige Hinweise
nicht in den Lehrsätzen (Propositionen), sondern in Anmerkungen
(Scholien) und Zusätzen (Corollarien).

An oberster Stelle steht die *Substanz*, die in sich selbst gründet (causa 52
sui), und die Spinoza in konsequenter Radikalisierung der cartesischen
Definition als das definiert, »was in sich ist und durch sich begriffen
wird« (Eth. I, Def. III). (Vgl. Nr. 30) Alles andere bedarf zu seinem Sein
und zu seiner adäquaten Erkenntnis der göttlichen Substanz als seinem
Grund und seiner Ursache und existiert nur in ihr. Andererseits folgt
alles mit logischer Notwendigkeit, so daß Gott notwendig die wirkende

Ursache alles anderen ist. Er ist aber (nur!) in dem Sinne frei, daß er keiner äußeren Einwirkung unterliegt, sondern auf Grund eigener Wesensnotwendigkeit wirkt.

Der Substanz kommen nur formale Eigenschaften zu wie die Unendlichkeit, Einzigkeit, Ewigkeit, Absolutheit, Selbstgegründetheit und Unteilbarkeit. In einem gewissen formalen Sinn sieht Spinoza ihr Wesen in ihrer Macht, was bei ihm primär Macht zur Selbstbehauptung und Selbsterhaltung besagt und somit das Wesen von Sein ausmacht.

53 Versteht man aber unter Wesen den inhaltlich erkennbaren Soseinsgehalt, so wird das Wesen der Substanz durch ihre *Attribute* ausgedrückt. In Weiterführung von Descartes definiert Spinoza ein Attribut als »tanquam ejusdem [sc. substantiae] essentiam constituens« (Eth. I, Def. IV). (Vgl. Nr. 30) Die Attribute sind die aufeinander nicht rückführbaren und daher in ihrer jeweiligen Art unendlichen Grundqualitäten der Wirklichkeit. Die göttliche Substanz legt sich in unendlich viele Attribute aus, was ihre Vollkommenheit ausmacht.

Für uns sind nur zwei Attribute erkennbar, Denken und Ausdehnung. Beide sind ihrer Art nach absolut und stellen zwei völlig heterogene und beziehungslose Aspekte oder Seiten derselben, identischen Wirklichkeit dar. Sie sind beide intelligibel und unteilbar, weshalb auch die Ausdehnung Gott zugeschrieben werden kann. Sie ist nämlich nur in der imaginatio teilbar.

54 Die Substanz und die Attribute machen die Wirklichkeit Gottes, der »natura naturans« aus, während die gleichsam konkreten Erscheinungen, Ausprägungen, Entfaltungen dieser schaffenden Natur in der Weltwirklichkeit von Spinoza als Modi bestimmt werden und die »natura naturata« darstellen.

Die Grundweisen des Denkens sind Verstand und Wille, die der Ausdehnung Bewegung und Ruhe. Sie stellen die unendlichen *Modi* dar, die sich unmittelbar aus den Attributen ergeben. Die endlichen Modi, worunter nun alle endlichen Seienden ebenso wie ihre Tätigkeiten bzw. Eigenschaften fallen, können nur mittelbar aus der unendlichen Natur Gottes hergeleitet werden, da aus ihr unmittelbar nur Unendliches erfolgen kann. Für das Attribut des Denkens ist dies die unendliche Grund-Folge-Verknüpfung aller Ideen, bei der Ausdehnung ist es die unendliche Kausalreihe, die das physikalische Geschehen durchzieht.

Wo alles zur notwendigen Folge wird, da gibt es keine Möglichkeit und keine Teleologie mehr, sondern alles fällt mit dem Faktischen zusammen. Das Sein ist im Grunde Behauptung seiner selbst, und deshalb kann Spinoza Gottes Wesen in der Macht und das Wesen jedes Dinges in seinem Streben nach Selbsterhaltung sehen. Ferner fällt jetzt Vollkommenheit mit Realität zusammen. Begriffe wie »gut« oder »schlecht«

sind nach Spinoza rein subjektive Zweckmäßigkeitserwägungen, und die Fülle des Seins, die der Substanz zukommt, wird quantitativ als die unendliche Vermehrung von Realität, d.h. von Attributen, verstanden.

2. Leib und Seele

Da nur Gott Substanz ist, muß der Mensch ebenso wie seine Gedan- 55 ken oder die Teile seines Körpers ein Einzelwesen sein, das in einem Modus des Denkens (= Idee) und Modus der Ausdehnung (= Körper) ist. In seiner Parallelkonzeption der Modi der beiden Attribute verschmilzt Spinoza die ontologische Konzeption, nach der jedes Einzelding Idee und Körper zugleich ist, mit der erkenntnismäßigen, nach der jede Idee ein materielles Objekt besitzt, das Körper oder Ding genannt wird.

Der menschliche Geist ist die Idee eines wirklich existierenden Einzeldinges, er ist also an die Existenz eines Körpers gebunden. Der Geist ist Idee und zugleich die Summe der Ideen, die seine Gedanken sind. Letztere entsprechen nun wiederum den Affektionen des Körpers, die wir verspüren. Denn jede sinnliche Wahrnehmung ist zugleich eine Affektion unseres eigenen Körpers. Durch dieses Affiziertwerden erfassen wir unseren Körper als solchen, und dies ermöglicht wiederum die Selbsterfassung des Geistes.

Die Leib-Seele-Einheit besteht in dieser Zuordnung, die keinerlei gegenseitigen Einfluß bedeutet. Spinoza hat durch seinen Ansatz im Gegensatz zu Descartes nicht mit dem Selbstbewußtsein, sondern mit der Sinnesempfindung begonnen, diese aber gleichsam reflex als Erfassen des eigenen Körpers interpretiert.

Nun ist die Sinneswahrnehmung ein Wahrnehmen anderer Objekte. Andererseits ordnet Spinoza jeder Idee, und somit auch dem Geist, ein ganz bestimmtes Objekt zu, im Fall des Geistes den eigenen Körper. Da dieser Körper aber als Glied der Kausalkette mit allen anderen Körpern verbunden ist, ist über ihn die Erkenntnis anderer Körper möglich.

Auch der Geist steht in der Grund-Folge-Verbindung der Ideen; da diese 56 erkennbar ist, gibt es Ideen von Ideen. So gibt es im Menschen ein beliebig iterierbares Wissen des Wissens, das Spinoza idea ideae nennt – ein nicht ganz geglückter Versuch, die Reflexion zu denken.

Wie der Geist aus seinen vielen Ideen zusammengesetzt ist, so der Körper aus vielen Teilen. Je vielfältiger der Körper sich auf Grund seiner Beschaffenheit anderen gegenüber zu verhalten vermag, um so größer sind die Erkenntnisfähigkeiten.

Willensfreiheit ist eine Täuschung; Spinoza vertritt einen universalen *Determinismus*. Vermeintliche Willensentschlüsse sind nichts anderes als körperliche Triebe. An verschiedenen Stellen behauptet Spinoza faktisch die Abhängigkeit des Geistes vom Körper, wenn er auch systemkonform ausdrücklich jegliches gegenseitige Einwirken verwirft. Aber aufs Ganze gesehen strebt der Geist nach einer Vermehrung der Fähigkeiten des Körpers, die wiederum die Voraussetzung dafür sind, daß er selbst die höchste Stufe der Erkenntnis und damit zugleich Anteil an der Ewigkeit und wahre Freiheit erlangt.

Die niederste Stufe der *Erkenntnis* ist die inadäquate Erkenntnis der Sinne, von der bislang zumeist die Rede war. Adäquates Erkennen vermitteln erst die zweite und dritte Weise der Erkenntnis. Die zweite Weise ist das Erfassen dessen, was allem gemeinsam ist, wie etwa bei der Materie die Ausdehnung. Dies wird in »notiones communes« ausgedrückt, während die Universalien und Transzendentalien nur abstrakte und daher vage und unbrauchbare Verallgemeinerungen liefern. Die höchste, intuitive Erkenntnis erfaßt alles von Gott her, d.h. aus dem Wesen seiner Attribute und somit »sub specie aeternitatis«, in seiner ewigen Notwendigkeit und Wahrheit. Dies ist die Erkenntnis, wie sie in der Natur der Vernunft liegt.

3. Affektenlehre

57 Damit wir wirklich frei werden, muß unser Geist die Macht über unsere *Affekte* erlangen. Einerseits kann ein Affekt nur durch einen stärkeren überwunden werden; andererseits kommen positive aktive Affekte durch Erkenntnis zustande: man kann Spinoza also psychologisch oder rationalistisch interpretieren, so wie sein Parallelismus der Attribute idealistische und materialistische Deutungen gefunden hat. Affekte sind Affektionen des Körpers, dessen Tätigkeitsvermögen sie als passive vermindern und als aktive vermehren, sowie deren Ideen (Eth. III, Def. III).

Das Wesen des Menschen liegt im Streben nach Selbsterhaltung, das beim Geist Wille, bei Geist und Körper zusammen Trieb heißt. Der bewußte Trieb ist die Begierde (cupiditas), die zusammen mit Freude/ Lust (laetitia) und Trauer/Unlust (tristitia) die drei Grundaffekte bildet, auf die alle anderen Affekte rückführbar sind.

Wir sollen nach einem Gleichgewicht unserer Affekte streben, indem wir durch die zweite und dritte Erkenntnisart inadäquat erkannte und darum passive Affekte in adäquat erkannte aktive verwandeln, deren Ursache wir dadurch werden. Je mehr wir solche Einsicht erlangen, werden wir fähig, unser Handeln nach Vernunftgesetzen auszurichten, wodurch wir unser eigenes Wohl ebenso wie das unserer Mitmenschen befördern.

Soweit wir nach der höchsten Erkenntnisart unsere Affekte auf Gott beziehen, erkennen wir sie in ihrer Notwendigkeit und werden frei. Wir haben dann keine Furcht mehr vor dem Tod und empfinden Freude an Gott, wodurch wir zum »amor Dei intellectualis« gelangen, der unserem Geist Ewigkeit verleiht.

4. Politische Philosophie

Ziel des Theologisch-Politischen Traktates ist letzten Endes die Verteidigung der *Meinungsfreiheit* (vor allem des Philosophen) im Staat. Auf Grund seiner historisch-kritischen Interpretation des Alten Testaments behauptet Spinoza, es gehe in der Religion um Gehorsam und rechtes Handeln, während die Wahrheitsfrage dem freien Feld der Spekulation überlassen sei.

Als Staatsvertragstheoretiker bestimmte Spinoza das natürliche Recht des unvernünftigen Menschen ähnlich wie Hobbes durch Begierde und Macht. Aus Furcht und um ihrer Sicherheit willen, aber auch von dem vernünftigen Wunsch nach gegenseitiger Hilfe beseelt, übertragen die Menschen ihre Rechte und ihre Macht auf eine höchste Gewalt, der die Entscheidung über Recht und Unrecht und auch die höchste Befugnis in Religionsangelegenheiten zusteht. – Wie Spinoza in seiner theoretischen Philosophie Faktisches und Mögliches gleichsetzt, so identifiziert er in seiner politischen Philosophie die Legitimation mit der faktischen Macht. Daher hat der Staat seine Macht verwirkt, wenn er seine Funktionen nicht mehr erfüllen kann, und ein gelungener Umsturz ist somit rechtens, obwohl der Umsturzversuch strafbar ist.

Pragmatische Überlegungen sowie die Tatsache, daß der Staat seinen Bürgern Freiheit verschaffen soll, lassen Spinozas Staat liberale Züge tragen. Um der allgemeinen Stabilität willen soll eine vorhandene Monarchie weiterbestehen, obgleich an sich die Demokratie die beste Staatsform ist, da hier der Bürger als Teil der herrschenden Mehrheit mit seinen Rechten nicht schlechthin abzudanken braucht. Ferner zeigt es sich für die Stabilität des Staatswesens vorteilhaft, die Gewalten aufzuteilen und nicht durch Gewaltherrschaft Widerstand zu provozieren, der zum Umsturz führen kann.

Da jeder Mensch Herr seiner Gedanken ist und diese Herrschaft auch nicht abtreten kann, ist es sinnlos, die Menschen in ihrer Meinungsfreiheit beschneiden zu wollen. Soweit diese Freiheit nicht gegen die Verfassung und die Gesetze des Staates gerichtet wird, spricht alles dafür, daß der Staat allen die freie Äußerung ihrer Meinung zubilligt.

59 Spinoza hat die beeindruckende Geschlossenheit seines Systems damit erkauft, daß alles zur Notwendigkeit erklärt wird. Möglichkeit und Freiheit werden eliminiert, und es ist auch nicht ersichtlich, wie durch Erkenntnis solche Freiheit gewonnen werden kann. Auch die Freiheit Gottes fällt ebenso wie die Eigenständigkeit der Geschöpfe dem pantheistischen oder *panentheistischen* (»alles in Gott«) Systemzwang zum Opfer.

Der Parallelismus der Attribute und ihrer Modi läßt sich nicht durchhalten. Zwar kann man alles wie Spinoza als beseelt auffassen, aber daß jedem körperlichen Vorgang ein Gedanke entspreche, trifft beim Menschen ebensowenig zu, wie es eine körperliche Entsprechung zur »idea ideae« gibt. Ferner wird das Problem der Einheit des Menschen nur scheinbar gelöst, wenn er in zwei heterogene und zugleich im Grunde identische Seiten aufgeteilt wird. Hat diese Einheit noch ein Zentrum?

Der Substanzmonismus erklärt zwar die Kommunikation innerhalb der jeweiligen Attribute und vermeidet die cartesische Isolierung des einzelnen Bewußtseins gegenüber anderen Subjekten, aber eine andere Aporie bleibt: Wie kann Materie erkannt werden, wenn es absolut keine Beziehung zwischen Denken und Ausdehnung gibt?

Der Parallelismus der Attribute mag eine geniale Idee sein, seine konsequente Durchführung ist nicht möglich. So wird immer wieder die Tendenz naheliegen, eine der beiden Seiten doch der anderen nachzuordnen und Spinoza entweder für einen Idealisten oder für einen Materialisten zu halten. Für beide Interpretationen lassen sich Anhaltspunkte finden: Spinozas Denken durchzieht eine tiefe Zweideutigkeit.

V. Gottfried Wilhelm Leibniz

Leben und Werke

60 Gottfried Wilhelm Leibniz wurde am 1. Juli 1646 in Leipzig als Sohn eines Juristen und Moralprofessors geboren, der schon sehr früh starb. Weitgehend als Autodidakt bildete sich der junge Leibniz in den verschiedensten Wissenschaften, kommt mit 15 Jahren an die Leipziger Universität und erwirbt mit einer Arbeit über das Individuationsprinzip 1663 das Bakkalaureat. Schon als Jugendlicher hatte er sich mit philosophischen und juristischen Problemen auseinandergesetzt. 1667 erlangt er in Altdorf bei Nürnberg den juristischen Doktorgrad.

1668 tritt er in kurmainzische Dienste, wo ihn neben politischen und wissenschaftlichen auch ökumenische Fragen beschäftigen. 1672 reiste er nach Paris, um Ludwig XIV. von Deutschland abzulenken und für Ägypten zu interessieren, was jedoch mißlang. Aber er lernt dort u. a. Arnauld und Malebranche kennen, führt eine Rechenmaschine vor und verfaßt eine Skizze seines Denkens, die »Confessio Philosophi«. Außerdem erfindet er zur selben Zeit wie Newton die Infinitesimalrechnung, was zu einem Prioritätsstreit führt. Er hatte Kontakte mit Spinoza, Boyle, Newton, Huygens und anderen bedeutenden Gelehrten seiner Zeit.

1676 tritt er in hannoversche Dienste, wo er Bibliothekar und Justizrat wird. 1690 kommt er an die herzogliche Bibliothek in Wolfenbüttel. Diplomatische Tätigkeit, vergebliche Sanierungsversuche der Harzbergwerke, eine unvollendete Geschichte des Welfenhauses und verschiedenste Studien gehören zu seiner Tätigkeit. 1695 erscheint erstmals eine Darstellung seiner Philosophie, das »Système nouveau«. Die gegen Lockes Essay gerichteten »Nouveaux essais sur l'entendement humain« veröffentlicht er nicht, als Locke 1704 stirbt. 1700 wird er erster Präsident der auf sein Betreiben gegründeten Berliner Akademie der Wissenschaften.

Aus Gesprächen mit Prinzessin Sophie Charlotte erwächst die 1710 erschienene Theodizee (»Essais de théodicée ou sur la bonté de Dieu, la liberté de l'homme et l'origine du mal«). Bei seinem letzten Aufenthalt in Wien 1714 verfaßte er zwei knappe Zusammenfassungen seiner Philosophie, die »Monadologie« und die »Principes de la nature et de la grâce, fondés en raison«, die aber erst nach seinem Tod publiziert wurden.

Leibniz starb am 14. November 1716 in Hannover. Leider wurde sein Nachlaß, unter dem man Staatsgeheimnisse vermutete, beschlagnahmt. Viele seiner Gedanken finden sich in seinem ausgedehnten Briefwechsel. Bis heute ist die Veröffentlichung all dieses Materials noch lange nicht abgeschlossen. Leibniz gilt als einer der am umfassendsten gebildeten Menschen der Neuzeit. Er war trotz persönlicher Verletzlichkeit ein irenischer und harmonischer Denker, der den verschiedensten Denkansätzen gerecht werden und sie in einer Synthese vereinigen wollte.

Literatur:

Belaval 1975   Martin 1967
Cassirer 1962   Rescher 1979
Mahnke 1925

61 Leibniz übernimmt von Descartes die mathematische Interpretation der Materie, die in einem homogenen Raum in einem kontinuierlichen Kausalzusammenhang steht. Aber dies ist nicht die tiefste Wirklichkeit, sondern nur ein »phaenomenon bene fundatum«, zumal der Begriff der Ausdehnung aus grundlegenderen Begriffen zusammengesetzt ist. Alle Wirklichkeit besteht im Grunde aus diskreten, unräumlichen, einfachen und unteilbaren individuellen Substanzen, gleichsam metaphysischen Punkten, die Leibniz *Monaden* nennt. Die Monade ist ein dynamisches und teleologisches Kraftzentrum (être capable d'action) seelischer Art, sie ist wesenhaft Individuum und qualitativ von jeder anderen Monade verschieden, und sie ist unvergänglich.

Jede Monade ist ganz Individuum, aber auch ganz die Gesamtheit. Denn in jeder Monade spiegelt sich die gesamte Welt in einer bestimmten Perspektive. Jede Monade repräsentiert von ihrem Standpunkt aus das Universum: sie stellt es dar, indem sie es vorstellt.

62 Wie bei Descartes das Wesen der res cogitans in ihrem Denken besteht, so ist die Monade durch ihre *Perzeptionen* charakterisiert, wobei es bei den geschaffenen Monaden einen kontinuierlichen Übergang der hierarchisch gestuften Arten der Perzeptionen gibt, durch welche sich die Monaden voneinander unterscheiden.

Während Gott alles klar und deutlich erkennt, ist beim Menschen jede deutliche rationale Erkenntnis mit konfuser, sinnlicher Erkenntnis verwoben. Als Geistwesen ist sich der Mensch seiner Perzeptionen bewußt – dieses Selbstbewußtsein nennt Leibniz *Apperzeption* – und vermag Gott zu erkennen und sich so über die Relativität perspektivischen Erkennens zu erheben. – Zwar perzipiert die Monade immer, aber Leibniz kennt im Gegensatz zu Descartes als unterste Stufe ein unbewußtes Perzipieren, die »petites perceptions«, über welche die leblosen Wesen nicht hinauskommen, so daß ihre einfachen (bloßen, nackten) Monaden gleichsam immer schlafen. Jede Monade perzipiert das ganze Universum, aber um so undeutlicher, je niedriger ihre Seinsstufe ist. Am deutlichsten perzipiert die Monade ihren eigenen Körper, der ihr die Erkenntnis der übrigen Welt vermittelt.

Leibniz radikalisiert die Bewußtseinsimmanenz der cartesischen res cogitans: In ihrem Perzipieren bleibt die Monade rein bei sich. Sie hat, wie die berühmte Metapher lautet, keine Fenster (Monad. 7), d. h. keine Beziehung zu anderen Monaden.

63 In ihren ständig wechselnden Perzeptionen entfaltet die Monade ihr eigenes Wesen. Den Übergang von einer Perzeption zur nächsten bewirkt die zweite Grundfähigkeit der Monade, ihr Streben, die Appetition *(appetitus)*, welche somit der Grund aller Veränderung ist.

Als Kraftzentrum strebt die Monade danach, sich kontinuierlich in den Raum hinein phänomenal zu erstrecken. Ferner entspringt der metaphysischen Kraft der Monade dann die entsprechende physische Kraft, die für Leibniz gegenüber der metaphysischen *vis primitiva* eine *vis derivativa* darstellt, welche die Ursache für die physikalische Bewegung ist.

2. Seele, Leib, prästabilierte Harmonie

Die Monade stellt die kleinste Einheit dar. Zusammengesetztes ist ein 64 Aggregat einfacher Monaden. Ist eine solche Zusammensetzung ein Automat, der bis in seine kleinsten Bestandteile wieder aus lauter Automaten zusammengesetzt ist, so handelt es sich um einen lebendigen Organismus. Er wird von einer Zentralmonade, der Seele, beherrscht, die die *Entelechie* des Leibes ist und ein immaterieller Automat genannt werden kann. Die Seele ist die Zweckursache des Leibes, während das Körperliche als solches der Wirkursächlichkeit unterliegt.

Was als kausales Wirken erscheint, ist in der monadischen Wirklichkeit nichts anderes als eine verschiedene Weise des Perzipierens. Wenn eine Monade eine andere klar perzipiert, so übt sie ihr gegenüber eine aktive Wirkung aus, während konfuses Perzipieren Passivität besagt. Die Geistseele gehört dem *Reich der Gnade* an, während die Körperwelt das *Reich der Natur* bildet.

Da die Monaden völlig isoliert voneinander sind, muß die gegenseitige 65 Entsprechung ihrer Perzeptionen und damit sowohl die Übereinstimmung des ganzen Universums als auch der Leib-Seele-Zusammenhang auf andere Weise als durch reales Einwirken aufeinander erklärt werden. Nach Leibniz hat Gott die Monaden von vornherein so geschaffen, daß ihre Perzeptionen immer zusammenstimmen. Diese Lehre der *prästabilierten Harmonie*, die er wie Geulincx mit dem Vergleich zweier Uhren veranschaulicht, vermeide den Fehler der Okkasionalisten, da sie die Übereinstimmung in die Natur der Monaden lege und nicht durch einen Eingriff Gottes erkläre, der auch bei gesetzmäßigem Erfolgen ein Wunder bleibe (vgl. Nr. 44f).

3. Grundlegende Prinzipien

Leibniz war sowohl Metaphysiker als auch Mathematiker. Als solcher 66 wollte er einen bereits von Ramón Lull (Raimundus Lullus, 1235–1315) gehegten Gedanken fortführen und alle Erkenntnis auf eindeutige Begriffe bringen, die sich durch eine Art Alphabet von Symbolen ausdrücken und mathematisch miteinander verrechnen lassen. Diese Idee eines universalen Kalküls, einer *»characteristica universalis«*, macht Leibniz zu einem bedeutenden Vorläufer der modernen Logik, wobei er freilich erfahren mußte, daß eine solche *»mathesis universalis«* immer nur Stückwerk bleibt. Aber der Grundgedanke, daß alles im Grunde rational analysierbar ist, bleibt bestehen.

Je nachdem, ob es sich um Wesenszusammenhänge oder Existenzbehauptungen handelt, unterscheidet Leibniz zwischen Vernunftwahrheiten *(vérités de raison)* und Tatsachenwahrheiten *(vérités de fait)*. Während die Tatsachenwahrheiten kontingent sind, sprechen die Vernunftwahrheiten einen notwendigen und ewigen Sachverhalt aus. Die Leugnung des Prädikats führt zu einem Widerspruch mit dem Subjektsbegriff, wie sich in einer aus endlichen Schritten bestehenden Analyse nachweisen läßt. Wir haben es mit analytischen Aussagen zu tun, die im *Prinzip der Identität* begründet sind.

Der Sache nach können aber auch die Tatsachenwahrheiten auf analytische Urteile zurückgeführt werden, aber dies ist nur Gott möglich, da hierzu eine unendliche Analyse erforderlich ist. Gott freilich kann allein aus der Analyse eines Begriffs die ganze konkrete Wirklichkeit erschließen; denn an sich ist z. B. im Begriff Cäsars bereits enthalten, daß er den Rubikon überschreiten wird. Aber nur unter Einbeziehung aller Kenntnisse kann die nicht absolute, sondern hypothetische Notwendigkeit des Faktischen gezeigt werden, die darin gründet, daß Gott das Bestmögliche verwirklicht.

67 Dies geschieht gemäß dem *Vollkommenheits- oder Optimierungsprinzip*. Dieses Prinzip bedeutet, daß sich bei geringstem Aufwand der größte Effekt ergeben soll. Das Optimum herrscht, wenn durch eine möglichst geringe Anzahl von grundlegenden Gesetzen größtmögliche Vielfalt erzielt werden kann. Hier spielen auch die *Extremalprinzipien* herein, die Leibniz als erster formulierte, und die angeben, daß in der Natur maximale Wirkungen durch minimalen Aufwand erzielt werden.

Das *Prinzip des zureichenden Grundes*, das für jeden Sachverhalt gilt, wurde von Leibniz in die klassische Formulierung gebracht, daß es nichts gibt, »ohne daß es einen zureichenden Grund dafür gäbe, weshalb es eben so und nicht anders ist« (Monad. 32). Der letzte Grund für alles ist Gott.

Ein weiteres Prinzip der Leibnizschen Metaphysik ist das *Prinzip der Identität des Ununterscheidbaren* (identitas indiscernibilium), das bedeutet, daß alle metaphysischen Unterschiede wesenhafter, qualitativer Natur sind. Rein numerische oder quantitative Unterscheidung gibt es nur auf der Ebene der Erscheinung. Damit hängt zusammen, daß die Grundformen des Quantitativen, Raum und Zeit, nur relativ sind (im Gegensatz zur Annahme Newtons) und Folgeerscheinungen der Monaden darstellen.

Abgesehen von der Diskretheit der Monaden herrscht bei Leibniz das

Prinzip der Kontinuität. Nicht nur in der Hierarchie der Monaden und ihrer Perzeptionen sowie in deren Abfolge, sondern im gesamten Bereich der Natur gibt es fließende Übergänge und kontinuierliche Zusammenhänge.

4. Die beste Welt und die Theodizee

Alles, was auf Grund des Identitätsprinzips nicht widersprüchlich ist, 68 ist vom Wesen Gottes her eine ewige wesenhafte Möglichkeit. Es sind aber nicht alle für sich genommenen Möglichkeiten miteinander vereinbar (kompatibel, kompossibel). Jede Gesamtheit miteinander verträglicher Möglichkeiten bildet eine mögliche Welt, und die Gesamtzahl der mit Gottes Wesen mitgegebenen möglichen Welten ist unendlich.

Zwar ist Gott frei und ungezwungen, aber in seiner Weisheit kann er aus Gründen der Konvenienz nicht umhin – ist also moralisch genötigt –, die *bestmögliche Welt* zu schaffen, in der sich ein Minimum an Prinzipien mit einem Maximum an individueller Vielfalt verbindet. (Dies ist der Sinn der oft mißverstandenen Formulierung von der besten aller möglichen Welten.) So will Leibniz mit Hilfe des Vollkommenheitsprinzips die Deduzierbarkeit der Welt (für jemanden, der adäquate Erkenntnis hätte) mit der Freiheit Gottes verbinden.

Alle möglichen Welten sind endlich, was nach Leibniz einen Mangel 69 und mithin ein Übel darstellt, das er das *malum metaphysicum* nennt. Beim Übel im engeren Sinne ist zwischen dem naturhaften Übel, dem *malum physicum*, und dem moralisch Bösen, dem *malum morale*, zu unterscheiden. Auf Grund der Endlichkeit ist auch die optimale Kombination dessen, was miteinander kompatibel ist, notwendig mit dem Vorkommen physischer und moralischer Übel im Detail verbunden. Die *Theodizee*, die Rechtfertigung Gottes angesichts der Übel in der Welt, besteht darin, daß er um des optimalen Ganzen willen diese Übel in Kauf nehmen muß.

5. Würdigung

Leibniz versucht, die mechanistisch-mathematische Sicht der Natur mit 70 den Einsichten der klassischen Metaphysik zu verbinden. Auf diese Weise bestätigt er den Vorrang der Substanz und bringt gegen Descartes die Kraft wieder zu Ehren. Auf der anderen Seite führt aber seine an rationalistischer Logik orientierte Konzeption der möglichen Welten zu einem Essentialismus, der dann doch das rein Begriffliche dem Existierenden vorordnet.

Die Aufwertung der Individualität stellt zweifellos einen Schritt in

Richtung auf ein angemessenes Begreifen des personalen Geistes dar, der mehr ist als nur ein Fall eines Allgemeinen oder einer Gattung. Aber es ist die Frage zu stellen, ob der Versuch, das Allgemein-Wesentliche mit dem Individuellen zu identifizieren, nicht zwangsläufig dahin tendiert, den Spielraum des Kontingenten zu eliminieren, der für wirkliche Freiheit notwendig ist. Wenn die Welt deduzierbar wird, dann kann von keiner echten Freiheit Gottes mehr gesprochen werden.

Bemerkenswert ist Leibnizens Bemühung, entgegen dem Dualismus Descartes' und Spinozas wieder eine abgestufte Seinshierarchie zu entwickeln. Die völlige Abgeschlossenheit der Monade in ihrer Immanenz, die nur durch die prästabilierte Harmonie überbrückt wird, vermag freilich als Lösung des Problems der Vereinbarkeit von Bei-sich-Sein des Geistes und Kommunikation und Interaktion nicht zu befriedigen.

Die Versöhnung des klassischen mit dem frühneuzeitlich-naturwissenschaftlichen Denken gelingt Leibniz nur dadurch, daß er die körperliche Wirklichkeit zur Erscheinung herabstuft. Abgesehen davon, daß nicht immer ganz klar ist, wie Leibniz die materielle Welt genau versteht, stellt sich die Frage, ob eine solche Interpretation überhaupt der Materialität gerecht wird.

Die Philosophie von Leibniz hat sich mit der aristotelischen Schultradition verbunden und zu der *Aufklärungsphilosophie* von Baumgarten und Wolff geführt, die zu der Zeit an den deutschen Universitäten herrschend war, als Immanuel Kant seine Laufbahn begann (vgl. Nr. 148f).

B. Empirismus

Der Empirismus bildet einen Gegensatz zum Rationalismus. Gemeinsam ist ihnen das Bestreben, nach dem Leitbild der exakten Wissenschaften die Philosophie als strenge Wissenschaft neu zu begründen
und dafür einen ersten, unmittelbar gesicherten Ausgangspunkt zu
finden. Der Rationalismus setzt im reinen Denken an, entwertet dagegen
die Erfahrung. Der Empirismus geht von der Erfahrung aus, die er
aber auf den bloßen Sinneseindruck zurückführt; dadurch entwertet
er Einsicht und Denken der Vernunft sosehr, daß sich schließlich
die Wirklichkeit in Komplexe sinnlicher Erscheinungen auflöst
(Hume).

Die Heimat empiristischen Denkens ist England. Schon im 13. Jahrh.
hatte der englische Franziskaner Roger Bacon (1210–92) eine scientia
experimentalis gefordert und die Bedeutung der Mathematik für die
Physik erkannt. Später wird Wilhelm von Ockham (ca. 1300–1349) zum
Begründer des Nominalismus, der dem Empirismus den Boden
bereitet. Besonders in Oxford herrscht seit dem 15. Jahrh. der Nominalismus vor.

Der englische Empirismus des 17. und 18. Jahrh. wurde vorbereitet
durch Francis Bacon und Thomas Hobbes, seine Hauptvertreter werden
John Locke und – nach dem Intermezzo durch George Berkeley – vor
allem David Hume, der ihm seine schärfste Ausprägung gibt.

I. Francis Bacon

Leben und Werke

Francis Bacon of Verulam, geboren 1561 in London, hatte hohe Staats-
ämter inne. Er war Oberstaatsanwalt (1613), später Großsiegelbewahrer
(1617) und schließlich Lordkanzler (1618). In einer Bestechungsaffäre
verurteilt, wird er zwar vom König begnadigt, verliert aber 1621 seine
öffentlichen Ämter und lebt in der Folgezeit zurückgezogen allein
wissenschaftlicher Arbeit bis zu seinem Tod 1626. Er war nicht nur
Jurist und Staatsmann, sondern auch Naturforscher und Historiker,
Philosoph und Schriftsteller, ein vielseitig gebildeter und tätiger Mann,
der noch ganz dem Geist der Renaissance angehört. Die neue Naturwissenschaft beginnt Gestalt zu gewinnen. Ein neues Weltbild, mehr
dem Anspruch als der Durchführung nach, beginnt sich durchzusetzen.

Bacon will die aristotelisch-scholastische Philosophie durch induktive Erfahrungswissenschaft überwinden und setzt dem »Organon« der aristotelischen Logik ein »Novum Organum« (1620) als neue Logik und Methodenlehre entgegen. Schon seit 1607 verfolgt er den Plan eines wissenschaftlich enzyklopädischen Werkes »Instauratio magna scientiarum«. Vollendet ist nur der erste Teil »De dignitate et augmentis scientiarum« (1623). Fragmentarisch bleiben auch die meisten seiner übrigen Schriften. Die Verwirklichung steht weit hinter den hohen Ansprüchen zurück. Doch werden die methodischen und philosophischen Intentionen deutlich.

Literatur:

Anderson 1975
Fischer X 1904

1. Induktives Denken

73 Mit Fr. Bacon greifen wir geschichtlich weit zurück in die Zeit der Renaissance und zu den Ursprüngen neuzeitlicher Naturwissenschaft. Sie wird zum Ideal und zur methodischen Norm wissenschaftlicher Erkenntnis überhaupt. Daher wird die Forderung erhoben, alle Wissenschaften, auch und vor allem die Philosophie, empirisch-induktiv neu zu begründen. Für Bacon ist die Grundlage aller Wissenschaften die »Philosophia prima«. Damit übernimmt er einen aristotelischen Begriff, der aber hier, ähnlich wie (wenig später) bei Descartes, eine völlig andere Bedeutung gewinnt. Für Aristoteles war die »erste Philosophie« Metaphysik, die krönende Vollendung philosophischer Erkenntnis. Bei Bacon ist die erste Wissenschaft nicht mehr Metaphysik als Seinslehre, sondern formale Grundwissenschaft mit der Aufgabe, die ersten und allgemeinsten Prinzipien aller Wissenschaften zu erstellen. Die obersten Prinzipien sind aber nach Bacon durch Induktion aus den Erfahrungswissenschaften zu gewinnen, insofern allen Einzelwissenschaften gemeinsame, allgemein gültige Prinzipien zugrundeliegen, die induktiv zu erarbeiten sind.

74 Die »erste Philosophie« wird von Bacon nicht voll durchgeführt. Sie ist nur skizziert in der Methodenlehre des Novum Organum, worin Bacon als erster eine Theorie der Induktion ausarbeitet und damit die erkenntnistheoretischen und methodologischen Grundlagen der Erfahrungswissenschaften zu sichern sucht. Bacon ist Zeitgenosse von Kepler und Galilei; sein Bemühen um die naturwissenschaftliche Methode liegt zeitlich parallel zu deren Erkenntnissen. Es war ein Anliegen jener Zeit, auf die methodischen Grundlagen der neuen Wissenschaft

zu reflektieren, um ihren weiteren Fortschritt zu sichern. Darin kommt Bacon als einem der ersten Theoretiker der induktiven Methode hohes Verdienst zu. Doch hat er die Bedeutung dieser Methode einseitig überschätzt. Er will die Induktion auf alle Erkenntnisbereiche ausdehnen, somit alle Einsicht auf die Erfahrung zurückführen. Darin liegt ein spezifisch empiristischer Ansatz seines Denkens. Das grundsätzliche Problem aller Induktion, der Schluß vom Einzelnen auf das Allgemeine, ist noch nicht voll bewußt. Doch ist damit das Problem gestellt, dem in der Grundlagendiskussion der Erfahrungswissenschaften über Kant bis heute eine zentrale Rolle zukommt.

2. Wissen ist Macht

Von der induktiven Methode verspricht sich Bacon eine Erneuerung 75 aller Wissenschaften, Welterkenntnis zum Zweck der Weltbeherrschung. Hier bricht ein Gedanke auf, der für die neuzeitliche Wissenschaft richtungweisend wird: der praktische Nutzen der Wissenschaft. Das griechische, theoretisch-kontemplative Ideal einer Schau der Wahrheit um ihrer selbst willen wird grundsätzlich aufgegeben und durch die praktisch-technische Verwendbarkeit wissenschaftlicher Erkenntnis zur Beherrschung der Welt durch den Menschen ersetzt. »Die Induktion gibt uns die Herrschaft über die Welt durch die Erkenntnis ihrer Formen«. Damit bezieht sich Bacon auf die aristotelische Formenlehre, die Formen der Dinge sind der eigentliche Gegenstand wahrer Naturerkenntnis. Doch steht die Erkenntnis im Dienst der Weltbeherrschung. Es geht nicht mehr um zweckfreie Wissenschaft, sondern um praktisch zweckgebundene Forschung. Wissen ist Macht: »Tantum possumus quantum scimus« – ein prägnantes Wort, das Bacon dem kommenden Zeitalter wissenschaftlicher Technik mit auf den Weg gibt.

Als Gegenstände der Philosophie bezeichnet Bacon Gott, die Natur und 76 den Menschen. Diese Dreiheit entspricht der cartesianischen Einteilung der Substanzen und geht sowohl in Chr. Wolffs Gliederung der »metaphysica specialis« (in Kosmologie, Psychologie und natürliche Theologie) als auch von daher in die drei Ideen der reinen Vernunft bei Kant (Welt, Seele, Gott) und in die drei Postulate der praktischen Vernunft (Freiheit, Unsterblichkeit, Dasein Gottes) ein.

Der unmittelbare Einfluß Bacons war nicht sehr groß. Doch hat er mitgewirkt, dem induktiven Denken der Naturwissenschaft auch philosophisch zum Durchbruch zu verhelfen und dem Empirismus, besonders in England, den Boden zu bereiten.

II. Thomas Hobbes

Leben und Werke

77 Auch Thomas Hobbes, 1588 als Sohn eines anglikanischen Landpfarrers
in Malmesbury, England, geboren, ist vielseitig wissenschaftlich, poli-
tisch und philosophisch tätig. Längere Zeit (insgesamt fast 20 Jahre
seines Lebens) verbringt er in Frankreich, lernt die Philosophen Descartes (auch Gassendi, Mersenne u.a.) kennen, setzt sich vor allem in
den »Elementa philosophiae«, die aus drei Teilen bestehen (in systematischer, nicht zeitlicher Reihung): »De corpore« (1655), »De homine«
(1658), »De cive« (1642), damit auseinander und entwickelt sein eigenes
System. Die Staatslehre ist weiter entfaltet im »Leviathan« (1651). Bis
an sein Lebensende auch literarisch tätig, veröffentlicht er noch mit
87 Jahren eine englische Übersetzung des ganzen Homer in gereimten
Versen. Er stirbt in London 1679.

Literatur:

Peters 1979   Willms 1987

1. Methoden- und Erkenntnislehre

78 Im ersten Teil der »Elementa« (Über den Körper) ist zu Beginn die
Logik und *Methodenlehre* enthalten. Auch für Hobbes ist das Methoden-
problem grundlegend. Die richtige Methode ist allein die Methode der
Mathematik und der Naturwissenschaften. Was unsere Zeit von der
früheren Barbarei unterscheidet, so sagt er, ist fast durchwegs der Geometrie zu verdanken. Denn was wir der Physik verdanken, verdankt die
Physik der Geometrie. Dagegen ist die traditionelle Metaphysik ein
Gespenst, das endlich durch das Licht der Vernunft ausgetrieben werden
muß. Dies ist ein typischer Ausdruck der Zeit, die mit allem Herkömmlichen bricht und unter dem vorherrschenden Eindruck des neuen
mathematisch-naturwissenschaftlichen Denkens steht. Gegenstand der
Philosophie sind die Körper, sowohl natürliche wie künstliche Körper,
womit Hobbes menschliche Gemeinwesen, vor allem den Staat, versteht.
Sie müssen dadurch erklärt werden, daß die Wirkungen aus ihren
Ursachen, die Ursachen aus ihren Wirkungen erkannt werden, so daß
künftige Wirkungen voraussagbar werden und den praktisch nützlichen
Gebrauch der Dinge ermöglichen.

79 In der *Erkenntnislehre* zeigt sich bei Hobbes schon deutlicher als bei
Bacon der empiristische Ansatz. Das Denken ist ein reines Rechenver-

fahren wie die mathematische Addition und Subtraktion. Es läßt ein rational deduktives Schlußfolgern zu. Doch ist darin ein nominalistischer Grundzug wirksam. Denn dieses mathematische Denken ist eine bloße Kombination von Wortsymbolen, mit denen wir die Dinge bezeichnen. Es gibt keinen echten Begriff, in dem sich eine Wesenserfassung des Dinges vollziehen würde.

Daraus folgt, daß es für Hobbes keine apriorische Notwendigkeit, keine Einsicht in allgemeine und notwendige Wesensgesetze gibt, weil es auch keine allgemeinen Wesensbegriffe gibt, in denen eine solche Einsicht fundiert wäre. Das Denken des Verstandes hat keine selbständige, die sinnliche Wahrnehmung übersteigende Funktion. Es hat nur die Funktion einer Verarbeitung der sinnlichen Gegebenheiten; es hat die Erscheinungen nach Wortsymbolen zu ordnen. Hobbes führt ausdrücklich alle Erkenntnis auf sinnliche Empfindungen zurück. Die Sinnesqualitäten, die wir wahrnehmen, sind nur Modifikationen des empfindenden, vom Objekt affizierten Subjekts. Der Sinneseindruck ruft Lust oder Unlust hervor, er bewirkt Erinnerung, diese führt zur Assoziation von Ideen, alles auf rein mechanische Weise, in der auch die Vorgänge des Lebens und des Bewußtseins erklärt werden sollen. Daraus ergibt sich weiter, daß es für Hobbes keine Willensfreiheit geben kann, sondern nur mechanisch notwendige Reaktionen auf äußere Einwirkungen. Hier ist bereits ein materialistisch-mechanistisches Welt- und Menschenbild entworfen, wie es später, vor allem seit der französischen Aufklärung (Lamettrie), zu breiter Auswirkung kommen wird.

2. Staats- und Gesellschaftslehre

Unmittelbar noch wirkungsvoller wird die *Staatslehre* von Hobbes, die 80 er in dem Werk »De cive« und noch schärfer mit Angriffen auf den Staat und die Kirche im berühmten »Leviathan« (1651) darlegt. Der Name geht auf das mythologische Untier zurück, das im Alten Testament als Bezeichnung der feindlichen Weltmächte der Assyrer und der Babylonier erscheint (Jes. 27, 1; Ps. 74, 14), bei Hobbes aber zum Namen für das Ungeheuer des Staates wird. Das Grundgesetz, das ursprünglich im Zusammenleben der Menschen wirkt, ist der Kampf aller gegen alle; jeder einzelne muß seine Rechte und Ansprüche gegen alle anderen erkämpfen und verteidigen. Um sich aber darin zu sichern, eine gewisse Ordnung im unausweichlichen Zusammenleben der Menschen herzustellen, schließen sie sich durch Verträge zusammen. So kommt es zur Ausbildung der menschlichen Gesellschaft; ihr Ursprung ist der Vertrag. Hier taucht bereits die Vertragstheorie auf, die später, durch Locke u. a., besonders von Rousseau als Lehre vom »contrat social«

(Sozial- oder Gesellschaftsvertrag) weiter ausgebildet wurde. In der näheren Auslegung des Gesellschaftsvertrags gehen aber Hobbes und Rousseau weit auseinander. Hobbes tritt für unumschränkte Staatsgewalt ein. Denn das Recht des Staates geht so weit, wie es das Wohl des Gemeinwesens verlangt. Das Gemeinwohl fordert aber einen Staat, der die Einheit des Willens aller Staatsbürger verkörpert und unbedingte Macht über alle besitzt. Nur ein Staat mit absoluter Staatsgewalt kann Frieden, Ordnung und Rechtssicherheit verbürgen. Entsprechend der Regierungsform seiner Zeit fordert Hobbes darum die absolutistische Herrschaft des Staates, die aber nur durch vertragsmäßige Rechtsübertragung von den Einzelnen auf den Staat und ihre Unterwerfung gegenüber dem Staat zustande kommt. Dieser ist gleichsam ein künstlicher Organismus, der wie jeder natürliche Organismus rein mechanisch zu verstehen und nach seinen mechanischen Gesetzen wie eine Maschine durch den Techniker vom Herrscher richtig zu handhaben ist. Wie es scheint, ein merkwürdiger Widerspruch: Die Staatsgewalt geht aus vertragsmäßiger Bindung der Einzelnen hervor, trotzdem kommt ihr unumschränkte Vorherrschaft zu; einerseits wird der Staat als Ungeheuer der Gewalt angeprangert, andererseits doch wieder seine absolutistische Herrschaft gefordert.

Der widerspruchsvolle Charakter der Philosophie von Hobbes ist schon seinen Zeitgenossen aufgefallen. Er ist eine Gestalt des Übergangs. Die Geistesrichtung, die er vertritt, kommt klarer und konsequenter bei den Hauptvertretern des englischen Empirismus, John Locke und David Hume, zur vollen Ausbildung.

III. John Locke

Leben und Werke

81 John Locke, geboren 1632 in Wrington (bei Bristol), studiert in London und Oxford, wo er die scholastische Philosophie in nominalistischer Form kennenlernt. Sie befriedigt ihn zwar wenig, wirkt aber maßgeblich auf sein eigenes Denken. Großen Eindruck macht ihm die Klarheit und methodische Konsequenz des cartesianischen Denkens, obwohl er ihm sachlich nicht zu folgen vermag. Auch Locke ist wissenschaftlich vielseitig interessiert. Neben der Philosophie betreibt er Medizin, Meteorologie und andere Naturwissenschaften. Einige Jahre lebt er in Frankreich (1675–79), später als politischer Emigrant in Holland (1683–89), bis er nach dem Regierungsantritt Wilhelms von Oranien nach England

zurückkehren kann und dort (bis 1700) in Politik und Verwaltung tätig ist. Am fruchtbarsten wurde die Zeit der holländischen Emigration. Dort schreibt er sein philosophisches Hauptwerk, »An Essay concerning human understanding« (1690), noch zu Lebzeiten des Verfassers mehrmals neu aufgelegt, auch in französischer (1700) und lateinischer Übersetzung (1701) herausgegeben. Dies zeigt den nachhaltigen Eindruck dieses Werkes, mit dem sich Leibniz in seinem »Neuen Versuch über den menschlichen Verstand« (1703/4) eingehend auseinandersetzt. Lockes politische Philosophie erscheint in »Two Treatises of Government« (1690), die Erziehungslehre in »Some thoughts concerning education« (1693) und die Religionsphilosophie in »The Reasonableness of Christianity« (1695). Unter den Schriften aus dem Nachlaß am wichtigsten ist »The conduct of understanding« (hrsg. 1706). Locke ist ein klarer und sachlicher Denker, ausgewogen, wahrheitsliebend und tief religiös gesinnt.

Wenn er als Begründer der englischen Aufklärung gilt, so bietet er zwar manche Ansätze, ist selbst aber allen radikalen Konsequenzen abgeneigt. Er stirbt in Oates (Essex) 1704.

Literatur:

Aaron 1971
Dunn 1984
Kraus 1968

1. Sinneseindruck

In dem Hauptwerk »Versuch über den menschlichen Verstand« stellt Locke die erkenntniskritische Frage: Wie kommt Erkenntnis zustande? Welchen Grad der Gewißheit kann sie erreichen? Schon die Fragestellung zeigt den Einfluß Descartes', dessen kritisch-methodischer Ansatz auf Locke eingewirkt hat. Auch er will die ursprünglichsten Erkenntnisquellen freilegen, daher die komplexen Bewußtseinsinhalte auf ihre einfachsten Urelemente zurückführen. Es geht hier wieder um die ersten, unmittelbarsten Inhalte der Erkenntnis. Locke stellt dieselbe Frage wie Descartes, geht in der Antwort darauf aber von Anfang an einen völlig anderen Weg. Für ihn gibt es weder eingeborene Ideen noch eingeborene Prinzipien, seien es theoretische oder praktische Grundsätze. Der Widerlegung des rationalistischen Ansatzes in »ideae innatae« ist das erste Buch des Werkes gewidmet. Das zweite Buch geht positiv auf die Frage ein, woher dann die Inhalte der Erkenntnis stammen.

Die Antwort lautet: aus der *Erfahrung.* Die Seele ist ursprünglich leer wie ein unbeschriebenes Blatt Papier (a white paper) – ein Vergleich,

der auf Aristoteles zurückgeht (De an. III, 4). Damit will Locke eingeborene Anlagen oder Vermögen nicht bestreiten, nur sind sie noch
nicht Ideen oder Bewußtseinsinhalte; diese stammen allein aus der
Erfahrung.

Wenn hier wie im ganzen Empirismus von »Ideen« die Rede ist, muß
der Bedeutungswandel dieses Begriffes beachtet werden. Das Wort
»Idee« (englisch »idea«) meint weder eine platonische Idee als allgemeine
Wesenheit noch eine cartesianische Idee im Sinne reiner Vernunfteinsicht, aber auch nicht einen durch Abstraktion gewonnenen Begriff.
Das Wort bedeutet vielmehr im weitesten Sinn jegliche Vorstellung,
jeden Bewußtseinsinhalt sowohl begrifflich-rationaler als auch sinnen-
hafter Art. Locke sagt darüber: »Alles, was der Geist in sich selbst wahr-
nimmt oder was unmittelbares Objekt der Wahrnehmung, des Denkens
oder des Verstandes ist, das nenne ich Idee« (2. Buch, 8, 8); er meine damit alles, »was immer man unter Phantasma, Begriff, Vorstellung, oder
was immer es sei, das den denkenden Geist beschäftigen kann, versteht«
(Einl. 8) – also die Gesamtheit der Inhalte oder Gegenstände des Bewußtseins.

83 Die einfachen und ursprünglichen Inhalte (Ideen) der Erkenntnis stammen aus der Erfahrung. Doch macht Locke den Unterschied zwischen
äußerer und innerer Erfahrung. Die äußere Erfahrung (sensation) nimmt
sinnliche Eindrücke der Körperdinge auf, die innere Erfahrung (reflection) eigene Akte, Zustände und Erlebnisse. Nun gibt es nicht nur einfache Ideen (simple ideas), sondern auch zusammengesetzte Ideen
(complex ideas), die wir durch Verbindung, Vergleich oder Beziehung
der einfachen Ideen bilden, ohne jedoch im Denken neue Ideen hervorbringen zu können; inhaltlich gehen sie durchaus auf einfache, rein
passiv aufgenommene Ideen zurück. Diese entstammen im Bereich der
äußeren Erfahrung (sensation) entweder einem einzelnen Sinnesvermögen wie Empfindungen der Farbe, der Töne, des Geruchs, des Geschmacks usw. oder mehreren Sinnesvermögen (etwa dem Gesichts-
und Tastsinn) wie Ausdehnung, Gestalt oder Bewegung. Die innere
Wahrnehmung (reflection) gewinnt die Ideen des Denkens oder Vor-
stellens und des Wollens oder Strebens. Zugleich aus äußerer und
innerer Wahrnehmung entspringen die einfachen Ideen der Lust (Freude) oder Unlust (Schmerz), der Kraft, des Daseins und der zeitlichen
Sukzession. Damit sind, wie Locke meint, sämtliche Grundelemente
erfaßt, aus denen sich die Erkenntniswelt zusammensetzt.

84 Schon bei den einfachen Ideen der äußeren Sinnlichkeit macht Locke
den Unterschied zwischen *primären und sekundären Sinnesqualitäten.* Nur
die primären Qualitäten (primary qualities) sind reale Eigenschaften
der Dinge, nämlich Ausdehnung und Gestalt, Undurchdringlichkeit,
Bewegung oder Ruhe und Zahl. Die sekundären Qualitäten (secundary

qualities), nämlich Farbe, Ton, Geschmack, Geruch und Wärme, sind nicht Eigenschaften der Dinge selbst, sondern nur durch das Wirken der Dinge auf unsere Sinnesorgane hervorgerufen. Diese Unterscheidung stammt vermutlich von Robert Boyle, dem Begründer wissenschaftlicher Chemie (De ipsa natura, 1682), geht der Sache nach aber schon auf Descartes zurück: Wenn das Wesen der Körperdinge die Ausdehnung (extensio) ist, können nur darin gründende oder darauf rückführbare Bestimmungen, die in »klaren und distinkten« Begriffen faßbar sind, als reale Eigenschaften der Dinge gelten. Die Unterscheidung primärer und sekundärer Qualitäten ist daher eine folgerichtige Anwendung der grundsätzlichen Reduktion der Qualität auf die Quantität; nur quantitative, nicht qualitative Bestimmungen können den realen Dingen zukommen. Insofern schließt sich Locke dem quantitativen Denken der modernen Naturwissenschaft an. Doch unterscheidet er sich darin von Descartes, daß er das Wesen der Körperdinge nicht in der Ausdehnung (extensio), sondern in deren Dichte oder Undurchdringlichkeit (solidity) sieht. Die Unterscheidung zwischen primären und sekundären Sinnesqualitäten geht von Locke aus in die gesamte psychologische und philosophische Terminologie der Folgezeit ein. Problemgeschichtlich ist sie dadurch bedeutsam, daß sie den streng empiristischen Ansatz schon fragwürdig macht. Locke will doch auf die ursprünglichen Bewußtseinsinhalte zurückgehen, deren Einfachheit und unmittelbare Gegebenheit, noch vor jeder Eigentätigkeit des erkennenden Subjekts, ihre Wahrheit verbürgt. Schon hier zeigt sich aber, daß auch unter den ersten und unmittelbaren Empfindungsinhalten nochmals kritisch unterschieden werden muß, wenn sie auf reale Objekte bezogen werden. Woher stammt die Norm derart kritischer Unterscheidung reflektierenden Denkens? In der scheinbaren Unmittelbarkeit kommt bereits die Vermittlung durch das Subjekt in den Blick.

2. Grundbegriffe

Die Eigentätigkeit des Denkens nehmen wir durch innere Erfahrung 85 oder Reflexion (reflection) wahr und können dadurch die subjektiven Elemente feststellen und kritisch ausscheiden. Innere Akte des Denkens können jedoch keinerlei inhaltliche Ideen oder Vorstellungen erzeugen, sondern nur die einfachen Ideen (simple ideas) verbinden und vergleichen, aufeinander beziehen und dadurch zusammengesetzte (complex ideas) bilden. Nur durch derartige Verarbeitungen des sinnlichen Erfahrungsmaterials gewinnen wir die Grundbegriffe, die Locke auf drei Klassen oder Kategorien zurückführt: Modi, Substanzen und Relationen.

Modi (oder Modifikationen) sind zusammengesetzte Ideen, die nicht 86 etwas für sich Bestehendes bezeichnen, sondern als Bestimmungen oder Eigenschaften eines Dinges zu betrachten sind. Obwohl Locke Substanz und Akzidenz als ontologische Kategorien verwirft, treten dennoch erkenntnistheoretisch die Modi an die Stelle dessen, was aus aristotelischer Tradition Akzidenz hieß – terminologisch ebenso, wenn auch anders verstanden, wie bei Lockes gleichaltrigem Zeitgenossen Spinoza (auch 1632 geboren). Bei Locke gibt es einfache Modi (simple modes), wenn sie aus gleichartigen Teilelementen, gemischte Modi (mixed modes), wenn sie aus ungleichartigen Elementen bestehen, also aus einfachen Ideen verschiedener Art zusammengesetzt sind. Zu den einfachen Modi zählt Locke die Idee des Raumes, die auf der einfachen Vorstellung der Ausdehnung nach Länge, Breite und Tiefe beruht, sowie die Idee der Zeit (Dauer), die der Vorstellung sukzessiver Veränderung entspringt; dazu gehören auch die Ideen der Zahl, der Kraft (Energie) u. a. Sie sind nicht selbständig bestehende Größen, sondern verweisen auf etwas anderes, dem sie zukommen. Was ist dies?

87 Die Idee der *Substanz* als dessen, was in sich selbst besteht, entspringt der Wahrnehmung einer konstanten Verbindung einfacher Ideen. Bestimmte Eigenschaften, primäre und sekundäre Qualitäten, finden wir in beharrlicher Verbindung vor; sie bilden einen konstanten Komplex. Daher schreiben wir diese Eigenschaften einem gemeinsam tragenden, selbständig bestehenden Substrat zu, das wir Substanz nennen, ohne jedoch wissen zu können, was es in sich sei. Objektiv gegeben ist immer nur die konstante Verbindung einfacher Ideen. Mit dieser kritischen Untersuchung, worin die streng empiristisch-sensualistische Sichtweise deutlich ist, will jedoch Locke den Substanzbegriff nicht völlig preisgeben. Er hält an der Realität der Substanz ebenso fest wie an der Unterscheidung zwischen materiellen und geistigen Substanzen, wenn wir auch ihr eigentliches Wesen nicht zu erreichen oder zu bestimmen vermögen. Schon Leibniz wird dagegen einwenden, daß so, nämlich rein empiristisch betrachtet, die Substanz zu einem leeren Etwas wird, von dem wir nichts wissen (so wenig wie später Kant vom »Ding an sich«). Die eigentliche Frage betrifft aber die Sinngestalt des Ganzen, die Wesenheit als sinn- und formgebendes Einheitsprinzip in der Vielheit akzidenteller Bestimmungen. Diese Sinnganzheit kann aber Locke als Empirist nicht erfassen; er sieht nur das jeweils einzelne faktischsinnlich Gegebene. Locke bietet damit den entscheidenden Ansatz zur Kritik des Substanzbegriffs, die noch radikaler von Hume weitergeführt und, wenn auch auf andere Weise, von Kant aufgenommen wird. Locke hat aus empiristischer Sicht das Problem aufgeworfen, das weit über ihn hinaus fortwirken sollte.

88 Zu den Komplexideen gehören schließlich noch die *Relationen* (relations). Indem wir einfache Ideen vergleichen und in Beziehung setzen, bilden

wir mannigfache Begriffe ihrer Verhältnisse oder Relationen wie Identität und Verschiedenheit, Gleichheit und Ungleichheit, auch Raum- und Zeitbestimmungen, die auf Beziehungen der Dinge aufeinander beruhen. Wenn aber etwas durch ein anderes zu existieren beginnt, so nennen wir dieses Verhältnis *Kausalität*, d. h. die Beziehung zwischen Ursache und Wirkung. Doch versteht Locke wieder streng empiristisch, allein vom sinnlich Gegebenen her, unter Ursache etwas, das notwendig als vorausgehend gedacht werden muß, wenn etwas zu existieren beginnt. Das bedeutet nicht mehr eine reale Kausalbeziehung, in welcher das produktive Wirken eine Wirkung hervorbringt, sondern nur noch eine Denknotwendigkeit, etwas als »vorausgehend« anzunehmen, weil wir beobachten, daß bestimmten Erscheinungen regelmäßig andere Erscheinungen »nachfolgen«. Daraus ergibt sich eine Assoziation von Vorstellungen, d. h. die psychologische Notwendigkeit, mit der einen Idee (des Entstehenden) die andere Idee (der Ursache) zu verknüpfen. Es ist nicht mehr eine objektive, in der Sache begründete Kausalrelation, sondern nur noch eine subjektive, psychologisch notwendige, durch die Regelmäßigkeit der Erfahrung bedingte Assoziation. Lockes Feststellung assoziativer Vorgänge kommt in der empirischen Psychologie zu breiter Auswirkung und regt weitere Forschungen an. Im Problem der Kausalrelation wird aber der kritische Ansatz Lockes – ebenso wie die Substanzkritik – später von Hume aufgegriffen und radikaler fortgeführt; auch er wird unter dem Anstoß Humes in Kants Vernunftkritik eingehen.

Für die gesamte Begriffsbildung grundsätzlich noch wichtiger ist Lockes 89 Auffassung von allgemeinen Wörtern und Namen oder Begriffen, die durch *Abstraktion* gebildet werden (abstract ideas), womit sich besonders das dritte Buch des »Essay« befaßt. Der Begriff der Abstraktion stammt aus der aristotelisch-scholastischen Tradition, wird aber hier – nominalistisch-empiristisch – völlig anders verstanden. Er bedeutet nicht mehr das Vordringen des Denkens zum intelligiblen Wesensgehalt des sinnlich wahrgenommenen Dinges (intelligibile in sensibili), sondern nur noch das äußere Weglassen bestimmter Inhalte oder Eigenschaften des konkreten Einzeldinges, so daß wir die Dinge leichter ordnen und klassifizieren, mit einem gemeinsamen Wort bezeichnen können, das die Gemeinsamkeit hervorhebt und von der Verschiedenheit absieht. Der Allgemeinbegriff ist nur noch ein gemeinsamer Name, der einer Mehrheit von Dingen äußerlich beigelegt wird, nicht mehr die Erfassung ihres innerlich gemeinsamen Wesens. Das ist rein nominalistisch gedacht – wie überhaupt der englische Empirismus geradlinig dem Nominalismus entspringt.

90 In scheinbarem Gegensatz dazu steht Lockes Lehre von der Gewißheit der Erkenntnis (im 4. Buch des »Essay«). Er stellt hier die Frage, wie wir zu sicherem Wissen gelangen. Dieses besteht in der Erkenntnis der Übereinstimmung oder des Widerstreits der Ideen. Der höchste und sicherste Grad der Gewißheit ist durch *intuitives Wissen* gegeben, das aus dem Vergleich der Ideen deren Übereinstimmung oder Gegensatz unmittelbar einsieht. So erkennen wir, daß Weiß nicht Schwarz und der Kreis kein Dreieck ist, ebenso, daß wir selbst existieren, weil wir dies in intuitiver Unmittelbarkeit wahrnehmen. Darin ist, durchaus im Sinne Descartes', die Garantie der Wahrheit und Gewißheit gegeben.

91 Daneben gibt es als zweiten Grad der Erkenntnis auch *demonstratives Wissen*, das die Übereinstimmung oder Nichtübereinstimmung von Ideen nur durch Vermittlung von Zwischenvorstellungen einzusehen vermag. Damit ist ein schlußfolgerndes Beweisverfahren gemeint, das auch zu sicherem Wissen führt. Der Beweis ist nicht so leicht und klar wie intuitives Wissen. Und jeder Einzelschritt des Beweisverfahrens muß sich wieder auf intuitive Einsicht gründen. Derart ableitendes Wissen ist in der Mathematik möglich, ähnlich in der Moral. Auch ihre Prinzipien sind intuitiv einsichtig; von ihnen können konkrete Handlungsnormen abgeleitet werden. Demonstratives Wissen haben wir überdies vom Dasein Gottes, weil intuitiv einsichtig ist, daß aus nichts auch nichts hervorgehen kann, also ein ewiger, ursprungsloser Seinsgrund vorauszusetzen ist: Gott als allmächtiger und allwissender Schöpfer der Welt.

92 Als den letzten und niedrigsten Grad der Gewißheit führt Locke das *sensitive Wissen* ein. Es erreicht keine volle Gewißheit. Solches Wissen haben wir von der Existenz endlicher Dinge außer uns, aber es reicht nicht über die sinnlich wahrnehmbaren Gegenstände hinaus. Wir haben kein sicheres Wissen von den Körperdingen, weil uns von ihnen adäquate Ideen fehlen; auch Locke nimmt den Begriff der »adäquaten Ideen« (vgl. Spinoza und Leibniz) auf. In dieser Bewertung der Stufen unseres Wissens zeigt sich ein seltsamer Gegensatz zum empiristischen Ansatz. Einerseits wird alle Erkenntnis auf sinnliche Wahrnehmung zurückgeführt; andererseits wird der sinnlichen Wahrnehmung doch der geringste Grad der Gewißheit zuerkannt. Es gibt über die Sinnlichkeit hinaus eine intuitive Einsicht des Geistes, der allein die höchste Gewißheit, sogar jede voll gültige Gewißheit entspringt. Jedenfalls aber vertritt Locke einen Realismus, der die Erkenntnisinhalte nicht auf die Immanenz bloßer Bewußtseinserscheinungen beschränkt, sondern eine dem Bewußtsein transzendente Wirklichkeit sowohl der Körper- als auch der Geisteswelt voraussetzt und anerkennt.

Weil aber das Wissen des Menschen begrenzt ist, hat Gott durch seine 93
Offenbarung unser Wissen bereichert. So endet Lockes »Versuch über
den menschlichen Verstand« mit einer Hinführung des Denkens zum
Glauben. Was Gott geoffenbart hat, ist unbedingt anzunehmen, weil
es unzweifelhaft wahr ist. Zwischen Wissen und Glauben, Vernunft und
Offenbarung kann es keinen Widerspruch geben, weil beide aus Gott
stammen. Was aber göttliche Offenbarung ist oder sein kann und was
nicht, das muß die Vernunft beurteilen. »Die Vernunft muß unser
oberster Richter und Führer in allen Dingen sein« (IV, 19, 14).

4. Religion, Staat, Erziehung

In demselben Geist schreibt Locke über »Die Vernünftigkeit des
Christentums« (1695). Dies ist sein *religionsphilosophisches*, man kann auch
sagen fundamentaltheologisches Werk, worin er den christlichen Glauben mit Vernunftgründen rechtfertigen und seine Übereinstimmung
mit vernünftigem Denken aufweisen will. Christus, der von Gott ge-
sandte Erlöser und Gesetzgeber, habe die ursprüngliche Naturreligion
wiederhergestellt; sein Sittengebot entspreche durchaus vernünftiger
Einsicht, aber auch alten Weisheitslehren im Westen wie im Osten. So
enthält die Offenbarung Aussagen, die »vernünftig«, also der natürlichen
Vernunft einsichtig sind, aber auch Aussagen, die »übervernünftig«,
der Vernunft allein nicht erreichbar, aber deshalb nicht »widervernünftig« sind, weil sie intuitiv einsichtigen Wahrheiten nicht widersprechen.
In diesem Sinn hält Locke auch Wunder und Offenbarung für möglich
und erweisbar. Locke löst nicht wie die nachfolgenden »Freidenker« der
englischen Aufklärung das Christentum in eine natürliche Vernunftreligion auf, sondern hält am Offenbarungsglauben fest.
Doch versteht er die christliche Religion so weit und allgemein, daß sie
keiner besonderen Konfession bedarf. Hier beginnt bereits die Tendenz
der Aufklärung, der Religionskämpfe im Gefolge der Reformation
müde geworden, den christlichen Glauben auf Vernunftreligion zu
reduzieren, in der sich alle »vernünftigen« Menschen, auch verschiedener
Konfession, einigen können. Demgemäß tritt Locke für weitgehende
Toleranz gegenüber anderen Religionen und Konfessionen ein; so vor
allem in den »Briefen über Toleranz« (1689–1704). Wegen des religiösen
Bekenntnisses solle niemand vom Staatswesen ausgeschlossen werden,
weder Juden noch Moslems oder Heiden. Von der Toleranz ausgenom-
men sind nur Katholiken und Atheisten. Katholiken, weil sie durch
ihre Abhängigkeit von Rom die bürgerliche Ruhe und Freiheit gefähr-
den; Atheisten, weil sie Gott und die Offenbarung, somit die Grundlagen
der staatlichen Ordnung überhaupt, bestreiten.
Dies führt zu den Problemen des *Staates*, die Locke, angeregt durch 95
seine eigene politische Tätigkeit, besonders in den »Zwei Abhandlungen

über die Regierung« (1690) in sehr ausgewogener Weise aufnimmt. Darin setzt er sich mit der patriarchalischen Staatstheorie *R. Filmers* (1604–1647) auseinander, der durch natürliche Erbfolge vom Stammvater Adam her alle gottgegebene Herrschaft der Fürsten ebenso wie das Vorrecht des Vaters über seine Kinder ableiten will. Dies lehnt Locke ebenso ab wie die absolutistische Vertragstheorie von *Th. Hobbes* (Leviathan, 1651), der einen Naturzustand des »Kampfes aller gegen alle« voraussetzt. Auch Locke geht auf einen Naturzustand (natural state) zurück, der aber darin besteht, daß alle Menschen frei und gleichberechtigt sind, ohne Über- und Unterordnung jeder sein eigener Herr und Richter ist. Weil es aber ein »Naturgesetz« gibt, wonach wir die Rechte der anderen anzuerkennen haben, schließen sich die Menschen durch Staatsverträge zusammen. Zwar wird kaum einsichtig, wie ein allgemein gültiges Naturrecht empiristisch begründbar ist; Lockes politische Philosophie ist relativ unabhängig von erkenntnistheoretischen Voraussetzungen. Doch bemüht er sich um eine vernünftige, gerechte und freiheitliche Staats- und Gesellschaftslehre. Die Staatsgewalt gründet im Willen der Einzelnen. Alle Macht geht vom Volke aus. Der Staat hat die Aufgabe, den Einzelnen und ihrem gemeinsamen Wohl zu dienen, ihre Rechte und ihr Eigentum zu schützen. Deshalb muß eine legislative und eine exekutive Gewalt unterschieden werden. Die Gesetzgebung liegt beim Gesamtwillen der Staatsbürger, die Durchführung, Verwaltung und Rechtsprechung beim König. Locke tritt demnach für einen liberalen Verfassungsstaat ein, genauer für eine konstitutionelle Monarchie. Die Forderung nach Gewaltenteilung wird später durch *Montesquieu* zu einer Dreiteilung in eine legislative, exekutive und judikative Gewalt erweitert und geht in dieser Form in die Verfassung des modernen Rechtsstaates ein.

96 Ebenso liberalen Geist zeigen Lockes »Gedanken über *Erziehung*« (1693). Ihre Aufgabe ist es, den jungen Menschen nicht zu unterdrücken oder mit Gewalt in feststehende Schemata zu zwingen, sondern ihn zu eigenem Denken anzuleiten, in der Entwicklung der eigenen Fähigkeiten, der Ausbildung seiner Persönlichkeit zu fördern. Locke gibt darum der Privaterziehung den Vorrang vor öffentlichen Schulen. Obwohl Privaterziehung nur höheren Ständen möglich ist, komme sie indirekt doch dem Gemeinwohl zugute. Wie Lockes Staatslehre von Montesquieu, so wird seine Erziehungslehre von *Rousseau* aufgenommen, fortgebildet und weithin wirksam gemacht.

John Locke gibt den entscheidenden Ansatz des englischen Empirismus, den Hume am radikalsten und konsequentesten zu Ende führen wird, wie die liberalen Ansätze bei Locke im folgenden Jahrhundert der Aufklärung, dem maßvollen Geist Lockes durchaus widersprechend, eine scharfe Radikalisierung erfahren.

IV. George Berkeley

Leben und Werke

Zwischen Locke und Hume steht George Berkeley, der den empiristi- 97
schen Ansatz auf idealistisch-spiritualistische Weise auslegt. 1658 in
Irland geboren, studiert er am Trinity College in Dublin, wirkt dann als
anglikanischer Kaplan in Dublin, später in London, ist mehrere Jahre
auf Reisen in Frankreich und Italien (1713/14 und 1715–20), zwei Jahre
als Missionar in Rhode Island tätig (1729–31), wird 1734 Bischof von
Cloyne in Irland und stirbt 1753 in Oxford. Sein Hauptwerk ist »A
treatise concerning the principles of human knowledge« (1710). Daneben
verfaßt er »A new theory of vision« (1709), »Three dialogues between
Hylas and Philonous« (1713), »Alciphron« (1732) und andere Schriften,
darunter sein Tagebuch, worin er schon früh seine Grundanschauung
entwickelt.

Literatur:

Hicks 1968

1. Empiristischer Ansatz

Die Grundlage seines Denkens bildet ein Empirismus, den Berkeley im 98
wesentlichen von Locke übernimmt, aber noch fortbildet und verschärft.
Dies zeigt sich schon deutlich am Beginn des »Treatise«, wo er jede
abstrakte Allgemeinidee ablehnt. Damit wendet er sich nicht nur gegen
die Existenz allgemeiner Wesenheiten im platonischen Sinn, sondern
auch gegen jede Vorstellung allgemeiner Inhalte; das Wort »idea« ist
hier wieder im weitesten Sinn von Vorstellungs- oder Bewußtseinsinhalt
gebraucht. Ein Mensch im allgemeinen kann gar nicht vorgestellt
werden, sondern immer nur dieser oder jener bestimmte Einzelmensch;
ebensowenig ein allgemeines Dreieck, das weder gleichseitig noch un-
gleichseitig, weder recht- noch schiefwinkelig wäre. Vorgestellt werden
kann immer nur ein konkret bestimmtes Einzelding, nicht ein allgemeiner Inhalt. Wohl aber gibt es Worte unserer Sprache, die mehr als einen
Gegenstand bezeichnen. Dies wird zum Anlaß für die irrige Meinung,
wir hätten abstrakte und allgemeine Vorstellungen.
Das ist Nominalismus im reinsten Sinn. Es gibt keinen Begriff, der das 99
allgemeine, einer Mehrheit von Dingen gemeinsame Wesen erfassen
würde. Wie dann auch nur im mathematischen Bereich arithmetische oder
geometrische Gesetze einsichtig werden, etwa Gesetze des Dreiecks,

die von allen, auch verschiedenartigen Dreiecken notwendig gelten, bleibt hier wie im ganzen Empirismus unerfindlich; dasselbe gilt erst recht von der allgemeinen Verbindlichkeit ethischer Normen u. a. Aber Berkeley hält daran fest, es gibt keinen echten Allgemeinbegriff, es gibt nur Wörter als sprachliche Zeichen, mit denen wir eine Mehrheit von Dingen äußerlich benennen, um sie zu ordnen, zu klassifizieren. Das Wort weist jeweils auf das bestimmte und konkrete Einzelding hin, das wir wahrnehmen oder vorstellen. Zugleich wird hier noch mehr als bei Locke deutlich, daß der Empirismus in einem Sensismus gründet. Wenn Berkeley sagt, wir können das Allgemeine nicht vorstellen, so ist damit offenkundig allein die sinnliche Vorstellung gemeint. Abstrakte und allgemeine Inhalte können wir sicher niemals sinnhaft vorstellen. Daß wir aber allgemeine Inhalte intellektuell erfassen, denkend einen Allgemeinbegriff bilden können, der dem Wort sinngebend zugrunde-liegt, ist hier vollkommen preisgegeben. Das Denken wird auf die sinnliche Vorstellung reduziert und verliert jede eigene höhere Funktion.

2. Idealistische Deutung

100 Trotzdem entstammt die Sinneserkenntnis nach Berkeley nicht real existierenden Körperdingen, deren Eigenschaften sich unseren Sinnen darbieten und einprägen, vielmehr sind die sinnlichen Wahrnehmungen nichts anderes als reine Vorstellungen des Geistes. Ihr Inhalt existiert nicht in materiellen Substanzen, sondern allein in der Vorstellungswelt des Geistes. Die Lockesche Unterscheidung zwischen primären und sekundären Sinnesqualitäten wird aufgegeben. Nicht nur die sekundären Qualitäten (wie Farbe, Töne, Geschmack, Geruch usw.) sind subjektive Vorstellungen, sondern auch die primären Qualitäten (wie Ausdehnung, Gestalt, Größe, Bewegung und Ruhe usw.). Etwa die räumliche Größe oder Entfernung eines Gegenstandes wird nicht unmittelbar sinnlich empfunden, sondern ihre Vorstellung wird durch die Verbindung des optischen Eindrucks mit Bewegungsempfindungen, Erinnerungen und Assoziationen hervorgerufen. Dies geschieht nicht aus logischer oder sachlicher Notwendigkeit, sondern allein psychologisch durch Übung und Gewöhnung.

Berkeley sucht zu beweisen, daß die Annahme einer außer uns existieren-den Körperwelt nicht nur unbegründet, sondern widerspruchsvoll sei. Es gibt keine materielle Welt, die unseren Vorstellungen entspräche. Das Sein der Körperdinge besteht darin, daß sie wahrgenommen wer-den; dies besagt das berühmte Wort »Their esse is percipi« (II 42). Es gibt also nicht außer uns eine Vielheit materieller Dinge, aber es gibt sehr wohl eine Vielheit realer Substanzen, jedoch nur von geistigen, immateriellen

Substanzen. Berkeley behält somit den Begriff der Substanz bei, wendet ihn aber allein auf geistige Realitäten an. Sein Empirismus und Sensismus erfährt hier, merkwürdig genug, die Wende zu einem reinen Spiritualismus. Bezüglich der materiellen Welt ist es ein Idealismus, der die realen Dinge in reine Bewußtseinsinhalte – »Ideen« – des Geistes aufhebt.

Die Vorstellungsgehalte, die wir vorfinden, sind jedoch nicht von uns selbst hervorgebracht; sie sind nicht Setzungen unseres eigenen Geistes. Denn wir erfahren unsere Erkenntnis nicht als produktiv, sondern als rezeptiv. Die Vorstellungen müssen also einer anderen Ursache entstammen. Diese Ursache kann nicht in materiellen Dingen liegen, die es außer unseren Vorstellungen nicht gibt noch geben kann. Also müssen diese von einem geistigen Wesen stammen, und zwar vom unendlichen und allmächtigen Geist, der die endlichen Geistwesen erschaffen hat, von Gott. Er bringt in uns die Vorstellungen hervor. Er bringt auch die Übereinstimmung der Vorstellungen in den einzelnen Geistwesen hervor, so daß wir uns in einer gemeinsamen Vorstellungswelt erfahren. Alle Inhalte, die wir darin wahrnehmen, sind Mitteilungen Gottes an uns, gleichsam sein Wort, das uns unmittelbar anspricht, so daß wir auch in allen Dingen, die wir erfahren, Gottes Stimme vernehmen und verstehen sollen. 101

Hiermit verrät Berkeley eine gewisse Nähe zu Malebranche, mit dem er sich in den »Drei Dialogen« auch ausdrücklich auseinandersetzt. Noch mehr, er zeigt eine gewisse Verwandtschaft mit der ganzen Tradition platonischen, augustinischen und rationalistischen Denkens, von der Illumination (Augustinus) über die eingeborenen Ideen (Descartes) bis zur prästabilierten Harmonie (Leibniz). Der entscheidende, jedoch radikale Schritt darüber hinaus besteht darin, daß Berkeley nicht nur intellektuelle Einsichten von allgemeiner und notwendiger Geltung, sondern auch alle sinnlichen Eindrücke unmittelbar auf das Wirken Gottes zurückführt. Im besonderen gegen Malebranche betont Berkeley ausdrücklich, er lehre nicht, daß wir alle Dinge in Gott selbst sehen, sondern nur, daß Gott in uns die Vorstellung bewirke; er führe auch nicht nur abstrakte und allgemeine Ideen auf Gott zurück, sondern die Gesamtheit unserer (sinnlichen) Vorstellungen. Er behaupte auch nicht, daß die Sinne uns täuschen und wir aus der sinnlichen Wahrnehmung nicht die wahre Natur der Dinge erkennen, weil es überhaupt keine materiellen Dinge außer uns gebe. Vielmehr sind alle Vorstellungen allein von Gott in unserem Geist hervorgebracht. Kein Wunder, wenn der alte Malebranche nach einem heftigen Gespräch mit dem jungen Berkeley einem Herzschlag erlag (1715).

Wenn sich in Berkeleys Philosophie auch auf seltsame Weise das empiristisch-sensistische mit dem spiritualistisch-idealistischen Element 102 verbindet, so erweist sich problemgeschichtlich seine Position als sehr bedeutungsvoll. Ihm geht es darum, zu zeigen, daß die empiristische Auffassung der Erkenntnis noch durchaus verschieden deutbar ist. Wenn der Empirismus die Erkenntnis in der Sinneserfahrung begründet, so setzt er zwar die Tatsache voraus, daß wir Sinneseindrücke haben. Daraus folgt aber nicht unmittelbar, daß sie realen Dingen entsprechen. Nimmt man reale Dinge als Ursache der Erscheinungen an, so muß es sich um materielle Dinge von sinnlich wahrnehmbarer Beschaffenheit handeln. Wird nun empiristisch die gesamte Erkenntnis auf die sinnliche Wahrnehmung reduziert, so folgt daraus, daß es nur materielle Dinge gibt; es folgt eine materialistische Weltauffassung. Dies ist jedoch nur *eine* Deutung, die schon weit über die bloße Gegebenheit sinnlicher Erscheinungen hinausgeht. Man kann diese auch anders interpretieren, wie Berkeley es tut. Er bleibt bei der bloßen Erscheinung als einem Phänomen unseres Bewußtseins, dem jedoch kein materielles Ding entspricht. Wohl aber setzt das Phänomen ein bewußtes, also geistiges Subjekt voraus, dem es zur Erscheinung kommt. Diese spiritualistische Deutung ist ebenso möglich wie die materialistische, wenn sich diese auch vom empiristischen Ansatz nahezulegen scheint. Berkeley bezeugt dagegen, daß dies nur eine der möglichen Auslegungen ist, gegenüber welcher der empiristische Ansatz als solcher indifferent bleibt.

V. David Hume

Leben und Werke

103 Der Empirismus John Lockes erhält seine konsequenteste, aber auch radikalste Ausbildung durch David Hume, der zum Klassiker des englischen Empirismus wurde. 1711 in Edinburgh, Schottland, geboren, studiert er dort Rechtswissenschaft, zugleich Philosophie, Literatur und Geschichte. Auch er macht (wie Hobbes, Locke, Berkeley u. a.) große Reisen, lebt 1734–1737 in Frankreich, später 1748/49 in Italien. Schon mit 23 Jahren schreibt er sein erstes philosophisches Werk »A treatise on human nature«, das in drei Bänden (1739/40) erscheint, aber anfangs wenig Beachtung findet. Besser aufgenommen werden die »Essays moral and political« (1741/42). Aus einer Überarbeitung des ersten Teils des »Treatise« entstehen die »Philosophical Essays concerning human understanding« (1748), bekannter geworden unter dem Titel der zweiten Auflage »An Enquiry concerning human understanding« (1751); es ist zum Hauptwerk Humes geworden. Der zweite Teil der Überarbeitung

erhält den Namen »An Enquiry concerning the principles of morals« (1751). Später wendet sich Hume anderen, vor allem historischen und religionswissenschaftlichen Arbeiten zu. Er schreibt in sechs Bänden eine Geschichte Großbritanniens (1754–1762), unter anderen kleinen Studien überdies »The natural history of Religion« (1757), sachlich weitergeführt in den »Dialogues concerning natural religion« (1779 posthum erschienen). Daneben verfaßt er politische und nationalökonomische Schriften, schließlich eine Autobiographie, die nach seinem Tode (1777) herauskam. Zum berühmten Mann geworden, lebt Hume wieder einige Jahre in Frankreich (1763–1766), findet in Paris glänzende Aufnahme, kommt mit Rousseau und den Enzyklopädisten in Verbindung. Nach England zurückgekehrt, wird er Unterstaatssekretär im Auswärtigen Amt (1767/68). Danach lebt er zurückgezogen in seiner Heimatstadt Edinburgh, wo er 1776 stirbt.

Literatur:

Ayer 1980
Penelhum 1975

1. Empiristische Grundlagen

Ähnlich wie Berkeley stellt sich Hume die Aufgabe, Lockes empiristische 104
Erkenntnistheorie fortzuführen und zu vollenden. Durch die Lehre vom Menschen will er die Grundlage für das ganze System der Wissenschaft gewinnen. Es geht ihm um eine erkenntniskritische Fundierung des menschlichen Wissens. Die einzig sichere Erkenntnisquelle ist die Erfahrung und Beobachtung (experience and observation), also die Methode der Naturwissenschaft. Die empirisch-experimentelle Methode soll angewendet werden auf die Philosophie, auf die Ethik, auch auf den ganzen Bereich dessen, was man später als Geisteswissenschaften bezeichnen wird.

So werden die menschlichen Erkenntnisse kritisch analysiert, ähnlich 105
wie bei Locke, dem Hume auch in Einzelheiten eng folgt. Er übernimmt die Lockesche Zweiheit der Quellen unserer Bewußtseinsinhalte, »sensation« und »reflection«, wie die Unterscheidung von einfachen und zusammengesetzten Ideen. Er folgt Locke auch darin, daß die einfachen Ideen rein passiv aufgenommene Eindrücke oder Abbilder der Gegenstände sind. Hier macht er jedoch den Unterschied zwischen »impressions« (Eindrücken) und »ideas« (Ideen). »*Impressions*« sind aktuelle Empfindungen der äußeren Sinne, somit Abdrücke der sinnlich wahrgenommenen Gegenstände. »*Ideas*« sind bei Hume nicht Ideen oder Begriffe im eigentlichen Sinn, sondern reproduzierte Sinneserkennt-

nisse, also Vorstellungen, die durch die Erinnerung oder die Einbildungskraft in uns wiedererweckt werden. Sie sind darum weniger klar, weniger lebendig; sie sind schwächere Vorstellungen, gewissermaßen abgeblaßte Wahrnehmungen. Auch der ganze Bereich begrifflichen Denkens wird auf die sinnliche Wahrnehmung zurückgeführt. Der Begriff ist die reproduzierte Vorstellung eines früher aktuell wahrgenommenen Gegenstandes, also ein Produkt der Einbildungskraft, aber ein schwächeres, undeutlicheres, abgeblaßtes Sinnenbild.

106 Wir haben aber die Fähigkeit, den sinnlichen Wahrnehmungsgehalt selbsttätig umzuformen. Dies geschieht durch *Kombination* von Vorstellungen, woraus zusammengesetzte Ideen entstehen. Hier steht deutlich die Unterscheidung zwischen einfachen und zusammengesetzten Ideen bei Locke dahinter. Auch Hume will die psychologischen Gesetze ergründen, die bei der Bildung zusammengesetzter Ideen wirksam sind. Wie Locke erklärt auch er die Ideenverknüpfung durch psychologische Assoziation, also dadurch, daß Erfahrungsinhalte, die in einer bestimmten Beziehung oder Verbindung miteinander wahrgenommen werden, mit psychologischer Notwendigkeit als verbunden vorgestellt werden. Die Vorstellung des einen ruft die Vorstellung des anderen hervor; sie treten in Assoziation auf.

Hume kennt drei Prinzipien der *Assoziation*, also drei Arten der Verbundenheit von Inhalten als Ursprung der assoziativen Vorstellung. Der erste Grund der Assoziation ist die Ähnlichkeit: Ähnliches wird in Verbindung mit Ähnlichem vorgestellt. Der zweite Grund liegt in zeitlicher oder räumlicher Berührung: Was wir in Raum und Zeit verbunden wahrnehmen, stellen wir auch in Verbindung miteinander vor. Der dritte Grund liegt im Verhältnis von Ursache und Wirkung: Mit der Vorstellung der Wirkung verbindet sich assoziativ die Vorstellung der Ursache und umgekehrt. Was Hume allerdings unter Ursache und Wirkung versteht, wird sich im folgenden noch zeigen.

107 Aus all dem scheint zu folgen, daß für Hume unser ganzes Denken vollkommen untergeht in der sinnlichen Vorstellung und eine begriffliche Erfassung von Wesensstrukturen oder -gesetzen nicht mehr möglich ist. Dennoch wird diese Konsequenz an der Stelle durchbrochen, wo Hume in der inneren Erfahrung auf Sachverhalte stößt, die in eine andere Richtung weisen. Er macht in unseren Vorstellungs- oder Bewußtseinsinhalten die Unterscheidung zwischen *Ideenbeziehungen* (relations of ideas) und *Tatsachen* (matters of fact). Diese Zweiheit, die Hume im »Enquiry« entwickelt, meint zunächst dasselbe wie die Unterscheidung, die Leibniz zwischen Vernunftwahrheiten (vérités de raison) und Tatsachenwahrheiten (vérités de fait) macht.

Hume schreibt darüber: »Alle Gegenstände der menschlichen Vernunft und Forschung lassen sich naturgemäß in zwei Arten zerlegen, nämlich in Beziehungen von Vorstellungen [relations of ideas] und in Tatsachen [matters of fact]. Von der ersten Art sind die Wissenschaften der Geometrie, Algebra und Arithmetik; und kurz gesagt, jede Behauptung von entweder intuitiver oder demonstrativer Gewißheit ... Sätze dieser Art sind durch die reine Tätigkeit des Denkens zu entdecken, ohne von irgend einem Dasein in der Welt abhängig zu sein. Wenn es auch niemals einen Kreis oder ein Dreieck in der Natur gegeben hätte, so würden doch die von Euklid demonstrierten Wahrheiten für immer ihre Gewißheit und Evidenz behalten.« (Enquiry IV, 1).

Dies zeigt, daß Hume zu den *Ideenrelationen* alle intuitiven (unmittel- 108 baren) und demonstrativen (durch Schlußfolgerung vermittelten) Einsichten rechnet wie die Gesetze der Arithmetik und Geometrie, die sich nicht auf real existierende Einzeldinge beziehen. Sie sind unabhängig von der Existenz des Gegenstandes in sich selbst gültig. Auch wenn ich keinen Kreis und kein Dreieck real wahrnehme, ja wenn es überhaupt keinen Kreis und kein Dreieck wirklich gäbe, so hätten die geometrischen Sätze über den Kreis und das Dreieck doch unbedingte und unabänderliche Geltung.

Hier stellt sich jedoch die Frage: Führt diese Feststellung von allgemein gültigen Vernunftwahrheiten nicht schon über das empiristische Erkenntnisprinzip hinaus? Könnten wir allgemein und notwendig gültige Wesensgesetze einsehen, wenn wir nur vage Sinnesvorstellungen, unklarer und verschwommener als der aktuelle Sinneseindruck, hätten, nicht aber Begriffe, die eine allgemein gültige Wesensstruktur erfassen und damit über die sinnliche Vorstellung hinausgehen? Ich weiß, was ein Kreis ist, auch wenn ich mir durch die Einbildungskraft nur undeutlich einen Kreis vorstelle. Erst aufgrund dieses Wissens, das eine Wesensstruktur erfaßt, können notwendige Wesensgesetze des Kreises eingesehen werden.

Die zweite Gruppe von Bewußtseinsinhalten sind die *Tatsachenwahrheiten* 109 (matters of fact). Eine Tatsache ist nie allein aus dem Begriff zu erweisen, sondern fordert, wenn sie nicht unmittelbar gegeben ist, eine andere Art der Beweisführung. Man muß von einem unmittelbar gegebenen Faktum ausgehen und aufgrund eines Kausalzusammenhangs die andere Tatsache erschließen. Damit wendet sich Hume entschieden gegen die rationalistische Meinung, allein aus Begriffen (ideae innatae) rein analytisch auf die Wirklichkeit schließen zu können. Die Frage ist aber, wie Hume die Kausalität versteht, die für jede mittelbare Erkenntnis von Tatsachen, erst recht für die metaphysische Erkenntnis einer nicht unmittelbar erfahrbaren Wirklichkeit von fundamentaler Bedeutung ist. Hier setzt Humes kritische Analyse des Kausalbegriffs und in Zusammenhang damit auch des Substanzbegriffes ein.

110 Diese beiden Probleme sind sachlich von zentraler Bedeutung für philosophische Erkenntnis; sie haben auch historisch aus der Sicht Humes entscheidend eingewirkt auf die Problematik Kants, der die Kritik am Kausal- und Substanzbegriff aufnehmen und in seiner Weise weiterführen wird.

Der Kausalzusammenhang zwischen Ursache und Wirkung kann nach Hume nie a priori eingesehen werden, nämlich allein durch eine Analyse des Begriffs der Ursache. Aus einem Ding geht nie mit analytischer Notwendigkeit ein anderes als seine Wirkung hervor. Damit stellt sich Hume dem analytischen Prinzip des Rationalismus, besonders von Leibniz entwickelt, entgegen. Er sucht dies aus der realen Verschiedenheit von Ursache und Wirkung zu beweisen. Die reale Verschiedenheit bedingt auch eine logische Verschiedenheit. Der eine Begriff ist nicht im anderen enthalten, kann daher auch nicht analytisch daraus abgeleitet werden. Ein Stein fällt zur Erde, wenn er frei losgelassen wird. Das kann nicht aus dem Begriff des Steines erschlossen werden – warum bewegt er sich nicht nach oben oder in eine andere Richtung? Würde dies geschehen oder auch nur gedacht (vorgestellt) werden, so wäre dies kein logischer Widerspruch zum Begriff des Steines; es stände nur im Widerspruch zu empirisch beobachteten Tatsachen. Dasselbe gilt von anderen Naturvorgängen, deren Notwendigkeit nicht a priori eingesehen, sondern nur a posteriori aus der Erfahrung festgestellt werden kann. Man muß sich allein an die Erfahrung halten.

111 Was bietet aber die Erfahrung? Aus welchen Tatsachen der Erfahrung gewinnen wir die Erkenntnis eines ursächlichen Zusammenhangs der Dinge? Wir erfahren nach Hume nur eine regelmäßige Abfolge von Erscheinungen. Jedesmal, wenn ich einen Stein oder sonst ein Ding frei loslasse, fällt es zur Erde; jedesmal, wenn ich einen Kessel mit Wasser über das Feuer stelle, wird das Wasser erhitzt und zum Kochen gebracht. Daraus entspringt die Gewohnheit, diese Erscheinungen in zeitlicher Abfolge verbunden vorzustellen.

Die Gewohnheit erweckt die Erwartung, daß auch in Zukunft auf die eine Erscheinung die andere folgen werde. Diese Erwartung beruht nicht auf einer Vernunfteinsicht in eine innerlich notwendige Kausalverbindung des einen mit dem anderen, sondern allein aus der Gewöhnung an das faktisch regelmäßige Geschehen. Daraus entspringt eine subjektive, nämlich bloß psychologische Notwendigkeit, die eine Erscheinung mit der anderen zu verknüpfen und auch in Zukunft dieselbe Verknüpfung zu erwarten. Der Begriff der Kausalität – das eine »bewirkt« das andere, d. h. es bringt durch sein Wirken eine entsprechende Wirkung hervor – deutet die subjektive in eine objektive Notwendigkeit um. Das faktisch gegebene »post hoc« wird als notwendiges »propter hoc« interpretiert. Sinnlicher Wahrnehmung gegeben ist immer nur die zeitliche Abfolge: »unum post aliud«, nicht ein kausaler Zusammenhang: »unum per (propter) aliud«. Das bedeutet für Hume, daß wir keinerlei Kausalgeschehen erkennen, daher auch nicht mit Sicherheit wissen, sondern nur aus Gewohnheit annehmen, daß auch in Zukunft dieselbe Abfolge zu erwarten sei.

Hume sieht darin richtig, daß wir allein durch sinnliche Erfahrung niemals Kausalität erkennen. Sinnlich gegeben ist uns immer nur ein zeitliches Nacheinander von Erscheinungen, nicht aber ein kausaler Zusammenhang der Dinge. Insofern ist Hume konsequenter Empirist und zeigt in scharfsinniger Analyse die Grenzen der sinnlichen Wahrnehmung auf. Aber ist damit der Kausalbegriff sachlich widerlegt? Wenn wir den kausalen Vorgang als solchen auch nicht sehen oder hören, überhaupt nicht sinnlich wahrzunehmen vermögen, folgt daraus schon, daß er nicht besteht und nicht dem Denken einsichtig werden kann? Das folgt nur, wenn die gesamte Erkenntnis auf sinnliche Wahrnehmung reduziert, der Vernunfteinsicht aber jede darüber hinausreichende Fähigkeit abgesprochen wird.

3. Kritik des Substanzbegriffes

Auch in der Kritik der Substanz lehnt sich Hume an Locke an und führt 112 dessen Gedanken um einen radikalen Schritt weiter. Auch dieser Begriff geht auf eine beständige Verknüpfung von Phänomenen zurück. Während es sich beim Kausalbegriff um eine regelmäßige Abfolge im zeitlichen Nacheinander des Geschehens handelt, gründet der Substanzbegriff in einer zeitlich konstanten, räumlichen *Verbindung von Erscheinungen*. Locke hatte die Substanz als konstante Verbindung einfacher Ideen verstanden. Während er aber als Träger der konstant verbundenen Eigenschaften an einer, wenn auch nicht näher erkennbaren Substanz festhielt, gibt Hume den Substanzbegriff schlechterdings auf. Was wir erkennen, sind immer nur sinnlich wahrnehmbare Eigenschaften in einer faktisch konstanten Verbindung. Ich nehme »etwas« wahr als so und so lang, breit und hoch, als hart und glatt, von brauner Farbe; wenn ich darauf klopfe, höre ich einen bestimmten Ton: der Schreibtisch, an dem ich sitze und arbeite. Aber ich sehe, höre oder ertaste nicht ein bestimmtes Ding (meinen Schreibtisch), sondern nur ein Bündel von Eindrücken verschiedener Sinnesvermögen (des Sehens, Hörens, Tastens usw.) in beständiger Verbindung. Dies allein ist der Inhalt der Eindrücke (impressions), die wir empfangen. Wir haben uns an die konstante Verbindung solcher Eindrücke gewöhnt. Dies verführt uns dazu, die Eigenschaften, die in konstanter Verbindung erscheinen, einem gemeinsamen Träger zuzuschreiben, also hinter den wahrnehmbaren Eigenschaften eine uns unbekannte Substanz anzunehmen. Diese Annahme ist aber von der Sache her völlig unberechtigt, weil wir niemals eine Substanz sinnlich wahrnehmen oder feststellen können.

113 Wie Hume im allgemeinen keine Substanz annimmt, so auch keine geistige Substanz der *Seele*, kein substantielles Ich. Das Ich oder die Seele ist ein Komplex von Vorstellungen oder Bewußtseinsinhalten. Einen substantiellen Träger dieser Bewußtseinsinhalte anzunehmen, ist unbegründet. Auch hier ist die Annahme einer Substanz ein unberechtigter Schluß von einer konstanten Verknüpfung von Phänomenen auf einen geheimnisvollen Grund, dem sie zugeschrieben werden.

Auch von der Kritik des Substanzbegriffes gilt, daß Hume hier mit vollem Recht darauf hinweist, wo die Grenzen der sinnlichen Erkenntnis liegen. Substanz ist als solche sicher niemals in sinnlicher Wahrnehmung zu erfassen. Ist sie nicht trotzdem vom Denken zu erreichen, das im eigenen Ich einen Träger des Bewußtseins und seiner Einzelinhalte erfährt, daraus den Begriff der Substanz als eines in sich Bestehenden zu bilden vermag und ihn analog auch auf andere Dinge übertragen kann? Wird jedoch die menschliche Erkenntnis allein auf sinnliche Erscheinung reduziert, so muß folgerichtig der Substanzbegriff fallen. Daraus ergibt sich bei Hume, daß wir überhaupt nicht mehr reale Dinge erkennen, die uns in unserer Welt begegnen und mit denen wir umgehen, sondern nur noch eine Vielfalt, wenn auch gebündelter, relativ konstanter Komplexe sinnlicher Phänomene. Unsere ganze Erkenntniswelt löst sich somit in sinnliche Qualitäten auf, denen keine objektive Realität zukommt. Sie wird zu einer rein sinnlich-phänomenalen Welt – die Wirklichkeit ist nicht mehr erreichbar.

114 Mit Humes Kritik am Substanz- und Kausalbegriff vollzieht sich eine völlige Destruktion realer Seinserkenntnis. Zwar weist Hume sehr klar die Grenzen bloß sinnlicher Erkenntnis auf. Indem er aber die gesamte Erkenntnis auf sinnliche Wahrnehmung beschränkt, treibt er einen radikalen Empirismus in seinen letzten Konsequenzen. Es gibt weder die Erkenntnis einer realen Seinswirklichkeit (Substanz) noch eines realen Seinszusammenhangs der Dinge unserer Welt (Kausalität). Diese Konsequenz erweist umso deutlicher, daß unsere tatsächliche Lebenswelt nicht empiristisch-sensualistisch rekonstruierbar ist, sondern daß wir über sinnliche Empfindungen hinaus Vernunfteinsichten haben, die das wirkliche Sein in seinen Strukturen erfassen, Sinngestalten und -zusammenhänge verstehen können. Dies einzusehen und anzuerkennen ist durch Humes radikal empiristischen Ansatz verwehrt.

4. Moral und Religion

In seinen »Prinzipien der Moral« will Hume die Ethik von jeder religiö- 115
sen oder metaphysischen Begründung lösen und allein von der Erfahrung
her eine *natürliche Moral* aufbauen. Daß man allgemein sittliche Unterscheidungen zwischen Gut und Böse, Recht und Unrecht macht, ist
eine Tatsache der Erfahrung, die jeden ethischen Skeptizismus widerlegt. Die Frage stellt sich aber, woher die sittlichen Werturteile stammen.
Das Kriterium dafür, welche Handlungen und Eigenschaften Lob oder
Tadel, Billigung oder Mißbilligung erfahren, liegt nach Hume allein
darin, ob sie nützlich oder angenehm sind. Es ist eine grundsätzlich
utilitaristisch-hedonistische Ethik, die Hume entwickelt. Gut und Böse
sind allein in Lust oder Unlust begründet.

Im persönlichen Bereich ist das Ziel sittlichen Handelns die allseitige
Ausbildung der menschlichen Persönlichkeit, welche eine entsprechende
Befriedigung mit sich bringt. Darüber hinaus gibt es auch soziale Tugenden, die im Zusammenleben der Menschen von Bedeutung sind.
Sie beruhen auf der Sympathie, einem gefühlsmäßigen Affekt, durch
den wir Freuden und Leiden anderer Menschen mitempfinden und das
allgemeine Wohl zu unserem eigenen Interesse machen.

Eine wesentliche Grenze weist Humes Moral darin auf, daß sie den
sittlichen Wert nur in der psychologischen Befriedigung oder Genug-
tuung begründet, nicht aber den unbedingten Wert des Sittlichen erreicht.
Andererseits wird durch die Leugnung der Willensfreiheit, also auch
die Leugnung einer Unterscheidung zwischen natürlichen Anlagen und
frei erworbenen Tugenden, d. h. zwischen dem Natürlichen und dem
Sittlichen, zwischen dem Notwendigen und dem Freiwilligen, der
Eigenart sittlichen Handelns der Boden entzogen und sein spezifisches
Wesen weder erfaßt noch begründet.

Von größerer Bedeutung ist Humes *Religionsphilosophie*, die sich zwei 116
Fragen stellt: nach der Möglichkeit einer vernünftigen Religionsbegründung und nach dem psychologischen Ursprung und der geschichtlichen Entwicklung der Religion. Die erste Frage geht auf das Problem
der Gotteserkenntnis zurück. Hume behandelt es in den »Dialogen
über natürliche Religion«. Es ist ein Gespräch zwischen drei Freunden,
von denen einer den christlichen Offenbarungsglauben, der zweite einen
skeptischen Standpunkt und der dritte den Deismus der Aufklärung
vertritt. Alle Gottesbeweise der klassischen Metaphysik werden hier
kritisch diskutiert. Dies führt zum Ergebnis, daß wir nichts mit Gewißheit über Gott aussagen können, alle Beweise sich in Widersprüche
verstricken und die letzte Antwort auf die Frage nach der Möglichkeit
vernunftgemäßer Religionsbegründung ein skeptisch-agnostischer
Standpunkt sein muß. Durch Vernunftgründe läßt sich die Religion
nicht rechtfertigen.

117 Um so mehr stellt sich die weitere Frage nach dem psychologischen
Ursprung der historischen Religionen der Menschheit. Dieser Ursprung
liegt nach Humes »Naturgeschichte der Religion« nicht im Denken
des Verstandes, sondern allein in Bedürfnissen des Gemütes: in banger
Sorge um das Glück und Wohlergehen, in Furcht vor künftigem Unglück, in Angst vor dem Tode, im stets gefährdeten Streben nach Bedürfnissen des Lebens. Dies alles führt den Menschen dazu, göttliche
Mächte anzunehmen und mit abergläubischer Furcht und Schmeichelei
zu verehren. Damit nimmt Hume schon weitgehend die spätere Religionskritik, besonders bei Feuerbach, vorweg oder bereitet ihr wenigstens den Weg. Für die historisch ursprüngliche Gestalt der Religion
hält Hume den Polytheismus, aus dem sich später der Monotheismus
entwickelt habe. Aber auch er gründet nicht in Verstandeseinsicht,
sondern nur in Furcht und Schmeichelei. Darum verbindet sich die
Religion leicht mit den niedrigsten Instinkten der menschlichen Natur.
Das ganze Phänomen des Religiösen erscheint Hume als ein unlösbares
Rätsel. Daher sind Zweifel und Urteilsenthaltung angebracht, wieder
also ein skeptisch-agnostischer Standpunkt die einzig vernünftige Antwort. Religionen stecken an wie Krankheiten. Das einzige Heilmittel
dagegen ist, aus all den Formen des Aberglaubens und Vorurteils in
philosophisches Denken zu fliehen.

5. *Würdigung*

118 Der englische Empirismus, von J. Locke begründet und von D. Hume
voll ausgeprägt, bringt gegenüber dem Rationalismus die Erfahrung
als legitime Erkenntnisquelle zur Geltung. Darin liegt seine Bedeutung.
Aber er verfällt einer neuen, nicht minder verhängnisvollen Einseitigkeit, indem er alle Erkenntnis in der Erfahrung begründet und die
Erfahrung auf bloß sinnliche Empfindungen zurückführt. Erfahrung
und Denken kommen nicht zur Synthese, in der einerseits das Denken
immer und notwendig auf Erfahrung angewiesen ist und aus ihr seine
Inhalte gewinnt, andererseits aber die Erfahrung immer schon als geistig
durchdrungene, im Denken und Verstehen vollzogene Erfahrung begriffen wird, das Denken des Verstandes also die sinnliche Anschauung
durchdringt und übersteigt.

Wenn dies übersehen wird, so bleibt allein das sinnlich erscheinende
Phänomen bestehen, ohne eine Seinswirklichkeit zu offenbaren und
aus einem realen Seinszusammenhang erklärbar zu sein. Dies wurde
besonders deutlich an den Problemen der Substanz und der Kausalität
bei Locke und Hume. Die Rückführung aller Erkenntnis auf sinnliche
Empfindungen bedeutet den grundsätzlichen Verzicht auf jede Seinserkenntnis. Das heißt nicht nur, daß in einem metaphysischen Sinn ein

Ausgriff des Denkens über den Bereich sinnlicher Erfahrung nicht mehr möglich ist, sondern auch, daß innerhalb der Erfahrungswelt kein reales Sein, das den Phänomenen zugrundeläge, noch ein kausaler Seinszusammenhang der Dinge erkennbar wird. Die Erfahrungswelt löst sich in eine disparate Pluralität bloßer Phänomene auf. Damit wird aber unsere wirkliche Erfahrungs- und Verständniswelt nicht eingeholt, weil diese immer schon wesentlich mehr an Seins- und Sinngehalt offenbart, als sinnlich wahrnehmbar ist.

Mit Hume erreicht der Empirismus seine vorläufige Vollendung. Zugleich aber gibt Hume den entscheidenden Anstoß nicht nur für das positivistisch-materialistische Denken der Folgezeit, von den französischen Enzyklopädisten über den Positivismus Comtes und den Materialismus des 19. Jahrhunderts bis zu den Neupositivismen des 20. Jahrhunderts, sondern auch für Kant, der von Hume aus dem »dogmatischen Schlummer« (Prol. A 13) geweckt wurde. Sein Bestreben geht dahin, Denken und sinnliche Anschauung, Rationalismus und Empirismus in höherer Einheit zu versöhnen.

C. Aufklärung

119 Rationalismus und Empirismus wirken sich gemeinsam in der geistigen Bewegung aus, die man als »Aufklärung« bezeichnet. Sie ist nicht nur eine philosophische, sondern eine allgemein geistes- und kulturgeschichtliche Erscheinung, die in alle Bereiche des geistigen und kulturellen, sozialen, politischen und wirtschaftlichen Lebens hineinwirkt. Aufklärung meint eine Grundstimmung der Weltanschauung und Lebensauffassung jener Zeit, besonders des 18. Jahrhunderts.

I. Allgemeine Merkmale

120 Die geschichtlichen Wurzeln der Aufklärung reichen weit zurück. Im Grunde ist sie ein weiterer Schritt derselben Entwicklung, die Jahrhunderte zuvor im Humanismus und in der Renaissance ihren Ausdruck gefunden hat. Schon damals war es eine »Entdeckung der Welt und des Menschen«, ein Freiwerden der natürlich-menschlichen Kräfte und eine Hinwendung zur Welt. Daraus entspringt der Einsatz der neuen Naturwissenschaften, die durch die Anwendung mathematischer Methoden bedeutende Fortschritte machen, einen Umsturz des gesamten Weltbildes auslösen und zu einem Aufstieg der materiellen Kultur führen. Der neue wissenschaftliche Geist findet seinen philosophischen Niederschlag im rationalistischen und empiristischen Denken, das trotz des Gegensatzes der Denkrichtungen aus dem gemeinsamen Willen zu kritisch-methodischer Neubegründung der Philosophie hervorgeht.

121 Gemeinsam ist der Glaube an die Wissenschaft und ihren *Fortschritt*, der Glaube daran, daß die Menschheit einen beständigen Aufstieg erlebt, der wesentlich bedingt ist durch den Fortschritt wissenschaftlicher Erkenntnis. Man glaubt daran, daß der menschliche Geist, wenn er sich von Vorurteilen und Aberglauben befreit und die richtigen Methoden der Forschung einsetzt, alle Rätsel der Welt zu lösen, alle Geheimnisse der Wirklichkeit zu enthüllen imstande ist. Man glaubt an die Allmacht der Vernunft. Die neue Wissenschaft und Philosophie kann erst ein eigentlich menschenwürdiges Leben des einzelnen und der Gesellschaft begründen.

122 Daraus ergibt sich eine wesentlich *praktische* Zielsetzung der Aufklärung. Das kommt schon bei Francis Bacon zum Ausdruck: »Wissen ist Macht«. Die Wissenschaft steht im Dienst der Weltbeherrschung zum Zweck

der Weltverbesserung und Weltbeglückung durch den Sieg der Vernunft. Aus dieser praktischen Zielsetzung entspringt das Bestreben, das Licht der Vernunft möglichst weit zu verbreiten, die Erkenntnisse der Wissenschaft und Philosophie möglichst weiten Kreisen zugänglich zu machen, um sie dadurch »aufzuklären«.

Daraus entspringen sehr positive Leistungen. Erst zur Zeit der Aufklärung des 18. Jahrhunderts wird das Schulwesen aufgebaut, Volksschulen werden errichtet, die allgemeine Schulpflicht wird eingeführt. Bis dahin waren auch in Europa die meisten Menschen noch Analphabeten. Die typische, kulturell so bedeutsame Gestalt des Lehrers, auch auf dem Land, in jeder Dorfgemeinde, tritt erst seit damals auf. Allgemeines Bildungswesen dieser Art wird besonders durch den aufgeklärten Absolutismus gefördert. Damit wird »allgemeine Bildung« zum Ideal erhoben, nämlich möglichst vielseitig umfassendes Wissen, das jedoch vielfach auf Kosten echten Tiefgangs geht und zu Vielwisserei wird. Dieses Bildungsideal wird noch im ganzen 19. und bis ins 20. Jahrhundert nachwirken.

Ihm entspringt der sogenannte »Gebildete« oder Halbgebildete, der wissenschaftlich aufgeklärt sein will, sich deshalb über die Unwissenheit und den Aberglauben der Vergangenheit und des ungebildeten Volkes erhaben dünkt.

Wenn wir über diese formale Kennzeichnung hinaus nach dem inneren Gehalt fragen, der dem Denken der Aufklärung eigen ist, können wir ihn vor allem in zwei Stichworten nennen: Liberalismus und Deismus.

1. Liberalismus

Der Fortschritt der Menschheit verlangt Fortschritt der Wissenschaft 123 und Bildung, dieser fordert aber *Freiheit der Vernunft*. Bezeichnend für das Zeitalter der Aufklärung ist der Glaube an die Allmacht der Vernunft, daher die Forderung nach Autonomie der Vernunft. Sie kann keine ihr auferlegten Bindungen dulden, ohne sich selbst preiszugeben. Unbeschränkte Freiheit des Geistes, freie und voraussetzungslose Wissenschaft werden zum Programm erhoben. Das Denken will nur anerkennen, was ihm selbst klar und rational einsichtig, was wissenschaftlich durchschaubar ist wie ein mathematisches oder physikalisches Gesetz. Was darüber hinausgeht, wird als Beschränkung abgelehnt, die dem Recht auf Freiheit der Vernunft widerstreitet.

Daher werden Bindungen aufgelöst, die dem einzelnen im Ganzen der Gesellschaft auferlegt sind. Die gesellschaftliche Ordnung in ihren geschichtlich gewachsenen und überkommenen, sicher zum Teil überholten Strukturen wird in Frage gestellt und schließlich gesprengt.

Der absolute Freiheitsdrang der Aufklärung betont vor allem das Recht und die Freiheit des einzelnen, er empfindet jede geschichtliche und gesellschaftliche Bindung als Beschränkung des Rechts auf die eigene Freiheit. Hier wird ein Freiheitsbegriff entwickelt, den später Hegel treffend als »abstrakte Freiheit« gegenüber »konkreter Freiheit« bezeichnen wird; insofern abstrakt, als die Freiheit abgehoben von konkret vorgegebenen Bedingungen oder Bindungen verstanden und angestrebt wird. Dem Liberalismus der Aufklärung liegt ein Individualismus zugrunde, der seine geistigen Wurzeln einerseits in der Auflösung des Allgemeinbegriffs durch Nominalismus und Empirismus, andererseits in der isoliert autonomen Subjektivität des Rationalismus hat. Beiden fehlt in gleicher Weise ein Verständnis des konkreten Menschen in seiner Welt, in Geschichte und Gemeinschaft. Dieser Individualismus wirkt sich mit weitreichenden Folgen im ökonomischen, politischen und theologischen Liberalismus aus.

124 Auf *ökonomischem* Gebiet führt er zum Wirtschaftsliberalismus, mit dem Aufkommen moderner Industrialisierung auch Manchester-Liberalismus genannt, der allein die immanente Eigengesetzlichkeit freier Marktwirtschaft in der Hand des Unternehmers, nicht aber soziale Rücksichten auf Rechte und Bedürfnisse der Arbeitnehmer anerkennt. Diesem Liberalismus entstammt eine Art der Wirtschaftsführung, die in der Frühzeit der industriellen Entwicklung zu brutaler Ausbeutung der Arbeiter, auch zu Frauen- und Kinderarbeit mit minimaler Entlohnung führt und schließlich den sozial-revolutionären Protest von Karl Marx hervorruft.

125 Ähnlich wirkt sich der Liberalismus im *politischen* Bereich aus. Ihm entspricht der Absolutismus, die allgemeine Regierungsform jener Zeit, in welcher der Landesfürst als absoluter Herrscher unumschränkte Staatsgewalt und Freiheit politischer Entscheidung beansprucht, ohne durch eine verfassungsmäßig gesicherte Willensbildung der Staatsbürger gebunden zu sein. Das ist nichts anderes als die Anwendung des Liberalismus auf die individuelle Autonomie des Herrschers. Doch werden gerade absolutistisch regierende Herrscher, etwa in Deutschland (nicht in Frankreich!) Hauptträger und Förderer der Gedanken der Aufklärung; so in Preußen König Friedrich II., in Österreich Maria Theresia und ihr Sohn Kaiser Josef II., ähnlich auch viele kleinere Landesfürsten. Der »aufgeklärte Absolutismus« hat nicht nur das Schul- und Bildungswesen aufgebaut, sondern auch allgemeiner durch weitgehende Reform der staatlichen Verwaltung, Rechtsprechung u. a. die Ausbildung des modernen Rechtsstaates begründet. Sobald aber das Gedankengut der Aufklärung in breitere Kreise dringt und die Staatsbürger dasselbe Recht autonomer Freiheit beanspruchen, wie es bisher allein der Herrscher besaß, hebt sich diese Staatsform von innen her, aus innerer

Folgerichtigkeit auf, aber aus demselben Geist des Liberalismus, der sich jetzt befreien will von der absoluten Regierungsgewalt des Herrschers. Gerade in Frankreich, wo es bisher einen reinen, noch nicht »aufgeklärten« Absolutismus gab, kommt es zur großen Revolution. Sie steht unter den Parolen der Aufklärung: Freiheit, Gleichheit, Brüderlichkeit. Sie erhebt die reine Vernunft auf den Thron. In ihrem Gefolge kommt es, weit über Frankreich hinaus, zu einer völligen Umgestaltung des Staatswesens und der Gesellschaftsordnung.

Der Liberalismus der Aufklärung betrifft auch den christlichen Glauben, 126 der weder rational voll einsichtig noch wissenschaftlich streng beweisbar ist. Daraus entspringt der Liberalismus im religiösen und *theologischen* Sinn. Man lehnt die Kirche mit ihrer Lehre als »Dogmenzwang«, überhaupt den übernatürlichen Glauben als eine Bindung ab, die der Freiheit der Vernunft widerstreitet. Hier setzt der theologische Rationalismus ein, der mit dem philosophischen Rationalismus nicht identisch ist, weil er ebenso empiristischen wie rationalistischen Ansätzen entspringt. Er bedeutet das Bestreben, die religiösen Wahrheiten der Offenbarung auf natürlich einsichtige, rational beweisbare Wahrheiten zu reduzieren, den christlichen Glauben als rein natürliche Vernunftreligion auszulegen, damit aber zentrale Glaubensinhalte ihres Offenbarungs- und Geheimnischarakters zu entkleiden. Die Ansätze dazu liegen bei den »Freidenkern« der englischen Aufklärung, wirken sich aber weithin auch in der französischen und der deutschen Aufklärung nachhaltig aus.

2. Deismus

Damit eng verbunden ist der Deismus, die typische Gottesvorstellung 127 der Aufklärung, sofern diese am Gottesglauben festhält. Diese Einschränkung ist erfordert, weil sich die Aufklärung zum Teil, besonders in Frankreich, zu einem Materialismus und Atheismus verschärft. Zumeist aber tritt sie nicht dem Gottesglauben als solchem entgegen. Sie entwickelt vielmehr eine Vorstellung von Gott, die sich von der christlichen Auffassung der Tradition weit unterscheidet. Um den Unterschied zu kennzeichnen und sich vom verschwommenen »Deismus« (von lat. »Deus«) der Aufklärung zu distanzieren, wird von christlicher Seite her erst im 18. Jahrhundert der Begriff des »Theismus« (von griech. »Theós«) geprägt.

Was ist mit Deismus gemeint? Man hält am Dasein Gottes fest, man glaubt auch an den einen, transzendenten und persönlichen Gott, der die Welt erschaffen hat; insofern ist es noch der Gott des christlichen Glaubens. Aber er wird verstanden als ein Gott, der »außer« der Welt oder »über« der Welt existiert, der zwar einmal die Welt erschaffen und ihr die Gesetze der Natur gegeben hat, ihr aber freien Lauf läßt, ohne wirksam in das Weltgeschehen einzugreifen. Es ist ein Gott, der sich um die Welt und die Menschen nicht kümmert, um den wir uns deshalb auch nicht weiter zu bekümmern brauchen. Er soll den Menschen in seiner Welt nicht stören, er soll die Freiheit des Menschen nicht binden, die autonome Macht des Menschen über die Welt nicht beschränken. Es ist ein rein jenseitiger Gott, der im Diesseits der Welt nichts zu suchen hat; hier ist der Mensch Herr seiner Welt.

128 Eine solche Vorstellung legt sich schon durch das *Uhrengleichnis* bei Geulincx und Leibniz nahe. Was ist vollkommener: ein Uhrwerk, das den beständig kontrollierenden und korrigierenden Eingriff erfordert, oder ein Uhrwerk, das von Anfang an so vollkommen konstruiert ist, daß es auch ohne weiteren Eingriff mit vollkommener Präzision abläuft? Offenbar wäre dies das vollkommenste Uhrwerk. Wenn aber die Welt von Gott geschaffen ist, so muß sie auch von Anfang an so vollkommen eingerichtet sein, daß ohne weiteren Eingriff Gottes das Geschehen abläuft wie ein vollkommenes Uhrwerk – oder wie eine Unzahl einzelner Uhrwerke, die in völliger Übereinstimmung, in »prästabilierter Harmonie«, ablaufen. Leibniz selbst gehört noch nicht dem Deismus an; er leugnet zwar die Wechselwirkung zwischen endlichen Dingen, aber nicht das Einwirken Gottes in die geschaffene Welt. Trotzdem legt seine Lehre eine deistische Gottesvorstellung nahe. Diese übersieht den wesentlichen Unterschied zwischen dem Verhältnis des Uhrmachers zum Uhrwerk und dem Verhältnis Gottes zu seiner Schöpfung. Die Welt ist nicht nur von Gott geschaffen und gestaltet, sondern sie ist in ihrem Sein und Wirken vollkommen von Gott abhängig, sie wird durch Gott getragen und erhalten, könnte also ohne aktuelles Wirken Gottes gar nicht bestehen.

129 Dem Deismus der Aufklärung ist es eigen, den Bezug zwischen Gott und der Welt abzubrechen. Daraus ergibt sich, daß jedes gegenwärtige *Wirken Gottes* in der Schöpfung negiert wird: sowohl die Erhaltung der Schöpfung durch Gott (conservatio) als auch sein Mitwirken beim Wirken des Geschöpfes (concursus), somit auch die göttliche Vorsehung und Lenkung des Weltgeschehens, alles Inhalte, die von der christlichen Theologie bisher allgemein gelehrt wurden. Die Welt wird zu einer säkularisierten, in sich geschlossenen, insofern gott-freien und gott-losen Welt, die mit Gott nichts mehr zu tun hat und ihn nicht mehr braucht.

Erst recht lehnt der Deismus jedes *übernatürliche* Einwirken Gottes in diese Welt ab: Offenbarung und Wunder, Menschwerdung und Erlösung werden geleugnet. Es gibt keine übernatürliche Ordnung mehr, die ja ihrem Wesen nach in einem Eingriff Gottes in die natürliche Schöpfungsordnung gründet. Hier wird auch deutlich, daß der theologische Rationalismus in seiner Reduktion des christlichen Glaubens auf eine natürliche Vernunftreligion durch das Gottesbild des Deismus bedingt ist.

Umgekehrt ergibt sich daraus ein verändertes Verhältnis des *Menschen* 130 *zu Gott*. Ein solcher Gott kann keine Forderungen an den Menschen stellen. Gebet und Gottesdienst, überhaupt alle ausdrücklich religiösen Akte, in denen wir Gott verehren, werden abgelehnt als Aberglauben, als unwürdige und sinnlose Schmeichelei, in der wir das Wohlgefallen, den Schutz und die Hilfe Gottes erbetteln wollen. Man denke an die psychologische Motivation des Religiösen bei Hume. Vom Menschen wird allein ein sittliches Leben auf dem Boden natürlicher und vernunftgemäßer Ethik verlangt. Wahre Religion ist Moral. So wird das Wesen des Religiösen im bloß Moralischen aufgehoben. Dies ist ein für die Aufklärung typischer Zug, der in Kants Religionsphilosophie einen klaren Ausdruck finden wird. Er hängt zusammen mit der allgemein praktischen Zielsetzung im Denken der Aufklärung. Auch wissenschaftliche und philosophische Erkenntnisse sollen praktischen Nutzen für den Fortschritt der Menschheit erbringen. So auch die Religion; sie ist sinnlos und wertlos, wenn sie nicht praktisch greifbaren Nutzen erbringt. Praktischen Nutzen für die menschliche Gesellschaft bringt sie aber allein im moralischen Handeln.

II. Einzelerscheinungen

Eine derart allgemeine Kennzeichnung trifft nicht in gleicher Weise für 131 alle Einzelerscheinungen der Aufklärung zu, obwohl diese in einer gemeinsamen geistigen Atmosphäre stehen und aus ihr verstanden werden müssen. Doch findet die Aufklärung jeweils besondere Ausformungen, besonders in England, Frankreich und Deutschland.

1. *Englische Aufklärung*

Das Ursprungsland der Aufklärung ist England. Freidenkertum, Libe- 132 ralismus und Deismus haben hier ihre Heimat. Oft wird John Locke als Vater der Aufklärung genannt. Doch gehen ihre Anfänge noch weiter zurück. Der Begründer des Deismus mit seiner Forderung nach rein natürlicher, vernunftgemäßer Religion ist Lord *Edward Herbert von Cherbury* (1581–1648). Er verlangt zwar die Anerkennung und Verehrung Gottes, scheidet aber alle christlich-übernatürlichen Glaubensgehalte aus. Auf der Ebene einer allgemeinen Vernunftreligion können sich alle Konfessionen einigen. Ähnliche Tendenzen tauchen auch sonst schon zu dieser Zeit, also im frühen 17. Jahrhundert, auf.

133 Noch einflußreicher wird *John Locke* (1632–1707), einmal durch seine natürliche, vernunftgemäße Religionsbegründung und die Forderung weitgehender religiöser Toleranz und überdies dadurch, daß bei ihm das praktisch-sittliche Element des Christentums in den Vordergrund tritt als das Gemeinsame, das die Christen auch mit Juden und Heiden verbindet. Hier zeigt sich die Tendenz, die Religion auf eine natürliche Ethik zu reduzieren.

134 Dies verschärft sich bei den folgenden Vertretern des englischen Deismus. *John Toland* (1670–1722) schreibt im Geist der Aufklärung »Christianity not mysterious« (1696). Er will darin zeigen, daß das Christentum weder widervernünftig noch übervernünftig ist, sondern allein der natürlichen Vernunft entspricht. Damit wird jeglicher Mysteriencharakter des christlichen Glaubens ausgeschaltet. Und damit verbinden sich die Kritik am Offenbarungs- und Wunderglauben. Der übernatürliche Charakter des Christentums wird preisgegeben; es wird auf natürliche Religion reduziert. Auch scheint Toland der erste zu sein, der das Wort »Freidenker« (freethinker) gebraucht. Im übrigen steht er Spinoza nahe, übt aber Kritik daran, daß Spinoza Bewegung und Aktivität nicht zu erklären vermag. Dagegen nimmt Toland an, daß die Materie selbst aktives Prinzip der Bewegung sei, aus dem auch das Leben bis herauf zu den Phänomenen des seelischen Lebens zu erklären sei. Das ist bereits der Ansatz zu einem Materialismus, der besonders auf die französische Aufklärung einen bedeutenden Einfluß ausüben wird.

135 *Anthony Collins* (1676–1729) schreibt »A discours on freethinking« (1713), worin er sich in scharfer Weise für unbeschränkte Freiheit des Denkens einsetzt, nämlich gegenüber dem Offenbarungsglauben des Christentums, in diesem Geist ebenso scharfe Bibel- und Offenbarungskritik betreibt und einen rein deistischen Standpunkt einnimmt. Dadurch wird ein heftiger Streit entfacht, der literarisch vielfachen Niederschlag findet.

136 Einen ähnlichen Standpunkt nimmt *Matthew Tindal* (1656–1733) ein, der in dem Werk »Christianity as old as creation« (1730) den Widerspruch und die Unmöglichkeit einer Offenbarungsreligion aufzeigen will, hingegen eine Naturreligion vertritt, die von Anfang an vollkommen gewesen sei, durch das Christentum nichts hinzugewinnen kann, sondern nur in ihrer Reinheit wiederhergestellt werden muß. Dieses Buch wurde vielfach als die Bibel des Deismus bezeichnet.

137 Hierher gehört auch Henry St. John Lord of *Bolingbroke* (1678–1751), ein bekannter Politiker, der sich zum Deismus bekennt und die Freiheit des Denkens fordert, jede spekulative Philosophie ablehnt, den empiri-

stischen Standpunkt Lockes teilt und meint, von da aus eine natürliche Vernunftreligion begründen zu können. Allerdings fordert er Denkfreiheit nur für die höheren Schichten der Gesellschaft, während aus politischen Gründen das einfache Volk in der herkömmlichen Religion zu belassen sei.

Auch Anthony Ashley Cooper, Graf von *Shaftesbury* (1671–1713) gehört 138 der englischen Aufklärung an. Er verbindet deren Geist jedoch mit einem ästhetisch-ethischen Pantheismus, der in etwa an Giordano Bruno erinnert. Im Vordergrund seines Denkens steht das ethische Bildungsideal. Sinn der Tugend und Sittlichkeit ist die harmonische Ausbildung der Persönlichkeit, die ästhetische Harmonie im Gleichgewicht aller voll entfalteten menschlichen Kräfte und Anlagen, also das klassische Ideal des »kalòn kagathón«, die Einheit des Schönen und Guten. Es ist eine Ethik, die im natürlichen Sittengesetz gründet, aber in der reinen Immanenz menschlicher Selbstentfaltung verbleibt.

Als letzter Vertreter und zugleich als Vollender dieser geistigen Ent- 139 wicklung ist *David Hume* zu nennen, dessen Kritik aber nicht nur die christliche Offenbarungsreligion, sondern auch jede natürliche Vernunftreligion an der Wurzel trifft. Denn seine Kritik an den Gottesbeweisen, an der Erkennbarkeit Gottes sowie seine psychologische Erklärung des Ursprungs der Religion richtet sich gegen jeden religiösen Glauben, auch den Deismus. So mündet diese Entwicklung in einem radikalen Skeptizismus und Agnostizismus.

2. Französische Aufklärung

In Frankreich entwickelt sich die Aufklärung zum Teil in Abhängigkeit 140 von England, kommt aber hier zu viel radikalerer Ausprägung. In der französischen Aufklärung liegen die Ursprünge des modernen Materialismus und Atheismus, die im 19. Jahrhundert zu breitem Einfluß kommen.

Doch sind nicht alle Vertreter der französischen Aufklärung Atheisten. Auch Voltaire ist es nicht, das eigentliche Haupt, die bekannteste und einflußreichste Gestalt der Aufklärung in Frankreich. *François Marie Voltaire* (sein ursprünglicher Name war Arouet, 1694–1778) ist ein glänzender und gefeierter Schriftsteller. In England lernt er die dortige Philosophie und Aufklärung kennen, mit deren Deismus er zeitlebens verbunden bleibt. Einige Jahre lebt er als Gast und Freund Friedrichs II. von Preußen in Sanssouci bei Berlin und später in der französischen Schweiz. Er übt eine sehr breite Wirkung aus und wird als Bannerträger der Aufklärung in Frankreich gefeiert.

Als gewandter Schriftsteller hat er in zahlreichen Werken seine Welt-

und Lebensauffassung dargestellt, die durch den Deismus der englischen Aufklärung bestimmt ist. Der Optimismus im Glauben an die bestmögliche Welt, den Voltaire zuerst vertritt, wandelt sich später zu einer skeptischen und pessimistischen Auffassung. Den Rationalismus der »eingeborenen Ideen« lehnt er ab. Er hält sich mit dem Empirismus an die Erfahrung. Diese Welt der Erfahrung ist aber nicht die beste; das bezeugen Unglück und Leid in der Welt. Wenn wir dennoch als die Ursache der Welt, ihrer Ordnung und Gesetzlichkeit Gott annehmen müssen als planende, ordnende, gesetzgebende Vernunft, so können wir doch nicht von Gott wissen, was und wie er ist. Voltaire hält am Gottesglauben im Sinne einer deistischen Naturreligion fest. Hierher gehört sein bekanntes Wort: »Wenn es keinen Gott gäbe, müßten wir ihn erfinden«. Im Geist der Aufklärung fordert er weitestgehende religiöse Toleranz und bekämpft deshalb mit leidenschaftlichem Haß den christlichen Glauben, im besonderen die katholische Kirche. Sein unerbittlicher, oft sarkastischer Angriff richtet sich gegen die Bibel, gegen Wunder und Offenbarung. All dies sind ihm Fabeln und Aberglaube, Ausgeburten der Unvernunft. Das Wesen echter Religion sieht auch Voltaire in der Moral. Er geht soweit, das Kriterium für die Wahrheit der Religion in ihrer sittlichen Wirkung zu sehen.

141 Noch mehr radikalisiert sich die französische Aufklärung in einem materialistisch-atheistischen Sinn bei den sogenannten *Enzyklopädisten*. Sie werden so benannt, weil sie zusammenarbeiten an der großen »Encyclopédie française«, die seit 1750 in vielen Bänden erscheint. Dieses wissenschaftliche Sammelwerk ist nicht einheitlich von derselben Geistesrichtung getragen; es arbeiten auch anders gesinnte Forscher mit. Die Grundtendenz ist aber so vorherrschend, daß die Enzyklopädie zum Hauptwerk der französischen Aufklärung geworden ist. Sie wurde begründet von Diderot und d'Alembert, doch ist sie geistig stark beeinflußt durch Lamettrie und Holbach.

142 *Julien de Lamettrie* (1709–1751) vertritt einen mechanistischen Materialismus, der sich schon in den Titeln seiner wichtigsten Werke kundtut: »Histoire naturelle de l'âme« (1745) und »L'homme machine« (1748). Er will auch den Menschen einschließlich seines bewußten psychischen Lebens rein mechanisch erklären. Dabei beruft er sich auf Descartes, der schon das Leben der Pflanzen und Tiere auf die bloße »res extensa« zurückgeführt, jedoch im Menschen die »res cogitans« als geistige Seele angenommen hat. Diesen Dualismus will Lamettrie überwinden, indem er das mechanistische Denken auch auf den Menschen überträgt. Er ist überzeugter Atheist und meint, ein Staat von Atheisten wäre der glücklichste Staat.

143 Der deutsche, aus der Rheinpfalz stammende, aber in Paris lebende Baron *Paul-Henri von Holbach* (1723–1789), schafft mit seinem Werk

»Système de la nature« (1770) die systematische Grundlage der materialistischen Naturerklärung in der französischen Aufklärung. Mit dem Materialismus und Mechanismus des Naturgeschehens verbindet er einen Sensismus der menschlichen Erkenntnis, einen Determinismus des menschlichen Handelns und einen eindeutigen Atheismus.

Denis Diderot (1713–1784) ist ein ähnlich vielseitiger und fruchtbarer 144 Schriftsteller wie Voltaire, zugleich Wissenschaftler und Philosoph, der aber seine sprühenden Gedanken nie in ein klares System zu fassen vermag. Anfangs war er unter dem Einfluß der Engländer Deist, später nähert er sich unter dem Einfluß Lamettries dem Materialismus und gelangte schließlich zu einem Naturpantheismus, dem alles belebt und das ganze Weltall als beseelter Organismus erscheint.

Jean le Rond d'Alembert (1717–1784) ist nicht Atheist, sondern bekennt 145 sich zum Deismus. Er ist strenger Wissenschaftler, besonders in Mathematik und Physik tätig, einer der führenden Männer der exakten Naturforschung seiner Zeit. Den Materialismus bildet er durch Hervorhebung des bloß methodischen Elements zu dem um, was man später Positivismus nennen wird. Sichere wissenschaftliche Erkenntnis gibt es nur im Bereich empirischer Tatsachenerkenntnis; alles, was darüber hinausgeht, ist streng wissenschaftlich nicht erfaßbar und bleibt ungewiß, wie die Widersprüche metaphysischer Aussagen bezeugen.

Im Raume der französischen Aufklärung steht auch *Jean Jacques Rousseau* 146 (1712–1778). Doch nimmt er gegenüber den Enzyklopädisten eine durchaus eigene Stellung ein. Ähnlich wie Pascal eine Antithese zum Rationalismus Descartes' gebildet hatte, indem er das »Herz« gegenüber dem mathematisierenden Verstand zur Geltung brachte, ist Rousseau eine kritische Reaktion auf die Einseitigkeit der empiristisch-materialistischen Naturauffassung seiner Zeit. Er vertritt einen gewissen Kulturpessimismus, der sich gegen den Optimismus des Fortschrittsglaubens der Aufklärung richtet. Aller Fortschritt der Wissenschaft und Technik, der Kultur und Zivilisation kann nicht die wahren Werte des menschlichen Herzens ersetzen. Vielmehr bringt er sie in Gefahr, führt zu Spannungen und Gegensätzen in der menschlichen Gesellschaft, zum Unterschied zwischen Arm und Reich, zwischen Herr und Knecht, zum Kampf um die Macht, zur Willkürherrschaft des Staates. Demgegenüber betont Rousseau das Naturrecht, das alle Menschen verbindet. Er fordert die Rückkehr zur Natur und zur naturgemäßen Gleichheit aller Menschen.

Auf staatsphilosophischem Gebiet von großem Einfluß wurde sein Werk »Du contrat social« (1762), worin er den Ursprung des Staates im 147 Gesellschaftsvertrag begründet. Er nimmt damit Gedanken der Engländer Th. Hobbes und J. Locke auf, führt sie auf seine Weise weiter und bringt sie zu breiterer Geltung. Nicht minder bekannt wurde sein

Erziehungsroman »Emile« (1762), worin er seinen Glauben an die ursprüngliche Gutheit der menschlichen Natur darlegt und darauf eine der Natur entsprechende Erziehungstheorie aufbaut. Im vierten Teil des Buches steht das berühmte »Glaubensbekenntnis eines savoyischen Vikars«, das die metaphysischen und religiösen Überzeugungen Rousseaus enthält. Er übt darin scharfe Kritik am Materialismus und Atheismus seiner Zeit. Er ist überzeugt von der Geistigkeit der menschlichen Seele und ihrem Fortleben nach dem Tode, von der Freiheit des Menschen und der Existenz Gottes. Vor allem aber glaubt er an das Gute im menschlichen Herzen und an das Naturgesetz, das jedem angeboren ist. Der einzig wahre Gottesdienst, auf den allein es ankommt, ist der Kult des Herzens, sittliches Handeln, Erfüllung der Pflichten des Lebens. Alle Religionen mit ihren gegensätzlichen Dogmen sind dagegen belanglos, weil sie doch keine Bedeutung für die Moral haben. Der wahre Tempel Gottes ist das fromme Herz.

Damit steht Rousseau einerseits im Gegensatz zur materialistischen und atheistischen Radikalisierung der französischen Aufklärung, besonders durch die Enzyklopädisten, andererseits aber bleibt er auf dem Boden einer rein natürlichen, deistisch geprägten Religion, die sich allein im sittlichen Handeln zu erweisen hat. Damit treten auch bei Rousseau typische Züge der Aufklärung hervor.

3. Deutsche Aufklärung

148 Das Gedankengut der Aufklärung dringt in der ersten Hälfte des 18. Jahrhunderts, zunächst von außen her, in Deutschland ein: erst aus England, später auch aus Frankreich. Doch bleibt die Aufklärung hier zumeist gemäßigter als in ihren Ursprungsländern. Dies mag wohl darin einen Hauptgrund haben, daß die philosophisch und wissenschaftlich bedeutendste Gestalt des damaligen Deutschland *Leibniz* ist, der bei aller Genialität und Originalität der maßvollste Denker unter den Rationalisten verbleibt, das neue mechanistische Weltbild der Naturwissenschaft mit dem teleologischen Prinzip der klassischen Metaphysik in Einklang zu bringen sucht und am christlichen Glauben festhält, sogar sein gesamtes Denken als christliche Philosophie im Sinne einer »philosophia perennis« versteht. Leibniz ist nicht Deist, sondern bekennt sich zum Wirken Gottes in der Welt, auch zu Offenbarung, Erlösung und Heilsgeschehen. Dennoch liegt schon bei Leibniz, besonders in seiner Lehre von der prästabilierten Harmonie, ein gewisser Ansatz zum Deismus. Auch kommt die Entscheidung zwischen den Konfessionen allein der Vernunft zu, also natürlich-rationaler Gotteserkenntnis. Die Religion, die mit ihr übereinstimmt, ist wahr. Das Kriterium ist die natürliche

Vernunft. Weiter geht der Rationalismus von Leibniz im Sinne der Aufklärung nicht. Es liegt ihm ferne, christliche Glaubensgehalte aufzulösen wie in der englischen Religionskritik oder gar den Gottesglauben preiszugeben wie im französischen Materialismus.

Der eigentliche Philosoph der deutschen Aufklärung wird erst *Christian* 149 *Wolff* (1679–1754). Sein ganzes Denken ist vom praktischen Ziel bestimmt: Die Philosophie soll brauchbar und nützlich sein. Dazu muß sie aber eine klare und deutliche Erkenntnis vermitteln. Schon darin erkennt man das praktische Grundanliegen der Aufklärung. Zu diesem Zweck schreibt Wolff zahlreiche lateinische und deutsche Lehrbücher, worin er die gesamte Philosophie in lehrhafter Klarheit und Übersichtlichkeit darzustellen bemüht ist. Wolff ist Aufklärer, besonders insofern es ihm um die Forderung der »Vernunft« geht. Dieses Anliegen zeigt sich schon in den Titeln seiner Werke. Alle deutschen Lehrbücher Wolffs tragen Titel wie »Vernünftige Gedanken von den Kräften des menschlichen Verstandes« (1712), »Vernünftige Gedanken von Gott, der Welt und der Seele des Menschen« (1719) usw. – Vernünftige Gedanken zu verbreiten ist sein Anliegen, und zwar in der praktischen Absicht, daß sie nützlich, dem Gemeinwohl der Menschen und dem Fortschritt der Gesellschaft förderlich werden. Wolff ist aber nicht Aufklärer im Sinne der französischen Enzyklopädisten. Er ist weder ein Gegner des Christentums noch der Religion und Gotteserkenntnis überhaupt, wenn er auch die natürliche Religion und die natürliche Moral in den Vordergrund stellt. So trägt auch Wolff in seiner Weise dazu bei, daß die Aufklärung im deutschen Raum nicht die radikalsten Formen erreicht.

Ein nächster Schritt setzt gegen Mitte des 18. Jahrhunderts ein. Immer 150 stärker dringt das Gedankengut der Aufklärung in Deutschland ein: aus England nicht nur Empirismus, sondern auch Deismus, Liberalismus, Freidenkertum und Freimaurerei, aus Frankreich die materialistischen und atheistischen Auffassungen der Enzyklopädisten. Einer der ersten Vertreter eines ausgeprägten Deismus in Deutschland ist *Hermann Samuel Reimarus* in Hamburg (1694–1768), der unter starkem Einfluß der Aufklärung in England und Frankreich zum Vermittler dieses Gedankenguts im deutschen Raum wird.

Einen mächtigen Förderer findet die Aufklärung in König *Friedrich II.* 151 von Preußen, der 1740 zur Regierung kommt (bis 1786), sich selbst den »Philosophen von Sanssouci« nennt, und einen aufgeklärten Absolutismus vertritt. Er regiert als absolutistischer Herrscher, ist aber erfüllt von Reformideen und -intentionen aufgeklärten Denkens. Er steht in enger Verbindung mit der französischen Aufklärung, lädt Voltaire und Lamettrie als Gäste an seinen Hof, schreibt selbst philosophische Werke, in denen er den Deismus, verbunden mit stoischer Moral, vertritt, wirkt durch tatkräftige Förderung zur Verbreitung der Aufklärung und betreibt eine Reform des Staatswesens und der gesamten Staatsverwaltung im Geiste der Aufklärung.

152 Ähnliches geschieht zu derselben Zeit in Österreich, wenn auch im politischen und konfessionellen Gegensatz zu Preußen, durch den sogenannten Josefinismus, der schon unter der Kaiserin *Maria Theresia* (die 1740–1780 regiert) deutlich einsetzt und unter ihrem Sohn, Kaiser *Josef II.* (in dem kurzen Jahrzehnt seiner Regierung 1780–1790) noch schärfer fortgesetzt wird. Er lebt und wirkt aus den Gedanken der Aufklärung, betreibt eine Reform des Staatswesens und der Verwaltung, den Ausbau des Schul- und Bildungswesens, aber auch die Forderungen des Staatskirchentums: Religion und Kirche müssen dem Staat dienen. Aus dem Gedanken der natürlichen Vernunftreligion wird die Kirche dem Staat untergeordnet, die Religion muß praktisch nützlich sein zur sittlichen Erziehung der Staatsbürger. Soweit sie keinen praktischen Nutzen zu erbringen scheint, wird sie unterdrückt.

153 Auch von den Dichtern und Schriftstellern jener Zeit wird der Geist der Aufklärung vertreten und verbreitet. *Christoph Martin Wieland* (1773 bis 1813) ist zwar ohne philosophische Originalität, doch verbreitet er als Schriftsteller und Publizist in weiteren Kreisen die ästhetische Weltanschauung Shaftesburys, verbunden mit dem Freidenkertum der französichen Aufklärung. Viel bedeutender und einflußreicher wird *Gotthold Ephraim Lessing* (1729–1781). Bekannt ist seine Parabel von den drei Ringen im Drama »Nathan der Weise«, worin er jede positive Religion als relativ und ihre Wahrheit für unentscheidbar hält. Allein in der moralischen Wirkung erblickt er das Kriterium echter Religiosität. In seinem philosophisch bedeutendsten Werk »Die Erziehung des Menschengeschlechtes« (1780) unterscheidet er drei Stufen in der Entwicklungsgeschichte der Religion. Auf die Gesetzesreligion des Alten Testamentes folgt die Dogmenreligion inneren Glaubens an die im Neuen Testament geoffenbarten Wahrheiten; die Religion wird überwunden durch eine rein natürlich-moralische Vernunftreligion, die sich von jeder dogmatisch-konfessionellen Bindung befreit. In diesem Sinn betreibt schon Lessing rationalistische Bibelkritik und wird zum Wegbereiter der Religionskritik des 19. Jahrhunderts, die allein in der kritisch-rationalen Beweisbarkeit und Erklärbarkeit das Kriterium für die Wahrheit der Heiligen Schrift sieht. Schon Lessing deutet in diesem Sinn den Glaubensinhalt zu rational einsichtigen Vernunftwahrheiten um. Damit will er den vernunftgemäßen, bleibend gültigen Gehalt des Glaubens von seinem symbolischen Ausdruck abheben und weist damit in die Richtung der rationalistischen Theologie. Lessing war nicht Atheist, wie behauptet wurde, doch hat er sich auf keine religiöse Weltanschauung festgelegt. Anfangs war er Deist und neigte später einer pantheistischen, an Spinoza sich anlehnenden Weltdeutung zu, ohne

aber in allem das spinozistische Denken zu übernehmen. Durch seine zahlreichen, auch religionsphilosophischen Schriften und Werke, wird er in Deutschland zum eigentlichen »Dichter der Aufklärung«.

Ein weiterer Schritt, in der zweiten Hälfte des 18. Jahrhunderts, führt 154 zu einer inneren *Krise der Aufklärung*, einerseits im geistig-philosophischen, andererseits im politischen Bereich. Es kommt zu Auseinandersetzungen: Was heißt überhaupt Aufklärung? Was will sie, wie weit geht sie? Die Kontroverse entzündet sich zunächst am »Pantheismusstreit« um Spinoza, entfacht durch den offenen Briefwechsel zwischen Jacobi und Mendelssohn (1785). *Friedrich Heinrich Jacobi* (1743 in Düsseldorf geboren, 1819 als Präsident der Akademie der Wissenschaften in München gestorben) war ein einflußreicher Philosoph und Schriftsteller, der sich scharf mit dem Rationalismus, auch mit dem Kritizismus Kants auseinandersetzt und eine Philosophie des Gefühls und des Glaubens vertritt. Jacobi erklärt nicht nur, daß die Philosophie Spinozas Pantheismus, sogar Atheismus sei, sondern auch, daß Lessing ihm im persönlichen Gespräch (1780) seine Neigung zum Spinozismus mitgeteilt habe; auch Lessing, hoch angesehen, aber damals schon gestorben, sei Pantheist, im Grunde Atheist gewesen.

Moses Mendelssohn (geboren 1729, Chef eines großen Kaufhauses in 155 Berlin, dort 1786 gestorben) tritt, auch er ein Jude, entschieden für Spinoza ein; ein »geläuterter Pantheismus« sei mit Religion und Sittlichkeit durchaus vereinbar. In diesem Sinn nimmt er Lessing in Schutz gegen die Behauptung, er sei Pantheist und Atheist gewesen (Mendelssohn ist in Folge der Erregung in diesem Streit mit 57 Jahren gestorben).

Diese Diskussion hat nicht nur neues Interesse für Spinoza erweckt, sondern auch von neuem den *Judenstreit* entfacht. Spinoza war Jude, Mendelssohn war Jude, übrigens ein gemäßigter Aufklärer, der am jüdischen Glauben festhalten wollte. Aber von neuem stellt sich die Frage, wie weit religiöse Toleranz gehen könne, wie weit man das Vordringen des Judentums im deutschen Geistesleben dulden dürfe.

Das Toleranzproblem führt auch zum *Katholikenstreit*. Während das Gedankengut der Aufklärung auch in katholischen Ländern Fuß gefaßt und starke Förderung gefunden hatte, so besonders im josefinischen Österreich, warnen Vertreter der Aufklärung im protestantischen Deutschland davor, die Toleranz auch auf Katholiken auszudehnen und sie im geistigen Leben aufkommen zu lassen. Über diesen und anderen Diskussionen kommt es zu einer inneren Krise der Aufklärung.

Viel tiefer wird die Krise der Aufklärung durch politische Ereignisse, 156 vor allem durch die *französische Revolution*. Hauptträger und -förderer der Aufklärung war bis dahin der »aufgeklärte Absolutismus« wie in

Preußen und Österreich, aber auch in viel kleineren Fürstentümern Deutschlands – nicht aber in Frankreich unter Ludwig XVI. Immerhin bestand noch die absolutistische Regierungsform.

Jetzt explodiert die französische Revolution. Einerseits entspringt sie dem Geist der Aufklärung: Freiheit, Gleichheit, Brüderlichkeit; in Paris wird die Göttin Vernunft auf den Thron erhoben. Das absolutistische Herrschaftssystem, das gesamte feudale Sozialgefüge wird umgestürzt. Andererseits folgt die Schreckensherrschaft, der Terror, das grausame Blutvergießen, das den humanitären Ideen der Aufklärung widerspricht; und dann die militärische Machtpolitik Napoleons.

157 Und die Reaktion darauf? Sie war, auch und besonders in aufgeklärten Kreisen, sehr zwiespältig. Anfangs wurde die Revolution von jüngeren, aufgeklärten Menschen mit Begeisterung begrüßt, so von Schiller, auch von Fichte, Schelling und Hegel. Später wurde es anders. Immerhin hat Hegel nach der Schlacht von Jena (1806) Napoleon als welthistorisches Individuum, als »Weltgeist zu Pferde« bewundert, während Fichte in Berlin während der französischen Besatzung die »Reden an die deutsche Nation« hielt (1808) und Hegel später in Berlin (dort seit 1818) ganz zufrieden war mit dem neuen Staatswesen in Preußen, dem freiheitlichen Rechtsstaat einer konstitutionellen Monarchie.

158 In all den geistigen und philosophischen, auch politischen Ereignissen dieser Zeit ist die Aufklärung eigentlich untergegangen, sie hat sich fast selbst ad absurdum geführt. Schon zuvor, als aber die Aufklärung schon in die Krise geraten war und vielfach Kritik gefunden hat, schreibt *Kant* die Preisschrift: »Was ist Aufklärung« (1784). Sie beginnt mit den Worten: »Aufklärung ist der Ausgang des Menschen aus seiner selbstverschuldeten Unmündigkeit. Unmündigkeit ist das Unvermögen, sich seines Verstandes ohne Leitung eines anderen zu bedienen. Selbstverschuldet ist diese Unmündigkeit, wenn die Ursache derselben nicht am Mangel des Verstandes, sondern der Entschließung und des Mutes liegt, sich seiner ohne Leitung eines andern zu bedienen. Sapere aude! Habe Mut dich deines eigenen Verstandes zu bedienen! ist also der Wahlspruch der Aufklärung.« (VIII, 35). Was bleibt davon gültig? Wie wirkt es im philosophischen Denken fort?

Literatur:

Brockdorff 1924, 1926
Cassirer 1932
Gay 1967–69

Kondylis 1981
Krauss 1963
Wundt 1964

D. Immanuel Kant

Mit Kant beginnt eine neue Epoche philosophischen Denkens. Er bildet 159 die Mitte der neuzeitlichen Philosophie. Denn er will beide vorherrschenden Denkbewegungen des 17. und 18. Jahrhunderts, Rationalismus und Empirismus, kritisch überwinden und zur höheren Einheit bringen. Dadurch erreicht er eine neue Problemebene des Denkens, die »transzendentale« Reflexion auf die vorgängigen Bedingungen der Möglichkeit jeglicher Erkenntnis. Diese Wende bei Kant wird grundlegend und richtungweisend für die nachfolgende Philosophie, nicht nur für den deutschen Idealismus, der unmittelbar von Kant ausgeht, sondern fast für die gesamte nachkantische Philosophie des 19. und 20. Jahrhunderts. Kritisch-philosophisches Denken ist nach Kant nicht mehr ohne Kant möglich.

Leben und Werke

Immanuel Kant wurde am 22. April 1724 in Königsberg (Ostpreußen) 160 geboren. Als Sohn eines Sattlers wächst er unter einfachen Verhältnissen in einer kinderreichen Familie auf und wird streng religiös im Geiste des Pietismus erzogen, schon von der frommen Mutter, dann noch mehr im Gymnasium Fridericianum, das als »Pietistenschule« bekannt war. 1740–46 studiert er an der Universität Königsberg Philosophie, Mathematik und Physik, daneben auch Theologie. Philosophisch wird er durch den Schulrationalismus im Gefolge von Christian Wolff geprägt. Zugleich steht er unter starkem Eindruck der Physik Isaak Newtons. 1746–55 ist Kant an verschiedenen Orten Ostpreußens als Hauslehrer tätig. Seine erste Veröffentlichung »Gedanken von der wahren Schätzung der lebendigen Kräfte« (1747) ist deutlich von Leibniz abhängig. Im übrigen treten um diese Zeit philosophische Fragen gegenüber naturwissenschaftlichen Interessen zurück, wie mehrere Arbeiten zu physikalischen, geologischen, astronomischen und anderen Problemen zeigen. Philosophisch steht er noch auf dem Boden der rationalistischen Metaphysik, so auch in seiner Habilitationsarbeit »Principiorum primorum cognitionis metaphysicae nova dilucidatio« (1755). Damit nimmt er schon das Grundthema seines philosophischen Lebenswerkes auf; noch in der »Kritik der reinen Vernunft« wird es, wenn auch kritisch, um die ersten Prinzipien metaphysischer Erkenntnis gehen. 1755–70 liest Kant als Privatdozent in Königsberg neben philosophi- 161 schen Fächern auch Mathematik, Physik, Geologie, Mineralogie, Pädagogik u. a. Doch treten in dieser Zeit philosophische Interessen wieder mehr in den Vordergrund. Er untersucht die Möglichkeit natürlicher Theologie und Moral, auch befaßt er sich mit ästhetischen Fragen. In der Grundlegung der Ethik zeigt sich unter dem Einfluß von Rousseau und Shaftesbury die Neigung, rein spekulative Probleme zurückzustellen und praktische Lösungen zu suchen. Darin bereitet sich schon die Autonomie des Sittlichen gegenüber theoretischer Erkenntnis vor. Besonders wichtig und für diese Periode bezeichnend ist die Schrift »Der einzig mögliche Beweisgrund zu einer Demonstration des Daseins Gottes« (1763), worin Kant aus der Möglichkeit existierender Dinge überhaupt auf die Wirklichkeit Gottes als den Realgrund jeglicher Möglichkeit schließt; noch hierin ist die Abhängigkeit von Leibniz erkennbar.

162 Die Wende von der vorkritischen zur kritischen Periode im Denken Kants bereitet sich gegen das Jahr 1770 vor. Schon in der Schrift »Träume eines Geistersehers« (1766) ist die herkömmliche Metaphysik beinahe preisgegeben. Dennoch ist es nach seinem Geständnis die Metaphysik, »in welche ich das Schicksal habe verliebt zu sein, ob ich mich gleich von ihr nur selten einiger Gunstbezeugungen rühmen kann« (II 367). Sein zwiespältiges Verhältnis »unglücklicher Liebe« zur Metaphysik bleibt auch später bestehen. Kant will die Metaphysik nicht vernichten, sondern kritisch neu begründen. Wenn sie als Wissenschaft nicht möglich ist, so zeigt sich schon hier die Tendenz, über alles theoretische Wissen den »moralischen Glauben« zu setzen, »dessen Einfalt mancher Spitzfindigkeit des Vernünftelns überhoben sein kann« (II 373).

163 1770 wird Kant zum ordentlichen Professor für Logik und Metaphysik an der Universität Königsberg berufen. In der Antrittsvorlesung »De mundi sensibilis atque intelligibilis forma et principiis« (1770) nimmt er sein Zentralthema wieder auf. Bezüglich der Sinnenwelt vertritt er schon einen kritischen Idealismus, hinsichtlich der intelligiblen Welt ist er noch metaphysischer Realist, auch mit dieser Unterscheidung Leibniz folgend. Die Sinnenwelt bietet bloße Erscheinungen, doch erschließt sich der Vernunft die wahrhafte Wirklichkeit. In den folgenden Jahren dringt die kritische Reflexion auch in den Bereich der intellektuellen Erkenntnis vor und führt Kant zur Unmöglichkeit der Metaphysik als Wissenschaft. Viele Jahre arbeitet er intensiv an dem Hauptwerk »Kritik der reinen Vernunft« (1781), deren Grundgedanken er sodann in den »Prolegomena« (1783) kürzer und verständlicher darzulegen sucht. In rascher Folge kommt eine Reihe weiterer Werke heraus, darunter vor allem »Grundlegung zur Metaphysik der Sitten« (1785), »Kritik der praktischen Vernunft« (1788); »Kritik der Urteilskraft« (1790), »Die Religion innerhalb der Grenzen der bloßen Vernunft« (1793), »Metaphysik der Sitten« (1797).

Kant war schon zu Lebzeiten hochgeachtet, wenn auch umstritten. Er doziert noch bis 1796. Nachdem er sein Leben lang Ostpreußen nie verlassen hat, stirbt er mit 80 Jahren in Königsberg am 17. Februar 1804.

Literatur:

Fischer V 1869   Sandvoss 1983
Heidegger 1973, 1986 b   Vaihinger 1970
Kaulbach 1983   Vorländer 1977
Paulsen 1898   Wundt 1924

I. Kritik der reinen Vernunft

Der entscheidende Durchbruch zu kritisch transzendentalem Denken 164 geschieht im Hauptwerk »Kritik der reinen Vernunft« (KrV), das nach anfänglichem Unverständnis bald eine ungeheure Wirkung ausübt und zu den bedeutendsten Werken philosophischer Weltliteratur gehört.

1. Das Grundproblem

Die KrV steht unter der Grundfrage: »Wie ist Metaphysik als Wissen- 165 schaft möglich?« (B 22). Diese Frage zu stellen, ist allein Sache *reiner Vernunft*, d. h. der Vernunft, die allein bei sich, mit sich selbst beschäftigt ist. Das Wort »rein« bedeutet bei Kant: frei von empirischen Inhalten, also jeglicher Erfahrung vorausgehend. In demselben Sinn sagt Kant »a priori« im Gegensatz zu »a posteriori«. Der Unterschied liegt in der Erfahrung. Was aus der Erfahrung stammt, ist »a posteriori«, was ihr zugrunde liegt oder als Bedingung ihrer Möglichkeit vorausgeht, ist »a priori«. Hier geht es um das reine, also apriorische oder erfahrungsvorgängige Wesen und Vermögen der menschlichen Vernunft.

Reine Vernunft bedeutet hier *theoretische Vernunft*. In dem späteren 166 Werke »Kritik der praktischen Vernunft« geht es auch um reine, erfahrungsfreie Vernunft, aber nicht, insofern sie theoretisch oder, wie Kant gern sagt, spekulativ ist, d. h. Wissen zu gewinnen und zu sichern hat, sondern insofern sie praktisch ist, also sittliches Handeln zu bestimmen, ihm Normen zu geben hat. Es ist die eine und selbe Vernunft in theoretischer und praktischer Funktion. Unter beiden Aspekten soll ihr reines, aller Erfahrung vorausliegendes Vermögen aufgedeckt werden. Streng genommen müßte daher der Titel dieses Werkes heißen: »Kritik der reinen theoretischen (oder spekulativen) Vernunft« (vgl. B. Erdmann, in Kants WW, Akad.-Ausg. III 556).

Damit übernimmt Kant nicht nur die klassische, aus der griechischen Philosophie stammende Unterscheidung zwischen *theoria* und *praxis*, im lateinischen Mittelalter mit contemplatio (oder speculatio) und actio übersetzt, sondern auch, auf dieselbe Vernunft bezogen, die Zweiheit von intellectus theoreticus (oder speculativus) und intellectus practicus (von Aristoteles bis Thomas u. a.). Es geht um reine Vernunft, insofern sie theoretisch bleibt oder praktisch wird, auf bloßes Wissen oder auf Handeln, aber »vernünftiges«, d. h. sittliches Handeln, bezogen ist. Hier erforscht Kant die reine Vernunft in ihrer theoretischen Funktion.

167 Dies hat eine *Kritik* der reinen Vernunft zu leisten. Das Wort »Kritik« hat bei Kant noch nicht sosehr den negativen Sinn kritischer Widerlegung, als den neutralen Sinn des Unterscheidens und Beurteilens (von griech. krinein = scheiden). Das Reine soll vom Unreinen, dasjenige, was allein der Vernunft eigen ist und ihr entspringt, von allen empirischen Inhalten abgehoben werden. Dadurch will Kant Möglichkeit und Tragweite, aber auch die Grenzen der Vernunft ermitteln. So ist die KrV »nicht eine Kritik der Bücher und Systeme, sondern die des Vernunftvermögens überhaupt, in Ansehung aller Erkenntnisse, zu denen sie, unabhängig von aller Erfahrung, streben mag, mithin die Entscheidung der Möglichkeit oder Unmöglichkeit einer Metaphysik überhaupt« (A XII). Wenn Kant somit die Möglichkeit der Metaphysik als Wissenschaft in Frage stellt, muß zuvor gefragt werden, was er unter Metaphysik und unter Wissenschaft versteht.

a) Was ist Metaphysik?

168 In der Frage nach der Möglichkeit der Metaphysik geht Kant nicht von einer Definition aus. Was Metaphysik ist oder sein soll, setzt er im Verständnis seiner Zeit voraus. Doch ergeben wiederholte Hinweise eine Bestimmung der Metaphysik nach ihrer inhaltlichen Aufgabe und ihrer formalen Eigenart.

169 *Inhaltlich* erklärt Kant: Die »unvermeidlichen Aufgaben der reinen Vernunft selbst sind Gott, Freiheit und Unsterblichkeit. Die Wissenschaft aber, deren Endabsicht mit allen ihren Zurüstungen eigentlich nur auf die Auflösung derselben gerichtet ist, heißt Metaphysik« (B 7). Mit anderen Worten: »Metaphysik hat zum eigentlichen Zwecke ihrer Nachforschung nur drei Ideen: Gott, Freiheit und Unsterblichkeit« (B 395 Anm.). Es geht um den lebendigen Menschen, der eine letzte Orientierung und Sinngebung sucht, der daher »aus der Natur der allgemeinen Menschenvernunft« (B 22) Fragen stellt, »die durch keinen Erfahrungsgebrauch der Vernunft ... beantwortet werden können« (B 21), sondern jenseits aller Erfahrung nur im metaphysischen Glauben an Gott, Freiheit und Unsterblichkeit Antwort finden.

Wenn Kant zum Ergebnis kommen wird, daß Metaphysik als Wissenschaft nicht möglich ist, so bestreitet er niemals, daß »Metaphysik als Naturanlage« (B 22) nicht nur möglich, sondern wirklich, sogar notwendig ist. Die metaphysischen Fragen – und ein metaphysischer Glaube – entspringen der Natur menschlicher Vernunft. Diese Naturanlage wird von Kant sogar a priori fundiert in den Ideen der reinen Vernunft: Welt, Seele und Gott. Aus Wesensnotwendigkeit der Vernunft müssen wir diese Größen denken, wenn wir sie auch in streng theoretischem Wissen nicht als Wirklichkeiten erkennen können. Darum nimmt Kant dieselbe Dreiheit in den Postulaten der praktischen Vernunft wieder auf: Freiheit, Unsterblichkeit und Dasein Gottes. Wenn sich Metaphysik auf dem Boden theoretischen Wissens als unmöglich erweist, ist sie erst recht auf praktischen Glauben verwiesen: »Ich mußte also das Wissen aufheben, um zum Glauben Platz zu bekommen« (B XXX). Dies erscheint zwar als ein Verlust der spekulativen Vernunft, doch »der Verlust trifft nur das Monopol der Schulen, keineswegs aber das Interesse der Menschen« (B XXXII). Im Interesse der Menschen gibt Kant die Metaphysik – in diesem Sinn metaphysischen Glaubens – nie auf.

In *formaler* Hinsicht versteht Kant die Metaphysik als »reine Vernunft- 170 wissenschaft a priori«. Sie hat den Charakter »einer ganz isolierten spekulativen Vernunfterkenntnis, die sich gänzlich über Erfahrungsbelehrung erhebt, und zwar durch bloße Begriffe« (B XIV). Sie soll unabhängig von aller Erfahrung »reine Erkenntnis a priori ... in dieser systematischen Einheit darstellen« (B 873).

Diese Auffassung von Metaphysik als reiner Vernunftwissenschaft ist verwurzelt in der Tradition rationalistischen Denkens – vom Ansatz Descartes' im Ego cogitans mit seiner rein rationalen Einsicht über das analytische Urteil bei Leibniz bis zur Schulphilosophie von Chr. Wolff und A.G. Baumgarten, die den Hintergrund Kants bilden. Die Idee einer reinen Vernunftwissenschaft bestimmt nicht nur die Frage Kants nach der Möglichkeit der Metaphysik, sondern geht richtungweisend in den gesamten Idealismus von Fichte bis Hegel ein; sie wird erst durch den späten Schelling gesprengt.

Der Metaphysikbegriff, den Kant in seiner Kritik kritiklos voraussetzt, 171 hatte sich schon lange zuvor weit entfernt von der klassischen Tradition. Für *Aristoteles* war Metaphysik unter dem Titel der »ersten Philosophie« die Wissenschaft vom »Seienden als Seienden« (Met. IV, 1003 a 21 f.). Sie hat, von der Erfahrung ausgehend, das Seiende als solches zu ergründen und darum zum göttlichen Seinsgrund alles Seienden vorzudringen. Sie ist Seinslehre (Ontologie) und Gotteslehre (Theologie) in einem: »Onto-Theologie«. (Dazu kritisch M. Heidegger 1986 b, 2. Teil des Werks. Das Wort »Ontotheologie« stammt von Kant, aber allein auf den ontologischen Gottesbeweis bezogen: B 660). Dieses Verständnis der Metaphysik geht in die aristotelisch-scholastische Tradition ein, so bei *Thomas* von Aquin, der an der Einheit der Seinslehre mit der Gotteslehre festhält und, über Aristoteles hinausgehend, den inneren Zusammenhang reflektiert (In Met. Prooem. u. a.), so auch noch in der Spätscholastik bei Fr. *Suarez*, dessen »Disputationes metaphysicae« (1597) die systematische Einheit von (allgemeiner) Seinslehre und (natürlicher) Gotteslehre entfalten.

172 Erst im 17. Jahrhundert setzt eine Entwicklung ein, die zur Preisgabe der Einheit führt. Der philosophischen Ergründung realer Seinsbereiche wird eine formale Erkenntnis- und Methodenlehre vorgelagert und als »erste Philosophie« (Bacon), als »Ontosophie« (Clauberg) oder als »Ontologie« (Du Hamel) bezeichnet. Diese Entwicklung kommt bei *Chr. Wolff* zum systematischen Abschluß. Er unterscheidet zwischen »Metaphysica generalis« und »Metaphysica specialis«. Die erste, auch Ontologie genannt, ist als philosophische Grunddisziplin die Wissenschaft vom Seienden als solchen; insofern hält er am traditionellen Metaphysikbegriff fest. Diese Ontologie hat die Aufgabe, aus ersten Begriffen und Prinzipien die allgemeinsten Grundgesetze abzuleiten, die für alle denkbaren Gegenstände gelten.

Die besondere Metaphysik gliedert sich bei Wolff in drei Bereiche: Kosmologie, Psychologie und (natürliche) Theologie. Diese Dreiheit war vorbereitet sowohl durch Fr. Bacon, der die Philosophie in die Lehre von Gott, von der Natur und vom Menschen einteilt, als auch durch die Lehre Descartes' von den Substanzen, welche gegenüber der »ungeschaffenen Substanz« (Gott) unter geschaffenen Substanzen die »körperliche Substanz« (res extensa) und die »denkende Substanz« (res cogitans) umfaßt (Princ. I, 51 f.). Die schulmäßig klare, seither weithin üblich werdende Einteilung der Philosophie durch Wolff trennt (inhaltlich) die allgemeine von der besonderen Metaphysik, also auch die Seinslehre von der Gotteslehre, und setzt (formal-methodisch) die gesamte Metaphysik rationalistisch als reine Vernunftwissenschaft an.

173 Wenn *Kant* auf diesem Hintergrund nach der Möglichkeit der Metaphysik fragt, so meint er in deren »Endabsicht« eindeutig die Metaphysica specialis. Es geht ihm um die Möglichkeit metaphysischer Kosmologie, Psychologie und Theologie. Dies zeigen schon die inhaltlichen Grundfragen nach »Gott, Freiheit und Unsterblichkeit«, erst recht die drei Ideen der reinen Vernunft und nochmals die drei Postulate der praktischen Vernunft, alle sachlich in Entsprechung zu den drei Disziplinen der Schulphilosophie seit Chr. Wolff (vgl. B 873 f.).

Die kritische Auseinandersetzung Kants mit den Grundproblemen der Metaphysica specialis geschieht erst in der Behandlung der reinen Vernunftideen, d. h. in der transzendentalen (tr.) Dialektik. Alles, was in der KrV vorausgeht, die tr. Ästhetik und die tr. Analytik, steht an der Stelle dessen, was bei Wolff Metaphysica generalis hieß (vgl. B 873). Aber in dieser Metaphysik oder Ontologie geht es nur noch um den Verstand oder die Vernunft »in einem System aller Begriffe und Grundsätze, die sich auf Gegenstände überhaupt beziehen, ohne Objekte anzunehmen, die gegeben wären (Ontologia)« (B 873). »Ontologie ist Wissenschaft von den Dingen überhaupt, d.i. von der Möglichkeit unserer Erkenntnis der Dinge a priori, d.i. unabhängig von der Erfahrung« (XVIII N 5936). Sie ist reine Vernunftwissenschaft, welche die Möglichkeit der Erkenntnis von Gegenständen überhaupt aus reinen Begriffen und Grundsätzen des Denkens zu ermitteln hat.

Auch darin steht Kant im Gefolge des Rationalismus. *Chr. Wolff* be- 174 stimmt die Metaphysik noch im Sinne der aristotelischen Tradition als Wissenschaft vom Seienden als Seienden, versteht darunter aber nur noch eine Wissenschaft »aller möglichen Dinge, wie und warum sie möglich sind« (WW I, 1, 115). Sie handelt nicht primär von der Wirklichkeit, sondern von der Möglichkeit, nicht vom wirklichen Sein, sondern vom möglichen Wesen. Möglichkeit bedeutet aber für den Rationalismus nicht Seinsmöglichkeit, sondern Denkmöglichkeit, d.h. widerspruchsfreie Denkbarkeit. Die ersten Begriffe und Grundsätze widerspruchslosen Denkens aller nur möglichen Gegenstände zu erstellen, ist die Aufgabe der allgemeinen Metaphysik.

Aus dieser Auffassung kommt es bei Schülern Wolffs zu einer zwie- 175 spältigen Haltung. Die einen bestimmen den Gegenstand der Metaphysik noch der Tradition gemäß als das Seiende im allgemeinen (oder ähnlich). Andere dagegen, zumeist jüngere Wolffianer, sehen in der Metaphysik die Wissenschaft von den ersten Prinzipien, die allen Bereichen des Wissens und der Wissenschaften zugrundeliegen. Metaphysik ist vollends aus einer (inhaltlichen) Seinslehre zu einer (formalen) Prinzipienlehre, Ontologie zur Erkenntnistheorie geworden, welche die ersten Prinzipien aller Erkenntnis zu ergründen hat. Zu den Vertretern dieser Auffassung gehört sowohl Martin *Knutzen* (1713–51), Kants Lehrer der Philosophie in Königsberg, als auch Alexander G. *Baumgarten* (1714–62), nach dessen verbreitetem Lehrbuch (Metaphysica, Halle 1739) Kant jahrzehntelang, auch noch in seiner kritischen Zeit, Metaphysik vortrug (vgl. M. Wundt 1924).

Die Frage Kants nach der Möglichkeit der Metaphysik zielt in ihrer »Endabsicht« auf die Gegenstandsbereiche der Metaphysica specialis: Welt, Seele und Gott. Eine Metaphysica generalis hat dafür die Grundlagen zu erstellen, sie wird aber schon lange zuvor, im Schulrationalismus seit Wolff, so auch bei Kant nicht mehr als reale Seinslehre, sondern als formale Prinzipienlehre verstanden, die in reinem, erfahrungsfreiem Denken der Vernunft zu begründen ist. An diesen Prinzipien allgemeiner

Metaphysik hat sich zu entscheiden, ob besondere Metaphysik als philosophische Kosmologie, Psychologie und Theologie möglich ist.

b) Was ist Wissenschaft?

176 Die Metaphysik erhebt den Anspruch, Wissenschaft, sogar erste Wissenschaft oder Grundwissenschaft zu sein. Ist dieser Anspruch berechtigt? Ist Metaphysik als Wissenschaft möglich? Dies setzt die Frage voraus, was Wissenschaft ist – was Kant unter Wissenschaft versteht.

Seitdem zu Beginn der Neuzeit die *Naturwissenschaft* ihre sachgemäße Methode gefunden und dadurch einen bedeutenden Fortschritt der Erkenntnis gewonnen hat (von Kopernikus, Kepler, Galilei bis Newton), steht die Philosophie unter der Herausforderung der Naturwissenschaft und ist bestrebt, ebenso strenge Wissenschaftlichkeit zu erreichen. Dies ist dem Rationalismus (Descartes, Spinoza, Leibniz) mit dem Empirismus (von Hobbes zu Locke und Hume) gemeinsam. Sie unterscheiden sich darin, daß auf der einen Seite das rational-deduktive Methodenprinzip der Mathematik, auf der anderen Seite das empirisch-induktive Methodenelement der Naturwissenschaft in den Vordergrund tritt und absolutgesetzt wird. In beiden Fällen ist die moderne, heute sagen wir »exakte« Wissenschaft die Idealnorm der Wissenschaft überhaupt, auch der Philosophie – und der Metaphysik – als Wissenschaft.

177 Diese Norm wissenschaftlichen Erkennens bleibt längst nicht ohne Widerspruch. Ihr schärfster Gegner war *Pascal*, der dem »esprit de géométrie« den »esprit de finesse« entgegensetzt und sich auf eine höhere Wahrnehmung und Vernunfteinsicht des Herzens beruft. Was Pascal nur gefordert hat, sucht auf seine Weise *Leibniz* durchzuführen und die Reduktion auf naturwissenschaftliche Erkenntnis zu überwinden. Er tritt gegen ein rein quantitatives für ein qualitatives Denken ein, gegen ein rein mechanisches für ein teleologisches Denken, gegen die Rückführung alles Geschehens auf allgemeine und notwendige Naturgesetze für die irreduktible Individualität der Monade. Im religiösen und theologischen Bereich erweckt die weithin rationalistische Theologie der Zeit als Gegenbewegung einen irrationalen, die Erhebung des Herzens suchenden Pietismus, der zu breiter Wirkung kommt.

178 Kant aber, durch seine Herkunft vom Rationalismus der Schule Wolffs, unter dem Eindruck der universalen Mechanik Newtons und schließlich unter dem Einfluß des kritischen Empirismus Humes, bekennt sich durchaus zum modernen Wissenschaftsbegriff. Wissenschaft ist für ihn Mathematik (Arithmetik und Geometrie) und Naturwissenschaft (damals vor allem Physik im Sinne der klassischen Mechanik). Diese Wissenschaften bilden den Idealtyp der Wissenschaftlichkeit überhaupt.

Soll Metaphysik Wissenschaft sein, dann muß sie dieser Idealnorm strenger Wissenschaft entsprechen.

Daß es Wissenschaften anderer Art gibt, kommt noch nicht in den Blick. Zwar gab es seit altersher Rechtswissenschaft und Medizin, es gab besonders seit dem Humanismus auch Geschichtsforschung, Sprach- und Literaturwissenschaften usw. Aber es gab noch kaum eine wissenschaftstheoretische und methodologische Reflexion auf die Eigenart dieser Wissenschaften; sie setzt erst im 19. Jahrhundert ein (seit Schleiermacher über Droysen und Dilthey bis zur neueren Diskussion um Natur- und Geisteswissenschaften). Die analoge Spannweite – Einheit in Vielfalt – des Wissenschaftsbegriffs ist damals noch kaum bewußt. Daß erst recht Philosophie, im besonderen Metaphysik, eine Wissenschaft ganz anderer Art ist und sein muß, wird von Kant nicht bedacht. Er hat einen univoken, nicht analogen Wissenschaftsbegriff. Alle Wissenschaften werden auf einen normativen Typ der Wissenschaft zurückgeführt. Auch Metaphysik als Wissenschaft steht unter der Idealnorm der exakten Wissenschaften.

Wissenschaft in diesem Sinn ist für Kant wesentlich die Erkenntnis des *Allgemeinen* und *Notwendigen*. Die Wissenschaften stellen nicht nur einzelne und zufällige Tatsachen fest, sondern wollen allgemein und notwendig geltende Gesetze erkennen. Wissenschaft ist Gesetzeswissenschaft, d. h. gesichertes Wissen um allgemeine und notwendige Gesetze. Darin wirkt ein alter Gedanke der philosophischen Tradition nach, der auf griechisches Denken zurückgeht. Schon seit Platon und Aristoteles sind nicht die wandelbaren Einzeldinge und -ereignisse, sondern nur die allgemeinen und notwendigen, daher unveränderlichen Wesenheiten und Wesensgesetze Gegenstände sicheren Wissens und wahrhafter Wissenschaft. Daher gilt das Einzelne als solches, auch das einzelne und zufällige Geschehen in der Geschichte, nicht als wahrer und würdiger Gegenstand der Wissenschaft. Dieselbe Tendenz geht, wenn auch in völlig veränderter Gestalt, in das neuzeitliche Wissenschaftsverständnis ein. Zwar geht die Naturforschung von der Beobachtung und Feststellung einzelner Tatsachen aus. Diese werden jedoch induktiv auf die Allgemeinheit und Notwendigkeit von »Naturgesetzen« gebracht und daraus erklärt. Es geht wieder, der klassischen Tradition gemäß, um das Allgemeine und Notwendige, aber nach der Unterscheidung, die Leibniz treffend einführt, nicht um metaphysische, sondern um physische Allgemeinheit und Notwendigkeit.

Der Wissenschaftsbegriff Kants steht unter der Wesensbestimmung allgemeiner und notwendiger Erkenntnis. Soll Metaphysik Wissenschaft sein, so muß sie ein Wissen von allgemeiner und notwendiger Geltung vermitteln. Und dies noch mehr als andere Wissenschaften, weil sie unbegrenzt allgemeine und unbedingt notwendige Gesetze zu erstellen hat, die von jedem möglichen Gegenstand der Erkenntnis a priori gelten. Die Möglichkeit der Metaphysik als Wissenschaft hat sich daran zu entscheiden, wie eine derart allgemeine und notwendige Erkenntnis möglich ist.

c) Synthetische Urteile a priori

181 Metaphysik als Wissenschaft ist nur möglich, wenn Wissenschaft möglich ist. Wissenschaft als Gesetzeswissen ist nur möglich, wenn allgemein und notwendig gültige Erkenntnis möglich ist. Wie ist sie möglich? In dieser Frage setzte Kants Auseinandersetzung sowohl mit dem Rationalismus als auch mit dem Empirismus ein und kommt zur Lehre vom synthetischen Urteil a priori.

182 Schon in der Einleitung zur KrV unterscheidet Kant: »Entweder das Prädikat B gehört zum Subjekt A als etwas, was in diesem Begriffe A (versteckter Weise) enthalten ist; oder B liegt ganz außer dem Begriff A, ob es zwar mit demselben in Verknüpfung steht. Im ersten Fall nenne ich das Urteil *analytisch*, in dem andern *synthetisch* ... Die erstere könnte man auch *Erläuterungs-*, die andere *Erweiterungsurteile* heißen« (B 10 f.). Leibniz hatte als Kriterium der Wahrheit und Gewißheit das analytische Urteil angesetzt. Seither galt es als Erkenntnisprinzip des Rationalismus, jede Aussage müsse aus analytischen Sätzen abgeleitet oder auf solche zurückgeführt werden. Dies bestreitet der Empirismus. Er geht von der Erfahrung aus, die jeweils neue, im Subjekt des Satzes noch nicht enthaltene Inhalte liefert, daher synthetische Urteile ermöglicht und erfordert. Das synthetische Urteil wird zum Erkenntnisprinzip des Empirismus. Demnach wurden analytische Sätze als Urteile *a priori*, synthetische Sätze als Urteile *a posteriori* betrachtet. Analytische Sätze sind allgemeine und notwendige Urteile, deren Geltung nicht erst von der jeweiligen Erfahrung abhängig ist, sondern ihr vorausliegt (a priori). Synthetische Sätze sind Tatsachenaussagen, deren Geltung nicht analytisch einsichtig ist, sondern aus der Erfahrung stammt (a posteriori).

Kant durchbricht dieses Schema durch den Aufweis, daß wissenschaftliche Erkenntnis weder in analytischen noch in synthetischen Urteilen a posteriori begründet sein kann, sondern nur in synthetischen Urteilen a priori. Warum?

183 *Analytische* Urteile im Sinne des Rationalismus von Leibniz und Wolff sind Erläuterungs-, nicht Erweiterungsurteile. Sie entfalten nur ausdrücklich, was zuvor schon (implizit) gewußt war, bringen daher keinen Erkenntnisfortschritt. Jede Wissenschaft will aber die Erkenntnis erweitern, einen Fortschritt des Wissens bringen. Das analytische Urteil genügt also nicht als Erkenntnisprinzip der Wissenschaften, erst recht

nicht als Prinzip der Metaphysik als Wissenschaft, wenn sie unsere Erkenntnis über den Bereich der Erfahrung hinaus erweitern soll auf Gott, Freiheit und Unsterblichkeit. Damit fällt der Methodenansatz rationalistischen Denkens.

Auf der anderen Seite steht das *synthetische* Urteil, bisher im Empirismus 184 von Locke und Hume als bloßes Erfahrungsurteil oder, wie Kant sagt, als synthetisches Urteil a posteriori verstanden. Die Erfahrung bietet immer nur Einzelnes und Zufälliges (womit Kant das Nicht-Notwendige, also das Kontingente, bloß Faktische meint). Wissenschaft ist aber für Kant wesentlich Gesetzeswissenschaft. Sie stellt nicht nur einzelne und zufällige Tatsachen fest, sondern will allgemeine und notwendige Erkenntnisse gewinnen. Das gilt schon für Mathematik und Naturwissenschaft, es gilt erst recht für die Metaphysik. Soll sie als Wissenschaft möglich sein, so hat sie in gesicherter Erkenntnis unbegrenzt allgemeine und unbedingt notwendige Gesetze zu erstellen. Kant sieht in aller Klarheit ein, daß die Einzelheit und Zufälligkeit der Erfahrungsgehalte grundsätzlich niemals die Allgemeinheit und Notwendigkeit eines Gesetzes begründen kann. Das prinzipielle Problem der Induktion kommt hier in den Blick. Eine bloß empirisch-induktive Begründung der Wissenschaften (wie Mathematik und Physik) erweist sich als unmöglich. Erst recht wäre so etwas wie induktive Metaphysik (seit Fr. Bacon immer wieder, auch in neuerer Zeit, versucht oder gefordert) ein Widersinn. Das synthetische Urteil a posteriori als bloßes Erfahrungsurteil genügt nicht als Erkenntnisprinzip der Wissenschaften, erst recht nicht als solches der Metaphysik. Damit verfällt auch das empiristische Erkenntnisprinzip der Kritik Kants.

Dem setzt er die Lehre von Urteilen entgegen, die *synthetisch a priori* sind. 185 Ein solches Urteil ist einerseits nicht analytisch, sondern synthetisch, d. h. sein Prädikat sagt einen weiteren, über den Begriff des Subjekts hinausgehenden Inhalt aus. Es ist andererseits nicht a posteriori, sondern a priori, d. h. die synthetische Aussage ist nicht nur in der Einzelheit und Zufälligkeit der Erfahrung begründet, sondern in einer vorgängigen, erfahrungsunabhängigen Einsicht von allgemeiner und notwendiger Geltung. Kant ist davon überzeugt, a) daß wir allgemein und notwendig gültige Erkenntnisse haben, b) daß nur dadurch Wissenschaft überhaupt, auch Metaphysik, wenn sie Wissenschaft sein soll, möglich ist, und c) daß sich derart allgemeine und notwendige Einsichten nur in synthetischen Urteilen a priori logisch erfassen und aussprechen lassen.

Damit nimmt Kant ein uraltes Problem auf, das die gesamte Geschichte der Philosophie durchzieht. Die Tatsache, daß wir in unserer Erkenntniswelt Einsichten von allgemeiner und notwendiger Geltung vorfinden, die sich (mit Kant zu sprechen) aus der Einzelheit und Zufälligkeit der

Erfahrung nicht adäquat begründen lassen, wie logische, mathematische, metaphysische, ethische und andere Gesetze, wird schon bei *Platon* zu einem entscheidenden Ansatz seiner Ideenlehre. Sie wirkt weiter in den veritates aeternae bei *Augustinus*, andererseits in der Theorie vom intellectus agens bei *Aristoteles* und *Thomas von Aquin*. Sie führt bei *Descartes* zur Lehre von den ideae innatae, bei *Malebranche* zur Schau der ewigen Ideen im Geiste Gottes. Sie durchbricht sogar bei *Hume* das empiristisch-sensistische Prinzip in der Anerkennung intuitiver Gewißheit z.B. mathematischer (arithmetischer und geometrischer) Gesetze, die unabhängig von der faktischen Gegebenheit jeweiliger Erfahrung in sich selbst einsichtig sind.

186 Genau dieses Problem nimmt Kant wieder auf und sucht es durch synthetische Urteile a priori in den Griff zu bekommen. Daß derartige Urteile den Grundbestand der Wissenschaften ausmachen, belegt er durch eine Reihe von Beispielen. Schon eine so einfache Aussage der Arithmetik wie $5 + 7 = 12$ ist ein synthetischer, kein analytischer Satz, weil 12 weder in 5 noch in 7 enthalten, aber in seiner allgemeinen und notwendigen Geltung nicht a posteriori, sondern a priori einsichtig ist (B 15 f.). Dasselbe gilt von Grundsätzen der Geometrie. »Daß die gerade Linie zwischen zwei Punkten die kürzeste sei, ist ein synthetischer Satz« (B 16). Ebenso beruht die Naturwissenschaft (Physik) auf synthetischen Urteilen a priori, z.B. »daß in allen Veränderungen der körperlichen Welt die Quantität der Materie unverändert bleibe, oder daß in aller Mitteilung der Bewegung Wirkung und Gegenwirkung jederzeit einander gleich sein müssen. An beiden ist nicht allein die Notwendigkeit, mithin ihr Ursprung a priori, sondern auch, daß sie synthetische Sätze sind, klar«(B 17 f.). Wissenschaft ist nur möglich, wenn synthetische Urteile a priori möglich sind. Nach Kant ist aber Wissenschaft, nämlich Mathematik und Physik, nicht nur möglich, sondern wirklich; dies setzt er als gegeben voraus. Also gibt es synthetische Urteile a priori, welche diese Wissenschaften konstituieren.

187 Soll Metaphysik möglich sein, so muß sie in synthetischen Urteilen a priori begründet sein. Mehr als alle anderen Wissenschaften soll die Metaphysik unsere Erkenntnis über die gesamte Erfahrung hinaus erweitern; ihre Aussagen müssen daher synthetisch sein. Zugleich müssen sie unbedingte, alle nur möglichen und denkbaren Inhalte betreffende Allgemeinheit und Notwendigkeit erreichen; ihre Aussagen können nicht a posteriori, sie müssen a priori sein (vgl. B 18). Sosehr die Beispiele Kants aus Mathematik und Physik logisch oder wissenschaftstheoretisch diskutierbar sein mögen, sosehr wird man ihm darin zustimmen müssen, daß Metaphysik als Wissenschaft nur möglich ist, wenn es synthetische Urteile a priori solcher Art gibt, daß sie Aussagen von metaphysisch unbedingter Allgemeinheit und Notwendigkeit ermöglichen.

So stellt sich die Frage: Wie sind synthetische Urteile a priori möglich? Was heißt »a priori«? Wie ist ursprünglich, vor aller Erfahrung, ein Wissen von allgemeiner und notwendiger Geltung konstituiert?

d) Die transzendentale Frage

Die Frage nach dem Apriori stellt das transzendentale Problem in seiner 188 ganzen Tiefe und Breite. Was ist im synthetischen Urteil a priori, was ist überhaupt im Geschehen der Erkenntnis »a priori« vorausgesetzt? Die Frage danach heißt seit Kant die transzendentale Frage. Für den Begriff und die Sache der Transzendentalphilosophie ist die Aussage grundlegend: »Ich nenne alle Erkenntnis transzendental, die sich nicht sowohl mit Gegenständen, sondern mit unserer Erkenntnisart von Gegenständen, so fern diese a priori möglich sein soll, überhaupt beschäftigt. Ein System solcher Begriffe würde Transzendental-Philosophie heißen« (B 25; vgl. A 11 f.). Es geht nicht um die Erkenntnis von Gegenständen, sondern um die Erkenntnisart selbst, insofern sie a priori möglich oder ermöglicht ist, d. h. um die apriorischen (vorgängigen) Bedingungen der Möglichkeit gegenständlicher Erkenntnis.

Dennoch ist die Aussage Kants nicht ganz eindeutig. Soll nur diejenige Erkenntnis, welche – und insofern sie – a priori ermöglicht ist, oder die gesamte Erkenntnis von Gegenständen nach ihren apriorischen Bedingungen erforscht werden? Geht es nur um »apriorisches Erkennen der apriorischen Erkenntnis« (Fr. Kaulbach 1969, 117) oder um apriorisches Erkennen aller gegenständlichen Erkenntnis? Diese Frage ist nicht belanglos, weil sich genau in diesem Unterschied die Ausweitung der tr. Frage vollzieht. Anfangs war nur die Frage, wie (wissenschaftlich) allgemeine und notwendige Erkenntnis in synthetischen Urteilen a priori möglich ist. Dies führt zur weiteren, umfassenderen Frage, wie überhaupt eine Erkenntnis von Gegenständen a priori ermöglicht ist. Denn es zeigt sich, daß alle Erkenntnis, von der sinnlichen Anschauung bis zum Denken des Verstandes und der Vernunft, unter apriorischen Bedingungen ihrer Möglichkeit steht. Sie zu ergründen ist die Aufgabe. Transzendentalphilosophie ist in ihrem Wesen »Aprioriforschung« (M. Heidegger, Sein und Zeit, 50 Anm.).

Das Wort »transzendental« entnimmt Kant der Tradition. Die schola- 189 stische Metaphysik, bis in die Schule Wolffs nachwirkend, kannte als transzendentale Bestimmungen (proprietates transcendentales) des Seienden Einheit, Wahrheit, Gutheit, die mit dem Sein des Seienden gegeben sind, daher jedem Seienden als solchen notwendig zukommen, von jedem Seienden somit a priori (vor aller Einzelerfahrung) ausgesagt werden können und müssen. Kant übernimmt diesen Begriff, insofern er a priori notwendige Bedingungen und Bestimmungen jedes Gegenstandes der Erkenntnis meint. Er versteht aber die apriorische Notwendigkeit nicht als objektive oder ontologische (im Sein des Seienden begründete), sondern als subjektive oder logische (in der Erkenntnisart des Subjekts begründete) Notwendigkeit. Transzendental heißt für ihn die Erkenntnis apriorischer Bedingungen der Möglichkeit des Erkennens.

»Daher sind transzendental und transzendent nicht einerlei« (B 352). *Transzendent* nennt Kant Begriffe oder Aussagen, welche den Bereich möglicher Erfahrung übersteigen, somit über die Grenzen unserer Erkenntnis unkritisch hinausgehen; das geschieht nach Kant in jeder metaphysischen Verwendung der Begriffe. *Transzendental* heißt dagegen eine Erkenntnis, welche den Gegenstand insofern (nicht in objektiver, sondern in subjektiver Richtung) »übersteigt«, als sie auf die apriorischen Bedingungen der Erkenntnis eines Gegenstands überhaupt zurückgeht (Kant selbst hält in der KrV diese Unterscheidung terminologisch nicht streng ein; konsequenter ist der Wortgebrauch in den Prolegomena).

190 Kant geht demnach nicht etwa wie Descartes von einem reinen Ich oder Bewußtsein (Ego cogitans) aus, das sodann auch Gegenstände des Bewußtseins vorfände. Wir haben kein derart reines Bewußtsein, sondern ein immer schon gegenständliches Bewußtsein; seine erste Intention ist auf den *Gegenstand* gerichtet. Daher setzt Kant beim Gegenstand des Bewußtseins an. Gegenstand heißt aber bei Kant (zumeist) nicht das real vorausgesetzte »Ding an sich«, sondern der objektive Bewußtseinsinhalt, d. h. das Ding, insofern es in meinem Bewußtsein erscheint, als Gegenstand der Erkenntnis im Bewußtsein gesetzt ist. Tatsache ist, daß mir Gegenstände gegeben sind. Die Frage ist, wie sie a priori möglich sind. Welche Bedingungen ihrer Möglichkeit setzen sie im Subjekt der Erkenntnis voraus?

Um die Frage zu beantworten, unternimmt Kant eine *transzendentale Analyse* des Gegenstandes. Sie unterscheidet sich von der inhaltlichen Gegenstandsanalyse, wie sie zuvor im Rationalismus und im Empirismus geschehen war. Dort ging es darum, die ersten und unmittelbarsten Elemente der Erkenntnis aufzudecken, seien es eingeborene Ideen (Descartes) oder einfache Sinneseindrücke (Locke und Hume). Eine solche Analyse setzt den im Bewußtsein schon konstituierten Gegenstand voraus. Dagegen richtet sich die transzendentale Frage Kants auf die Konstitution des Gegenstandes im Bewußtsein: Unter welchen Bedingungen des Subjekts kann überhaupt ein Objekt der Erkenntnis zur Gegebenheit kommen?

Demnach richtet sich die transzendentale Frage auf das Subjekt. Sie ist von der Einsicht geleitet, daß jede Erkenntnis eines Objekts das Subjekt der Erkenntnis voraussetzt. Erkenntnis ist nicht nur passive

Hinnahme einer objektiven Gegebenheit, sondern aktive Leistung des Subjekts, das im eigenen Vollzug des Erkennens den Gegenstand im Bewußtsein konstituiert. Das Objekt, wie es gegeben ist, muß daher vom Subjekt her erklärt werden. Das heißt für Kant: Nicht das Objekt bestimmt das Subjekt, sondern das Subjekt bestimmt das Objekt.

e) Die Kopernikanische Wende

Damit unternimmt Kant eine Revolution des Denkens, die er selbst mit 191 der Kopernikanischen Wende vergleicht: »Bisher nahm man an, alle unsere Erkenntnis müsse sich nach den Gegenständen richten; aber alle Versuche, über sie a priori etwas durch Begriffe auszumachen, wodurch unsere Erkenntnis erweitert würde, gingen unter dieser Voraussetzung zu nichte. Man versuche es daher einmal, ob wir nicht in den Aufgaben der Metaphysik damit besser fortkommen, daß wir annehmen, die Gegenstände müssen sich nach unserem Erkenntnis richten, welches so schon besser mit der verlangten Möglichkeit einer Erkenntnis derselben a priori zusammenstimmt, die über Gegenstände, ehe sie uns gegeben werden, etwas festsetzen soll. Es ist hiemit eben so als mit den ersten Gedanken des Kopernikus bewandt, der, nachdem es mit der Erklärung der Himmelsbewegungen nicht gut fort wollte, wenn er annahm, das ganze Sternheer drehe sich um den Zuschauer, versuchte, ob es nicht besser gelingen möchte, wenn er den Zuschauer sich drehen, und dagegen die Sterne in Ruhe ließ« (B XVI).

Was folgt aus dieser Umkehr der Denkungsart? Bisher nahm man an, 192 das Objekt bestimme das Subjekt. Unter dieser Voraussetzung ist, wie Kant meint, das Apriori des Erkennens, worin allein die allgemeine und notwendige Geltung begründet sein kann, nicht zu fassen. Kant geht daher von der Annahme aus: Nicht das Objekt bestimmt das Subjekt, sondern das Subjekt bestimmt sein Objekt. Das Subjekt ist aber für Kant, daran wird er immer unerschütterlich festhalten, als menschliches ein endliches Subjekt, dem nicht produktive (schöpferische), sondern rezeptive (hinnehmende) Erkenntnis eigen ist. Wir erkennen das Ding, wie Heidegger formuliert hat, nicht »im Ent-stand«, sondern »als Gegenstand« (Heidegger 1973, 30). Darin unterscheidet sich Kant scharf vom nachfolgenden Idealismus, der das endliche Subjekt in ein absolutes Subjekt (Fichte), einen unendlichen Geist (Hegel) »aufhebt«. Kant hält an der Endlichkeit des Subjekts fest. Daraus scheint aber ein Widerspruch zu folgen: Das Subjekt bestimmt sein Objekt. Aber das Subjekt ist als endliches Subjekt angewiesen auf hinnehmende Erkenntnis des Objekts. Kant löst den Widerspruch dadurch, daß das Subjekt das Objekt nicht bestimmt, wie es an sich ist, sondern wie es ihm (dem Subjekt) erscheint. Als endliches Subjekt kann es niemals produktiv ein

Ding an sich entspringen lassen und es in ursprunghaft schöpferischer Schau – »im Ent-stand« – erkennen. Es kann das – »als Gegen-stand« – vorgegebene und hingenommene Objekt jedoch insofern bestimmen, als es ihm zur Erscheinung kommt, d. h. wie es aufgrund der apriorischen Verfassung menschlicher Erkenntnis erscheinen muß. Daraus folgt für Kant, daß wir den Gegenstand nicht erkennen, wie er an sich ist, sondern nur, wie er mir erscheint, d. h. nicht als *Ding an sich*, sondern als bloße *Erscheinung*.

193 Das Wesen menschlicher, daher endlicher und hinnehmender Erkenntnis verlangt, daß mir der Gegenstand »gegeben« ist; ich muß ihn vorfinden und hinnehmen können. Hinnehmende Erkenntnis ist für Kant wesentlich Anschauung; in ihr zeigt sich mir, was gegeben ist. Das Vermögen der Anschauung ist die Sinnlichkeit. Wir haben, auch daran hält Kant unbedingt fest, keine intellektuelle Anschauung im Sinne rein geistiger Wesensschau. Wir haben nur sinnliche Anschauung. Sie ist die dem endlichen Verstand wesenseigene, ihm zugeordnete Fähigkeit hinnehmender Erkenntnis. Sinnliche Anschauung ist die Rezeptivität, der Verstand die Spontaneität endlicher Erkenntnis: »Wollen wir die *Rezeptivität* unseres Gemüts, Vorstellungen zu empfangen, sofern es auf irgend eine Weise affiziert wird, *Sinnlichkeit* nennen: so ist dagegen das Vermögen, Vorstellungen selbst hervorzubringen, oder die *Spontaneität* des Erkenntnisses der *Verstand*. Unsre Natur bringt es so mit sich, daß die *Anschauung* niemals anders als *sinnlich* sein kann ... Dagegen ist das Vermögen, den Gegenstand sinnlicher Anschauung zu *denken*, der *Verstand* ... Ohne Sinnlichkeit würde uns kein Gegenstand gegeben und ohne Verstand keiner gedacht werden. Gedanken ohne Inhalt sind leer, Anschauungen ohne Begriffe sind blind. Daher ist es eben so notwendig, seine Begriffe sinnlich zu machen (d. i. ihnen den Gegenstand in der Anschauung beizufügen), als seine Anschauungen sich verständlich zu machen (d. i. sie unter Begriffe zu bringen)« (B 75. Hervorhebungen im Original).

Erst in der Verbindung von Anschauung und Denken, d. h. von Sinnlichkeit und Verstand, kommt Erkenntnis zustande. Für Kant folgt daraus, daß Begriffe des Verstandes nur auf Inhalte sinnlicher Anschauung angewendet werden können, d. h. daß sie nur dann einen Gegenstand der Erkenntnis zu konstituieren vermögen, wenn ihnen ein entsprechendes Material der Anschauung gegeben ist. Erkenntnis im Bereich der sinnlichen Anschauung heißt Erfahrung. Wenn nur in der Synthesis von Anschauung und Denken Erkenntnis zustandekommt, so folgt daraus weiter, daß die Erkenntnis grundsätzlich auf den Bereich möglicher Erfahrung beschränkt ist.

194 Dies zeigt – schon im Vorblick auf das Ergebnis der KrV – die zweifache Begrenzung der Erkenntnis nach Kant. Sie ist einerseits in ihrem Um-

fang begrenzt auf den Bereich möglicher *Erfahrung*, den sie nicht zu übersteigen vermag. Doch ist sie nochmals, auch innerhalb der Erfahrung, in ihrer Geltung begrenzt auf die bloße *Erscheinung* für mich, ohne den Gegenstand als Ding an sich erreichen zu können.

Die gesamte Problematik wird in der KrV in drei großen Schritten durchgeführt. Der Gegensatz von Anschauung und Denken – der »zwei Stämme der menschlichen Erkenntnis ... Sinnlichkeit und Verstand, durch deren ersteren uns Gegenstände gegeben, durch den zweiten aber gedacht werden« (B 29) – liegt der Gliederung des Werkes zugrunde: Die tr. Ästhetik handelt von der sinnlichen Anschauung unter den apriorischen Formen des Raumes und der Zeit. Die tr. Logik handelt vom Denken und gliedert sich weiter in zwei Teile, die tr. Analytik, die den Verstand (mit den Kategorien oder reinen Verstandesbegriffen), und die tr. Dialektik, welche die Vernunft (mit den Ideen der reinen Vernunft) untersucht.

2. Die sinnliche Anschauung

In der Erforschung der Erkenntniskräfte geht Kant tr. reduktiv voran. 195 Den Ausgangspunkt bildet der im Bewußtsein gegebene Gegenstand. Er wird in schrittweiser Rückführung danach befragt, welche Bedingungen seiner Möglichkeit ihm vom Subjekt her vorausliegen. Die Bewegung geht vom Posterius zum Prius, muß daher bei der Gegebenheit der sinnlichen Anschauung einsetzen, um sodann das Denken des Verstandes und der Vernunft zu ergründen.

Dieses Vorgehen ist vom Grundsatz geleitet, daß alle Erkenntnis 196 *Synthesis des Mannigfaltigen* ist (vgl. B 103). Das mannigfaltige, noch ungeordnete Material der Sinneseindrücke muß zur Einheit gebracht werden. Erst dadurch wird der Gegenstand konstituiert, in seiner Einheit als Gegenstand »erkannt«. Dabei setzt Kant voraus, daß Dinge an sich unsere Sinne affizieren und eine vielfältige Fülle von Sinneseindrücken hervorrufen. Deren Einigung oder ordnende Formung ist die Leistung des erkennenden Subjekts. Alle Synthesis des Mannigfaltigen setzt ein vorgängiges Prinzip der Einheit voraus, wodurch und woraufhin die Einigung geschieht. Der Vollzug der Erkenntnis muß daher bedingt und bestimmt sein durch apriorische Formen, denen wesentlich eine synthetische, einheit-stiftende Funktion zukommt. Das gilt schon von den Formen der sinnlichen Anschauung, sodann erst recht von den Kategorien als reinen Verstandesbegriffen, die eine Synthesis von Anschauung und Denken ermöglichen und dadurch erst eigentlich den Gegenstand der Erkenntnis konstituieren; synthetische Funktion haben schließlich auch die Ideen der reinen Vernunft, die, wenn auch nicht konstitutiv, nur regulativ, alle Inhalte der Erkenntnis auf höchste Einheiten – Welt, Seele und Gott – beziehen.

197 Den ersten Schritt in der Durchführung dieser Problematik unternimmt Kant in der tr. Ästhetik: der Lehre von der *sinnlichen Anschauung*. Menschliche Erkenntnis ist hinnehmend, daher angewiesen auf Anschauung, d.h. für Kant: auf Sinnlichkeit. Im Gegensatz etwa zur Unmittelbarkeit rationaler Erkenntnis bei Descartes und Leibniz, erst recht – später – zur intellektuellen Anschauung bei Fichte und Schelling läßt Kant keine Unmittelbarkeit der Vernunfterkenntnis gelten. Sie ist vermittelt durch sinnliche Anschauung. Sinnlichkeit ist das wesenseigene Hinnahmevermögen endlicher, daher hinnehmend erkennender Vernunft.

Was ist im Subjekt a priori vorausgesetzt, damit ihm ein Gegenstand sinnenhaft gegeben sein kann? Die Antwort darauf kann nur vom Gegenstand her gewonnen werden, indem er auf die Bedingungen seiner Möglichkeit zurückgeführt wird. Der Gegenstand wird unabhängig davon betrachtet, daß er schon einen empirisch bestimmten Einzelinhalt bietet, auch davon, daß er schon in Begriffen gedacht wird, dagegen allein im Hinblick darauf, daß er – überhaupt – Gegenstand sinnlicher Anschauung ist. Was setzt er als solcher voraus?

198 Die Inhalte der »äußeren Sinnlichkeit«, alle von außen her wahrgenommenen Gegenstände, stehen im *Raum*. Sie sind räumlich ausgedehnt, liegen räumlich nebeneinander und haben einen bestimmten Ort im gesamten Raum. Sie stehen daher immer und notwendig unter der Form des Raumes. Doch ist nach Kant der Raum nicht nachträgliches Ergebnis begrifflicher Abstraktion, sondern vorgängige Bedingung der empirischen Wahrnehmung eines ausgedehnten Dinges und seiner Einordnung in den gesamten, als Einheit vorgestellten Raum. Die reine, aller Erfahrung vorausgehende Raumvorstellung ist die apriorische Form der äußeren Sinnlichkeit.

199 Die Inhalte der »inneren Sinnlichkeit«, d.h. auch alle in mir selbst wahrgenommenen Inhalte oder Empfindungen, stehen nicht mehr im Raum, wohl aber, wie die Gegenstände äußerer Sinnlichkeit, in der *Zeit*. Sie erscheinen als zeitliches Geschehen, sie folgen nacheinander im Ablauf der Zeit und haben ein bestimmtes Jetzt in der gesamten Folge der Zeit. Auch davon gilt für Kant: Die Zeit ist nicht ein nachträgliches Ergebnis begrifflicher Abstraktion, sondern vorgängige Bedingung dafür, daß wir empirisch ein zeitliches Geschehen, das Früher und Später einer Veränderung wahrnehmen und das einzelne Geschehen in die einheitlich vorgestellte Zeit einordnen. Die reine, also nicht empirische, sondern erfahrungsvorgängige Zeitvorstellung ist die apriorische Form nicht nur der äußeren, sondern auch der inneren Sinnlichkeit, d.h. die reine Form sinnlicher Anschauung überhaupt.

Raum und Zeit sind bei Kant als rein a priori entworfene Vorstellungs- weisen Bedingungen der Möglichkeit sinnlicher Anschauung. Ihre Bedeutung reicht aber noch weiter. Kant hatte die Frage nach der Möglichkeit der Wissenschaft gestellt. Wissenschaft gibt es für ihn in der Gestalt der Mathematik und der Physik. Nun stellt er fest (in den Prolegomena deutlicher als in der KrV), daß *Mathematik* nur möglich ist durch die reinen Formen sinnlicher Anschauung. *Geometrie* setzt den reinen Raum voraus – nicht empirisch räumliche Anschauung, weil diese in ihrer Einzelheit und Zufälligkeit niemals die allgemeine und notwendige Geltung geometrischer Gesetze begründen könnte, sondern die rein apriorische Raumvorstellung, in welcher wir unabhängig von jeder Einzelwahrnehmung geometrische Figuren konstruieren und deren Gesetze (des Kreises, des Dreiecks usw.) in allgemeingültiger Notwendigkeit ableiten können. *Arithmetik* dagegen setzt nicht den Raum, wohl aber die Zeit voraus – wieder nicht empirische Inhalte zeitlicher Wahrnehmung, die keine Allgemeinheit und Notwendigkeit begründen könnte, sondern die rein apriorische Zeitvorstellung, in deren Abfolge die mindeste Bedingung der Möglichkeit von Vielheit oder Vervielfältigung, von Zahl und Zählbarkeit überhaupt liegt (Proleg. §6–13). Die reinen Formen des Raumes und der Zeit erweisen sich als Bedingungen der reinen Mathematik als Wissenschaft, während (wie sich zeigen wird) reine Naturwissenschaft schon das Denken in reinen Verstandesbegriffen voraussetzt.

Raum und Zeit sind aber, wie Kant ausdrücklich betont, bloß subjektive Formen der sinnlichen Anschauung, sie haben nur *subjektive*, nicht objektive Geltung. Räumlich und zeitlich bestimmt sind nur die Erscheinungen für uns, nicht die Dinge an sich – Kant setzt sie voraus; was aber und wie sie sind, bleibt unerkennbar und läßt keinerlei Aussage zu. Man könnte, über Kant hinausgehend, fragen, unter welcher Bedingung Raum und Zeit Formen der Anschauung sein können. Muß das erkennende Subjekt nicht selbst räumlich und zeitlich bestimmt sein, um räumlich und zeitlich affizierbar zu sein? Können Raum und Zeit überhaupt apriorische Formen der Anschauung sein, wenn sie *nur* formale Bestimmungen des sinnlich Anschaubaren, nicht aber reale Bestimmungen des Subjekts und des Objekts sinnlicher Anschauung wären?

3. Das Denken des Verstandes

Erst in der Synthesis von Anschauung und Denken kommt Erkenntnis zustande. »Gedanken ohne Inhalt sind leer, Anschauungen ohne Begriffe sind blind« (B 75). Der sinnlich angeschaute, schon räumlich und zeitlich bestimmte Inhalt muß »gedacht« werden, um eigentlich »erkannt« zu werden. Vom Denken handelt Kant in der tr. Logik, in deren erstem Abschnitt, der tr. Analytik, von den Begriffen und Grundsätzen des Verstandes.

a) Die Kategorien des Verstandes

203 Alle Erkenntnis ist Synthesis des Mannigfaltigen. Schon die sinnliche Anschauung war Synthesis des mannigfaltigen Empfindungsmaterials unter den Einheitsformen des Raumes und der Zeit. Denken ist erst recht Synthesis, jetzt des mannigfaltigen, schon räumlich und zeitlich geordneten Inhalts der Anschauung, der auf die Einheit eines Begriffes gebracht werden soll. Synthesis als faktische Einigung setzt ein vorgängiges Prinzip der Einheit voraus. Im Denken des Verstandes sind diese Prinzipien der Einheit die »reinen Verstandesbegriffe«, von Kant im Anschluß an Aristoteles, aber in abgewandeltem Sinn, auch Kategorien genannt. Hier ist wieder vorausgesetzt, daß keinerlei Einheit oder Gemeinsamkeit im Erfahrungsinhalt als solchem gegeben ist und a posteriori vorgefunden wird. Die Einheit muß rein a priori gestiftet werden. Dies haben die Kategorien zu leisten.

204 Weil die Synthesis des Denkens, die Einordnung des Anschauungsinhalts unter einen Begriff, im Urteil geschieht, leitet Kant aus den verschiedenen Urteilsformen die Kategorien ab. Unter *Urteilen* unterscheidet er 1. nach der Quantität: allgemeine, besondere und einzelne; 2. nach der Qualität: bejahende, verneinende und unendliche; 3. nach der Relation: kategorische, hypothetische und disjunktive; 4. nach der Modalität: problematische (möglich), assertorische (wirklich) und apodiktische (notwendig).

Ohne der Begründung dieser Unterscheidungen nachzugehen, auch ohne die Ableitung der Kategorientafel aus der Urteilslehre zu verfolgen, geben wir die *Kategorien* Kants nur kurz an. Es ergeben sich vier Gruppen mit je drei Gliedern, nämlich die Kategorien 1. der Quantität: Einheit, Vielheit, Allheit; 2. der Qualität: Realität, Negation, Limitation; 3. der Relation: Inhärenz und Subsistenz (substantia et accidens), Kausalität und Dependenz (Ursache und Wirkung), Gemeinschaft (Wechselwirkung zwischen dem Handelnden und dem Leidenden); 4. der Modalität: Möglichkeit-Unmöglichkeit, Dasein-Nichtsein, Notwendigkeit-Zufälligkeit (vgl. B 106).

205 Kant erhebt zwar den Anspruch, mit seinen Kategorien die Funktion des Verstandes »völlig erschöpft und sein Vermögen dadurch gänzlich ausgemessen« zu haben (B 105). Doch wurde seine Kategorientafel schon bald kritisiert, abgelehnt oder fortgebildet (z. B. von Fichte, Hegel u. a.). Heute gilt sie weithin als überholt, schon in ihrer logischen Grundlage, der Urteilslehre. Ihr Hauptmangel liegt darin, daß sie fast völlig

im Formalen verbleibt und keine Inhalte erfaßt, es sei denn in den Kategorien der Relation, die sachlich aber nur Substanz und Kausalität (die Probleme Humes) betreffen, andere Relationen dagegen außer acht lassen. Es sind Kategorien des naturwissenschaftlichen Denkens jener Zeit. Wie Mathematik als Bedingung ihrer Möglichkeit die reinen Anschauungen von Raum und Zeit voraussetzt, so ist nach Kant *Naturwissenschaft* (Physik) als Wissenschaft nur möglich unter der Bedingung der reinen Verstandesbegriffe. Ihr System ist daher völlig auf die Möglichkeit der Physik hin entworfen. Andere Inhalte der Erfahrung, etwa des lebendigen, erst recht des personalen Seins und interpersonalen Geschehens kommen nicht in den Blick.

Noch wichtiger ist eine grundsätzliche Frage: Kehren in Kants reinen 206 Verstandesbegriffen die »eingeborenen Ideen« wieder, nur mit dem Unterschied zu Descartes, daß sie bei Kant rein formale Größen sind, die zur inhaltlichen Erfüllung auf sinnliche Anschauung angewiesen sind? Kant würde die Frage verneinen. Die Kategorien sind nicht eingeborene, fertig vorgegebene Denkformen; sie werden vielmehr vom Verstand spontan hervorgebracht, wenn er den Inhalt der Anschauung denkend auf Begriffe zu bringen hat. »Die Synthesis eines Mannigfaltigen ... bringt zuerst eine Erkenntnis hervor« (B 103). »Allein, diese Synthesis auf Begriffe zu bringen, das ist eine Funktion, die dem Verstande zukommt und wodurch er uns allererst die Erkenntnis in eigentlicher Bedeutung verschafft« (B 103). »Die reine Synthesis, allgemein vorgestellt, gibt nun den reinen Verstandesbegriff. Ich verstehe aber unter dieser Synthesis diejenige, welche auf einem Grunde der synthetischen Einheit ... beruht ... eine Synthesis nach Begriffen« (B 104). Nicht *der* Begriff bringt die Synthesis, sondern die Synthesis bringt *den* Begriff hervor, d.h. die Spontaneität des Denkens, welche das mannigfaltige Material der Anschauung zur Einheit zu bringen hat, schafft sich – im Vollzug des Urteilens – selbst die Begriffe.

Dennoch entspringen die Kategorien rein apriorischen, im mannigfaltigen Inhalt der Anschauung Einheit stiftenden Funktionen des Verstandes, »weswegen sie reine Verstandesbegriffe heißen, die a priori auf Objekte gehen« (B 105). Wenigstens funktionale Denkstrukturen sind nach Kant rein a priori vorgegeben, denen im Vollzug urteilenden Denkens die reinen Verstandesbegriffe als Prinzipien der Synthesis des Mannigfaltigen entspringen.

b) Die transzendentale Deduktion

Die reinen Verstandesbegriffe stammen nicht aus der Erfahrung, sollen 207 aber von Inhalten der Erfahrung gelten. Wie und mit welchem Recht ist das möglich? Diese Frage stellt Kant in der »Deduktion der reinen

Verstandesbegriffe«. Sie ist ein Zentralstück der KrV, in der 2. Auflage nochmals völlig umgearbeitet und sehr erweitert; Kant hat sich damit besondere Mühe gemacht.

Das Wort *Deduktion* entnimmt Kant dem juristischen Sprachgebrauch seiner Zeit. Der Beweis nicht einer Tatsache (quid facti), sondern eines Rechtes (quid iuris) hieß Deduktion. Hier geht es um die quaestio iuris, die Befugnis oder den Rechtsanspruch (vgl. B 116) der reinen Verstandesbegriffe: »Ich nenne daher die Erklärung der Art, wie sich Begriffe a priori auf Gegenstände beziehen können, die transzendentale Deduktion derselben und unterscheide sie von der empirischen Deduktion, welche die Art anzeigt, wie ein Begriff durch Erfahrung und Reflexion über dieselbe erworben worden, und daher nicht die Rechtmäßigkeit, sondern das Faktum betrifft, wodurch der Besitz entsprungen« (A 85, B 117).

208 Es gibt empirische, aus der Erfahrung stammende Begriffe. Sie setzen aber *reine Begriffe* voraus, die nicht aus der Erfahrung stammen. Denn die Erfahrung selbst, als Synthesis von Denken und Anschauung, ist nur möglich auf Grund reiner Verstandesbegriffe. Die tr. Deduktion ist also die Darstellung der reinen Verstandesbegriffe als »Prinzipien der Möglichkeit der Erfahrung« (B 168). Nur unter der Bedingung reiner Verstandesbegriffe ist Erfahrung überhaupt möglich. »Wir können uns keinen Gegenstand denken, ohne durch Kategorien; wir können keinen gedachten Gegenstand erkennen, ohne durch Anschauungen, die jenen Begriffen entsprechen. Nun sind alle unsere Anschauungen sinnlich, und diese Erkenntnis, so fern der Gegenstand derselben gegeben ist, ist empirisch. Empirische Erkenntnis aber ist Erfahrung. Folglich ist uns keine Erkenntnis a priori möglich, als lediglich von Gegenständen möglicher Erfahrung« (B 165f.).

209 Kant unterscheidet zwischen *Denken* und *Erkennen*. Bloßes Denken entwirft die Möglichkeit, Erkennen erfaßt die Wirklichkeit des Gegenstandes. Das Denken des möglichen Gegenstandes geschieht in reinen Verstandesbegriffen. Doch ist es noch leer, es hat noch keinen wirklichen Gegenstand. Das Denken wird erst zum Erkennen, wenn ihm ein Gegenstand »gegeben« ist. Gegeben ist er nur durch sinnliche Anschauung. Also ist Erkenntnis als Synthesis von Denken und Anschauung nur möglich von Gegenständen der Erfahrung, d. h. von Inhalten, die anschaulich gegeben sind und begrifflich gedacht werden. Damit ist, wie Kant meint, nicht nur erwiesen, daß der reine Begriff Bedingung der Möglichkeit aller Erfahrung ist, sondern auch und ineins damit, daß der reine Verstandesbegriff sich *nur* auf Inhalte sinnlicher Anschauung bezieht, daß also Erkenntnis grundsätzlich nur im Bereich möglicher Erfahrung zustandekommt. Ist das wirklich bewiesen? Oder setzt Kant nicht – hier und längst zuvor – genau dasjenige voraus, was zu beweisen

wäre? Die kritische Frage ist von zentraler Bedeutung, weil sie das Gesamtergebnis der KrV betrifft.

c) Der transzendentale Schematismus

Für Kant stellt sich hier eine weitere schwerwiegende Frage: Wie kann 210 sich der reine Verstandesbegriff, obwohl er nicht aus der Erfahrung stammt, dennoch auf Inhalte der Erfahrung beziehen? Soll das möglich sein, so muß der Begriff schon ursprünglich auf sinnliche Anschauung bezogen sein. Erfahrung ist Synthesis von Denken und Anschauung. Empirische Synthesis als faktische Übereinkunft des Denkens mit Inhalten sinnlicher Anschauung ist nur möglich durch *reine Synthesis*, d. h. rein apriorische, aller Erfahrung vorgängige Synthesis der reinen Elemente des Denkens und der Anschauung. Hier weitet sich das Problem der Synthesis a priori auf die gesamte Erkenntnis aus: Es handelt sich nicht mehr wie zu Beginn allein um synthetische Urteile a priori, sondern um jene Synthesis a priori, die aller Erkenntnis als Bedingung zugrundeliegt, nämlich die reine Synthesis des reinen Denkens und des reinen Anschauens. Reines, erfahrungsfreies Denken geschieht in reinen Begriffen. Reine (sinnliche) Anschauung steht unter der reinen Form der Zeit. Daher ist reine Synthesis des reinen Begriffes und der reinen Zeit verlangt.

Soll es zwischen beiden zur Einheit kommen, so müssen sie schon 211 ursprünglich vereinigt sein. Zur Vermittlung ist ein Drittes erforderlich, das die Bestimmung des einen wie des anderen enthält: ein in reine Sinnlichkeit übersetzter, also versinnlichter Begriff. Reine Sinnlichkeit bedeutet Zeit. Versinnlichung des Begriffes ist daher Verzeitlichung, d. h. Übersetzung des Begriffes in die reine Dimension der Zeit, Entwurf des Begriffes in den reinen Horizont der Zeit. Den versinnlichten, daher verzeitlichten Begriff nennt Kant tr. *Schema* oder auch tr. Zeitbestimmung (B 177 ff.). Sie hat eine vermittelnde Stellung zwischen dem reinen Begriff und der reinen Anschauung, entspringt daher einem Vermögen, das zwischen Verstand und Sinnlichkeit steht und tr. Einbildungskraft heißt.

Der Kategorientafel folgend entwickelt Kant die Schemata oder Zeitbestimmungen, die den einzelnen Verstandesbegriffen entsprechen. Wir heben einige der wichtigsten heraus: »Das reine Schema der Größe« (Quantität) »ist die Zahl« (B 182). »Das Schema der Substanz ist die Beharrlichkeit des Realen in der Zeit« (B 183). »Das Schema der Ursache ... ist das Reale, worauf, wenn es nach Belieben gesetzt wird, jederzeit etwas anderes folgt« (ebd.). »Das Schema der Gemeinschaft (Wechselwirkung) ... ist das Zugleichsein der Bestimmungen der Einen mit denen der Anderen, nach einer allgemeinen Regel« (B 183 f.). »Das Schema der

Möglichkeit ist die Zusammenstimmung der Synthesis verschiedener Vorstellungen mit den Bedingungen der Zeit überhaupt ... Das Schema der Wirklichkeit ist das Dasein in einer bestimmten Zeit. Das Schema der Notwendigkeit ist das Dasein eines Gegenstandes zu aller Zeit« (B 184).

212 Diese Beispiele zeigen: Das tr. Schema gibt a priori eine Regel vor, *wie* etwas in der sinnlichen Anschauung zur Gegebenheit kommen muß, damit ein bestimmter Verstandesbegriff darauf angewendet werden kann. Weil die Form sinnlicher Anschauung die Zeit ist, heißt das: Der reine Begriff wird »übersetzt« in eine Zeitbestimmung. Diese gibt ein schematisches Bild als voraus-entworfene Norm dafür an, *wie* etwas in der Zeit erscheinen muß, damit es unter einer bestimmten Kategorie gedacht werden kann.

Das Problem des Schematismus wird von Kant konsequent und scharfsinnig durchgeführt. Doch stellt sich dieses Problem nur dadurch, daß Kant reine Verstandesbegriffe voraussetzt, die nicht aus der Erfahrung stammen und trotzdem auf die Erfahrung angewendet werden.

Als Endergebnis der Deduktion können wir festhalten:

1) Alle Erkenntnis ist konstituiert durch die *Synthesis* von Denken und Anschauung. Wir denken in reinen Verstandesbegriffen; unsere Anschauung ist Sinnlichkeit unter der Form der Zeit.

2) Die reinen Verstandesbegriffe sind nur auf Inhalte der sinnlichen Anschauung beziehbar. Jede andere, d. h. transzendente Verwendung der Begriffe ist unzulässig. Die Erkenntnis ist grundsätzlich auf den Bereich möglicher *Erfahrung* beschränkt.

3) Das Problem der Synthesis a priori hat sich ausgeweitet. Aus der Anfangsfrage nach der Möglichkeit synthetischer Urteile a priori wurde die Frage nach der Grundkonstitution der gesamten Erkenntnis. Sie ist a priori ermöglicht durch die *reine Synthesis* der reinen Elemente des Denkens und der Anschauung. Synthesis als Einigung setzt ein Prinzip der Einheit voraus. Daher stellt sich die Frage nach der letzten und höchsten Einheit, die das synthetische Geschehen der gesamten Erkenntnis leitend ermöglicht.

d) Die transzendentale Apperzeption

213 Die Einheit, die aller Synthesis zugrundeliegt, ist das reine *»Ich denke«*, von Kant tr. Apperzeption genannt. Gemeint ist die Identität des Ich-Bewußtseins, die sich in allem Wandel mannigfaltiger Erfahrung durchhält. Damit nimmt Kant den Ansatz *Descartes'* im »Ego cogito« wieder auf, jedoch mit dem Unterschied, daß er das Ich nicht als reines, noch gegenstandsloses Bewußtsein zum Ausgangspunkt macht, sondern es erst reduktiv als tr. Bedingung gegenständlichen Bewußtseins erreicht.

Das Wort Apperzeption übernimmt Kant von *Leibniz*, der von der Perzeption als Wahrnehmung (Gegenstandsbewußtsein) die Apperzeption als Selbstwahrnehmung (Selbstbewußtsein) unterscheidet. Dieser Terminologie, im Rationalismus üblich geworden, gibt Kant eine streng transzendentale Bedeutung.

Er unterscheidet einen dreifachen Begriff des Ich, wir können vereinfachend sagen: das empirische, das transzendentale und das metaphysische Ich. Das *empirische Ich*, auch »empirische Apperzeption« genannt (vgl. B 132), entstammt der Selbsterfahrung des Subjekts. Es beruht auf empirischer, daher sinnlicher Wahrnehmung, begleitet alle äußeren Erscheinungen, die »ich« wahrnehme und verbleibt selbst im Bereich bloßer Erscheinung. Selbstwahrnehmung als innere Sinnlichkeit steht unter der Form der Zeit. Daher ist das empirische Ich in der zeitlichen Abfolge der Erfahrungen veränderlich, kann darum nicht den letzten Grund der Identität des Selbstbewußtseins bilden. 214

Das *transzendentale Ich* ist das reine »Ich denke«, das aller Erfahrung als »transzendentale Einheit des Selbstbewußtseins« (ebd.) vorausliegt. Nur unter deren Bedingung kann ich (und muß) ich alle Inhalte der Erkenntnis auf die Einheit des Ich beziehen und sie als *»meine* Vorstellungen« (B 135) erfahren, also »das Mannigfaltige der Vorstellungen *in einem Bewußtsein* verbinden« (B 133). So ist die ursprüngliche Identität des Ich zugleich die letzte Bedingung der Möglichkeit aller Erkenntnis. Wenn Erkenntnis – allgemein – Synthesis des Mannigfaltigen ist, setzt sie als Bedingung der Einigung vorgängige Einheit voraus. Die Prinzipien der Einheit – in der sinnlichen Anschauung Raum und Zeit, im Denken des Verstandes die Kategorien – bilden immer noch eine Vielheit, setzen daher eine letzte Einheit voraus, die erst in der tr. Apperzeption erreicht wird; daraus entspringen die synthetischen Funktionen der Anschauung und des Denkens, und darauf bleiben sie zurückbezogen, in der Vielfalt der Erfahrung die Einheit des Bewußtseins bildend und bedingend. 215

Dieser letzte Einheitspunkt wird bei Kant rein transzendental vorausgesetzt. Er ist nicht (wie bei Descartes) unmittelbar gegeben, auch nicht (wie später bei Fichte und Schelling) durch intellektuelle Anschauung einsichtig. Er ist überhaupt nicht in sich selbst, seinem realen und aktuellen Sein, erkennbar oder bestimmbar. Obwohl sich Ansätze dafür zeigen, die Kant jedoch gleich wieder abweist, bleibt das tr. Ich rein formale Bedingung der Erkenntnis: letzte Möglichkeitsbedingung der Einheit des Bewußtseins in der Vielfalt der Erfahrungen.

Damit hebt sich das tr. Ich von dem ab, was wir das *metaphysische Ich* nennen können, und was in der metaphysischen (auch theologischen) Tradition »Seele« heißt und als geistige Substanz verstanden wird. Die Seele in diesem Sinn wird für Kant eine Idee der reinen Vernunft; wir 216 müssen sie denken, können sie aber nicht erkennen – dies führt zum nächsten Schritt der KrV.

4. Die reine Vernunft

217 Auf die tr. Analytik, die vom Denken des Verstandes handelt, folgt die tr. Dialektik, die sich mit dem höchsten Vermögen, der reinen Vernunft, beschäftigt. In diesem größten Teil der KrV (nahezu 400 Seiten) wendet sich Kant seinem eigentlichen Problem der Möglichkeit einer Metaphysica specialis zu. Im Sinne der Grundfrage, wie Metaphysik als Wissenschaft möglich sei, hat Kant zuvor dasjenige entwickelt, was einer Metaphysica generalis entsprach, nicht als Seinslehre, sondern als Prinzipienlehre der Erkenntnis. Sie stand im Dienst – der »Endabsicht« – des Problems einer Metaphysica specialis, als deren Hauptthemen »Gott, Freiheit und Unsterblichkeit« vorgegeben waren.

218 Die Unterscheidung zwischen *Verstand* und *Vernunft* nimmt alte Traditionen auf. Schon bei Platon und Aristoteles wird von der Erkenntnis des Verstandes (diánoia) die Einsicht der Vernunft (noũs) abgehoben, in der lateinischen Scholastik mit ratio (Verstand) und intellectus (Vernunft) wiedergegeben, deren Unterschied bei Thomas von Aquin, aber auch bei Nikolaus von Kues u. a. bedeutsam ist. So verschieden die Zweiheit ausgelegt wird, immer ist der Verstand (ratio) das niedrigere Vermögen, dem Einzelnen und Endlichen, gegenständlich Gegebenen zugeordnet, die Vernunft (intellectus) dagegen das höhere, umfassende Vermögen, dessen Einsicht die Verstandeserkenntnis zugleich begründet und übersteigt, erst eigentlich metaphysische Wahrheit zu erreichen imstande. Nachdem rationalistisches Denken die Vernunft auf den Verstand reduziert und Vernunft nennt, was Verstand ist, nimmt Kant diese Unterscheidung in seiner Weise wieder auf. Die Vernunft ist gegenüber dem bloßen Verstand das höhere Vermögen, das der letzten metaphysischen Ganzheit zugeordnet ist.

219 In der Unterscheidung von *Kategorien* und *Ideen* bezieht sich Kant ausdrücklich auf Aristoteles und Platon (B 370 ff.). Mit Aristoteles versteht er, obwohl in anderem Sinn, unter Kategorien Begriffe, die sich allein auf Gegenstände der Erfahrung beziehen; ihr Ort ist der Verstand. Die Ideen der Vernunft gehen darüber hinaus. »Plato bediente sich des Ausdrucks Idee so, daß man wohl sieht, er habe darunter etwas verstanden, was nicht allein niemals von den Sinnen entlehnt wird, sondern welches sogar die Begriffe des Verstandes, mit denen sich Aristoteles beschäftigte, weit übersteigt, indem in der Erfahrung niemals etwas damit Kongruierendes angetroffen wird« (B 370).

220 In der Lehre von den Ideen der reinen Vernunft nimmt Kant die kritische

Auseinandersetzung mit den Hauptthemen der Metaphysica specialis auf. Dies geschieht in der tr. *Dialektik*. Dieses Wort (griech. dialektiké, von dialégesthai = sich unterreden, ein Zwiegespräch führen) bedeutet in der Tradition die Kunst beweisend oder widerlegend argumentierender Rede. Es wird fast gleichbedeutend mit Logik, im besonderen mit der Logik schlußfolgernden Denkens. Wenn Kant von Dialektik spricht, so meint auch er die Logik des Schließens, vorwiegend jedoch negativ eine »Logik des Scheins« (B 349). Die Ideen der Vernunft verführen zu Trugschlüssen, in denen man metaphysische Realitäten zu erkennen glaubt: Welt, Seele und Gott, entsprechend den drei Disziplinen der Metaphysica specialis. Diese Trugschlüsse zu widerlegen und ihre Widersprüche aufzudecken, ist die Aufgabe der tr. Dialektik.

a) Die Ideen der reinen Vernunft

Metaphysik als Wissenschaft ist für Kant unmöglich. Das hat sich schon 221 zuvor in der Analytik des Verstandes erwiesen: Erkenntnis ist auf Erfahrung beschränkt. Dennoch gibt Kant die Metaphysik nicht auf. Dasjenige, was er zu Beginn »Metaphysik als Naturanlage« (B 22) genannt hat, begründet er jetzt in Ideen der reinen Vernunft. Der tr. Rückgang ging von Anfang an auf Bedingungen der Möglichkeit des Erkennens. Er führt folgerichtig zur Frage nach einer letzten Bedingung: dem *Unbedingten* als der »Totalität der Bedingungen« (B 379). Diese Totalität sucht Kant nach der logischen Einteilung der Relationsurteile (kategorisch, hypothetisch, disjunktiv) in den Griff zu bekommen: »es wird also erstlich ein Unbedingtes der kategorischen Synthesis in einem Subjekt, zweitens der hypothetischen Synthesis der Glieder einer Reihe, drittens der disjunktiven Synthesis der Teile in einem System zu suchen sein« (B 379). Aus diesem Ansatz (der nicht problemlos ist, am wenigsten bezüglich der »disjunktiven Synthesis«) ergeben sich »drei Klassen« tr. Ideen, »davon die erste die absolute (unbedingte) Einheit des denkenden Subjekts, die zweite die absolute Einheit der Reihe der Bedingungen der Erscheinung, die dritte die absolute Einheit der Bedingungen aller Gegenstände des Denkens überhaupt enthält. Das denkende Subjekt ist der Gegenstand der Psychologie« (die Seele), »der Inbegriff aller Erscheinungen (die Welt) der Gegenstand der Kosmologie, und ... die oberste Bedingung der Möglichkeit von allem, was gedacht werden kann ... (das Wesen aller Wesen), der Gegenstand der Theologie. Also gibt die reine Vernunft die Idee zu einer transzendentalen Seelenlehre (psychologia rationalis), zu einer transzendentalen Weltwissenschaft (cosmologia rationalis), endlich auch zu einer transzendentalen Gotteserkenntnis (theologia transscendentalis) an die Hand« (B 391 f.). Dies sind die drei Ideen der reinen Vernunft, hier in der Reihung: *Seele, Welt, Gott.*

Sie entsprechen nicht nur den drei Disziplinen der Metaphysica specialis, sondern auch den Kantischen Grundfragen der Metaphysik: Gott, Freiheit (Welt) und Unsterblichkeit (Seele). Sie geben zugleich eine Denkstruktur vor, die im deutschen Idealismus immer wiederkehrt: Der Gegensatz von Subjekt (Seele) und Objekt (Welt) erfordert einen Einheitspunkt und Ursprungsgrund im Absoluten (Gott). Ebenso wie die Kategorien des Verstandes sind nach Kant auch die Ideen der Vernunft im ursprünglichsten Wesen unseres Denkens angelegt. Wir können gar nicht »vernünftig« denken, uns selbst und unsere Welt verstehen, ohne alle Erfahrungen auf diese metaphysischen Größen zu beziehen: Seele, Welt, Gott.

222 Dennoch kommt den Ideen nach Kant keine *konstitutive*, nur eine *regulative* Funktion in unserer Erkenntnis zu . Wenn Erkenntnis wesentlich durch die Synthesis von Denken und Anschauung »konstituiert« wird, so können zwar die Kategorien, nicht aber die Ideen eine Erkenntnis konstituieren. Die Kategorien finden einen entsprechenden Inhalt sinnlicher Anschauung vor; dadurch kommt Erkenntnis eines Gegenstandes zustande. Dies gilt nicht mehr von den Ideen. Was die Begriffe Seele, Welt (im ganzen), erst recht Gott meinen, ist niemals Gegenstand sinnlicher Anschauung; sie können daher keine Erkenntnis eines wirklichen Gegenstandes konstituieren.

Dennoch haben sie eine wesentliche regulative Funktion, indem sie alle Inhalte der Erfahrung höchsten Einheiten ein- und unterordnen. Das ist nach Kant Vernunft, über die Erkenntnis des Verstandes hinaus wahrhaft vernünftiges Denken, in der Naturanlage menschlicher Vernunft begründet. Aber dies kann unsere Erkenntnis nur regulieren, nicht neue Erkenntnis konstituieren: nicht Gegenstände strengen, d. h. wissenschaftlichen *Wissens*, sondern nur vernünftigen, sinnvollen *Glaubens*.

b) Paralogismen und Antinomien

223 Auf dieser Basis unternimmt Kant seine Auseinandersetzung mit der herkömmlichen Psychologie, Kosmologie und Theologie. Er bezeichnet diese Abschnitte terminologisch als »Paralogismen« (Seele), »Antinomien« (Welt) und »Ideal der reinen Vernunft« (Gott).

Die *Paralogismen* der reinen Vernunft widerlegen eine metaphysische Lehre von der *Seele* (Psychologia rationalis). Diese geht vom Ichbewußtsein aus und will darauf schließen, daß ihm eine »Seele« als geistige, d. h. immaterielle Substanz zugrundeliegt, daß sie als einfache (nicht aus Teilen bestehende) Substanz unteilbar, daher unzerstörbar, also unsterblich ist, daß sie als geistige, intellektuelle Substanz Person ist. All diese Schlüsse philosophischer Psychologie gründen nach Kant in unzulässiger Anwendung des Substanzbegriffes, einer Kategorie, die nur auf Inhalte sinnlicher Anschauung bezogen werden darf. Das Ich als geistige Substanz ist niemals Gegenstand solcher Anschauung. Darum kann weder der Begriff der Substanz darauf angewendet, noch können weitere Aussagen über die Seele daraus abgeleitet werden.

Dazu nur die kritische Frage: Haben wir nicht den Begriff der Substanz 224 gerade aus innerer Erfahrung? Sicher machte es sich Descartes zu einfach mit dem unmittelbaren Bewußtsein der substantia cogitans. Bewußtsein ist immer nur Aktbewußtsein: Wenn ich weiß, weiß ich, daß ich weiß; wenn ich frage, weiß ich, daß ich frage – daß ich denke. Im Aktbewußtsein ist aber Ichbewußtsein, wenn auch unthematisch, mitgegeben. Der Akt des Denkens, Fragens oder Wissens, ist – das kann auch Kant kaum leugnen – ein reales Geschehen. Wenn schon nach Kants Theorie der Gegenstand zur bloßen Erscheinung relativiert wird, so kann nicht der Aktvollzug des Erkennens nochmals zur bloßen Erscheinung relativiert werden. Wer oder was erkennt dann noch? Das reale Geschehen des Erkennens setzt ein reales Subjekt voraus, ein Ich, das in sich, d. h. als Substanz besteht. Kant geht niemals vom realen Akt der Erkenntnis aus, erreicht daher auch nie ein reales Subjekt. Er geht nur vom Gegenstand aus, wie er im Bewußtsein gegeben ist, er befragt ihn nach formal bedingenden und bestimmenden Voraussetzungen, ohne das Ich (Subjekt) in seiner eigenen Realität und Aktualität zu erreichen.

Die *Antinomien* der reinen Vernunft beziehen sich auf die Idee der *Welt* 225 (Cosmologia rationalis). Kant will hier zeigen, daß sich unvermeidliche Widersprüche ergeben, wenn man die Welt für eine Gesamtheit von Dingen an sich, nicht nur von Erscheinungen für mich hält. Kants Antinomien wurden grundlegend für den gesamten Idealismus, sowohl inhaltlich, weil sie die Erkenntnis einer an sich seienden Welt aufheben, als auch formal, insofern hier ein dialektisches Denken im Dreischritt von These, Antithese und Synthese vorgebildet wird, der für den Idealismus bestimmend, von Hegel zur absoluten Methode erhoben wird.

Wir geben die Antinomien nur kurz an, ohne auf Kants Beweisführung im einzelnen einzugehen. Die Antinomien ergeben sich aus den vier Klassen der Kategorien. 1. Die Antinomie der Quantität. Thesis: »Die Welt hat einen Anfang in der Zeit und ist dem Raum nach auch in Grenzen eingeschlossen« (B 454), also in Raum und Zeit begrenzt. Antithesis: »Die Welt hat keinen Anfang und keine Grenzen im Raume, sondern ist sowohl in Ansehung der Zeit als des Raumes unendlich« (B 455). 2. Die Antinomie der Qualität. Thesis: »Eine jede zusammengesetzte Substanz in der Welt besteht aus einfachen Teilen, und es existiert überall nichts als das Einfache oder das, was aus diesem zusammengesetzt ist« (B 462); das ist die Leibnizsche Lehre. Antithesis: »Kein zusammengesetztes Ding in der Welt besteht aus einfachen Teilen, und es existiert überall nichts Einfaches in derselben« (B 463). 3. Die Antinomie der Relation (Kausalität). Thesis: »Die Kausalität nach Gesetzen der Natur ist nicht die einzige, aus welcher die Erscheinungen der Welt insgesamt abgeleitet werden können. Es ist noch eine Kausalität durch Freiheit zu Erklärung derselben anzunehmen notwendig« (B 472). Antithesis: »Es ist keine Freiheit, sondern alles in der Welt geschieht lediglich nach Gesetzen der Natur« (B 473); also der Gegensatz zwischen Freiheit und mechanischer Naturnotwendigkeit. 4. Die Antinomie der Modalität. Thesis: »Zu der Welt gehört etwas, das entweder als ihr Teil, oder ihre Ursache ein schlechthin notwendiges Wesen ist« (B 480). Antithesis: »Es existiert überall kein schlechthin notwendiges Wesen, weder in der Welt noch außer der Welt, als ihre Ursache« (B 481); das ist schon die Frage nach der Möglichkeit philosophischer Gotteserkenntnis, die Kant im folgenden eingehend diskutiert.

226 Kant *löst* die Antinomien unter einem quantitativen und einem qualitativen Aspekt. Die Idee der Welt bedeutet (quantitativ) den »Inbegriff aller Erscheinungen« (B 391), d.h. die absolute Totalität aller nur möglichen Erfahrung (vgl. B 383), die aber durch wirkliche Erfahrung niemals eingeholt werden kann. Welt in diesem Sinn ist nicht Gegenstand der Erfahrung, sondern reiner Entwurf der Vernunft. Der Idee der Welt kann »kein kongruierender Gegenstand in den Sinnen gegeben werden« (B 383). Weil aber Erkenntnis die Synthesis von Denken und Anschauung verlangt, kann das Weltganze nicht »erkannt« werden. Die Vernunftidee der Welt geht nicht konstitutiv in unsere Erkenntnis ein, sondern wirkt nur regulativ als synthetisches Prinzip der Einheit und Ordnung in der Vielfalt der Erfahrungen.

Dazu kommt, daß wir die Welt (qualitativ) als die Gesamtheit von Dingen an sich vorstellen. Als solche ist die Welt aber grundsätzlich unerkennbar. Daher lösen sich die Antinomien bei Kant nur dadurch, daß die Welt a) nicht Wirklichkeit an sich, sondern bloße Erscheinung ist und b) als Gesamtheit aller möglichen Erscheinungen nicht zum Gegenstand wirklicher Erfahrung werden kann.

c) Das Ideal der reinen Vernunft

227 Unter diesem Titel (B 595) behandelt Kant die dritte und höchste, nämlich theologische Idee »Gott« und die Möglichkeit einer philosophischen Gotteslehre (Theologia naturalis). *»Ideal«* ist mehr als Idee. Denn es ist »die Idee nicht bloß in concreto, sondern in individuo, d.i. als ein einzelnes, durch die Idee allein bestimmbares oder gar bestimmtes Ding« (B 596), d.h. eine konkrete und individuelle Wirklichkeit, die

allein durch die Idee bestimmt ist, worin sich also die Idee rein und voll manifestiert. Kant bringt als Beispiel: Weisheit ist eine Idee, aber »der Weise« ist ein Ideal, nämlich ein Mensch, der »mit der Idee der Weisheit völlig kongruiert. So wie die Idee die Regel gibt, so dient das Ideal ... zum Urbilde der durchgängigen Bestimmung des Nachbildes« (B 597). Unser absolutes Ideal ist Gott als »das Urwesen (ens originarium) ... das höchste Wesen (ens summum) ... das Wesen aller Wesen (ens entium)« (B 606 f.), als wirklichste Wirklichkeit (ens realissimum, B 636) und als die Fülle, das »All der Realität (omnitudo realitatis)« (B 603 f.), zugleich als das Unbedingte selbst, d. h. die unbedingte Totalität aller Bedingungen des Bedingten (vgl. B 379).

Es ist keine Frage, daß Kant am Gottesglauben festhält. Es ist aber die Frage, ob und wie *Gottesbeweise* möglich sind. Zwar ist die Entscheidung dagegen grundsätzlich schon längst zuvor gefallen, doch unternimmt Kant eine weitläufige Kritik der üblichen Gottesbeweise.

An erster Stelle behandelt Kant das *ontologische* Argument, das von 228 Anselm von Canterbury stammt, deshalb zumeist als anselmianischer Beweis, erst bei Kant oder zur Zeit Kants (nicht sehr treffend) als ontologischer Gottesbeweis bezeichnet wird. Dieser Beweis aus dem Begriff oder Wesen Gottes auf sein Dasein war schon im Mittelalter diskutiert – von Thomas u. a. entschieden abgelehnt, von Duns Scotus u. a. wieder aufgenommen – kam im Raum rationalistischen Denkens von neuem zu Ehren: bei Descartes, Spinoza, Leibniz, Wolff u. a. Kant lehnt diesen Beweis aus ähnlichen Gründen wie Thomas ab (den Kant nicht kannte): Darin geschieht ein Sprung von der logischen (erkenntnismäßigen) auf die ontologische (seinsmäßige) Ebene, d. h. aus dem Begriff meines Denkens auf wirkliches Dasein. Wenn Kant argumentiert, 100 Taler seien, ob sie existieren oder nicht, eben 100 Taler, nicht mehr und nicht weniger, so könnte man zwar einwenden, 100 wirkliche Taler seien genau um 100 Taler mehr als 100 nur mögliche Taler. Gemeint ist aber: Existenz gehört nicht zur Essenz. Wirkliches Dasein ist nicht eine inhaltliche »soseinshafte« Bestimmung wie andere Attribute. Wenn wir Gott als das höchste, notwendig existierende Sein denken, folgt daraus noch nicht, daß er als solches auch wirklich existiert. Kants Kritik am ontologischen Argument ist jedoch grundlegend, weil er – kaum zurecht – alle übrigen Gottesbeweise darauf zurückführt und damit widerlegt zu haben glaubt.

Während das ontologische Argument rein rational, vor jeder Erfahrung, 229 ansetzt, gehen die weiteren Gottesbeweise von der Erfahrung aus, von allgemeiner, noch unbestimmter Erfahrung (kosmologisches Argument) und von inhaltlich bestimmter Erfahrung (physiko-theologisches Argument). Das *kosmologische* Argument schließt daraus, daß überhaupt etwas existiert, auf die Existenz eines schlechthin notwendigen Wesens.

Dies setzt Ursächlichkeit voraus. Kant bestreitet aber, daß der Begriff der Ursache hier berechtigt angewendet werden kann. Er ist eine Kategorie des Verstandes, daher wesentlich angewiesen auf sinnliche Anschauung, beschränkt auf mögliche Erfahrung und bloße Erscheinung. Überdies enthält dieses Argument »versteckter Weise« (B 637) den ontologischen Beweis. Dort wurde aus der wesenhaften Vollkommenheit Gottes auf sein wirkliches Dasein geschlossen. Hier wird umgekehrt aus der notwendigen Existenz des höchsten Wesens auf seine unbegrenzte Vollkommenheit geschlossen. Beides ist nach Kant ebenso falsch, weil aus Sosein kein Dasein, aber auch umgekehrt aus Dasein kein Sosein folgt.

230 Dasselbe gilt vom teleologischen oder, wie Kant sagt, dem *physikotheologischen* Gottesbeweis. Er geht von der Ordnung und Zweckmäßigkeit des Naturgeschehens aus, also von inhaltlich bestimmter Erfahrung. Kant sagt dazu: »Dieser Beweis verdient jederzeit mit Achtung genannt zu werden. Er ist der älteste, klärste und der gemeinen Menschenvernunft am meisten angemessene. Er belebt das Studium der Natur, so wie er selbst von diesem sein Dasein hat und dadurch immer neue Kraft bekommt« (B 651). »Es würde daher nicht allein trostlos, sondern auch ganz umsonst sein, dem Ansehen dieses Beweises etwas entziehen zu wollen ...« (B 652). Obwohl also Kant diesen Gedanken so hoch bewertet, kann er ihn als wissenschaftlich gültiges Argument nicht anerkennen. Der Zweckbegriff ist ebenso wie der Begriff der Ursache auf bloße Erscheinung bezogen. Alle Zweckmäßigkeit wird von unserem Erkennen in die Welt hineingelegt, hinein-projiziert. Sie führt nicht über die Erscheinungswelt hinaus, kann nichts über eine zielhafte (teleologische) Struktur der an sich seienden Wirklichkeit ausmachen, daher keinen Gottesbeweis liefern.

Auch dieses Argument wird von Kant auf den ontologischen Gottesbeweis zurückgeführt. Von der »Bewunderung der Größe der Weisheit, der Macht etc. des Welturhebers« (B 657) geht man zurück auf die »Zufälligkeit« (Kontingenz) der Dinge dieser Welt, von da auf die schlechthin notwendige Ursache der Welt »und von dem Begriffe der absoluten Notwendigkeit der ersten Ursache auf den durchgängig bestimmten oder bestimmenden Begriff desselben, nämlich einer allbefassenden Realität« (ebd.). »So liegt demnach dem physikotheologischen Beweise der kosmologische, diesem aber der ontologische Beweis ... zum Grunde, und da außer diesen dreien Wegen keiner mehr der spekulativen Vernunft offen ist, so ist der ontologische Beweis ... der einzige mögliche« (B 658) – und dieser ist nicht möglich. Damit ist für Kant endgültig erwiesen, daß Metaphysik, jetzt im höchsten Sinn einer philosophischen Gotteslehre, als Wissenschaft nicht möglich ist. Aber sie bleibt Naturanlage und sie bleibt, wie sich zeigen wird, wenn nicht

Gegenstand theoretischen Wissens, so doch umso mehr Inhalt praktischen Glaubens.

5. Würdigung der KrV

Kant will Rationalismus und Empirismus überwinden, Denken und 231 Erfahrung, Verstand und sinnliche Anschauung zur Einheit bringen. Für ihn gibt es weder (rationalistisch) reines Denken ohne sinnliche Hinnahme noch (empiristisch) sinnliche Erfahrung ohne Denken. Dennoch bleibt er beiden merkwürdig verhaftet. Einerseits gibt es (rationalistisch) reine, aller Erfahrung vorgängige, also nicht durch Abstraktion gewonnene Begriffe und Ideen des Denkens, deren Geltung trotzdem (empiristisch) auf den Bereich der Erfahrung beschränkt ist. Methodisch übersteigt er aber das philosophische Denken der Vorzeit durch die transzendentale Frage nach den Bedingungen des Erkennens und erreicht damit eine grundsätzlich höhere Reflexionsstufe, die für die Folgezeit entscheidend wird. Bisher suchte man einen Ansatz in unmittelbar gegebenen und einsichtigen Inhalten der Erkenntnis. Jetzt bricht die Einsicht durch, daß es eine solche Unmittelbarkeit nicht gibt, sondern daß alle Erkenntnis vermittelt, d.h. a priori bedingt ist. Diese Vermittlung gilt es durch transzendentale Reflexion einzuholen.

Warum kommt aber Kant in dieser Frage nicht weiter? Warum begrenzt er die Erkenntnis auf mögliche Erfahrung und bloße Erscheinung? Warum ist deshalb Metaphysik nicht möglich? Wir heben kritisch die wichtigsten Aspekte heraus, die vor allem den Inhalt und die Geltung der Erkenntnis betreffen.

a) Der Inhalt der Erkenntnis

Hier stellt sich die Frage, ob Kant die Fülle und Vielfalt dessen erklärt, 232 was wir in unserer Erkenntnis erleben. Kommt nach seiner Theorie überhaupt unsere *Erkenntniswelt* zustande? Was zustandekommt, ist ein räumlich und zeitlich geeintes, in (welchen?) Kategorien gedachtes und auf letzte Einheiten der Ideen gebrachtes »Etwas«. Was ist es? Sind es die Dinge, mit denen wir umgehen, die Menschen, die uns begegnen? Es ist nicht unsere volle und vielfältige Erkenntniswelt, sondern höchstens, dem Anspruch nach, die formale und abstrakte Welt der Naturwissenschaft, d.h. der mechanischen Physik seiner Zeit. Kant konstruiert auf dem Hintergrund der reinen Anschauungsformen des Raumes und der Zeit das begriffliche *Instrumentarium der Physik*, nämlich eines funktional notwendigen Zusammenhangs des Naturgeschehens. Er erfaßt dabei nicht die qualitative Vielgestaltigkeit unserer Welt, auch des

Lebens, erst recht nicht des freien, geistig personalen Seins und Geschehens. Die ganze Dimension personaler Erfahrung und interpersonaler Beziehung fällt aus, d. h. nicht nur, daß sie nicht beachtet, noch weniger analysiert wird, sondern daß sie in Kants Erkenntniswelt gar keinen Platz hat. Daß mir ein anderer Mensch begegnet, mit dem ich spreche, dem ich glaube und vertraue, den ich als gleichwertig personales Wesen anerkenne, ist nicht vorgesehen, es »kommt nicht vor«.

233 Weiter setzt Kant voraus, daß der Inhalt sinnlicher Empfindungen ein völlig ungeordnetes, chaotisches Material bietet, das erst durch apriorische Formen zur Einheit und Ordnung gebracht werden muß. Das alte, von Aristoteles stammende, aber ontologisch verstandene Begriffspaar *Materie und Form* wird von Kant so angewendet, daß bloße, völlig formlose Materie (objektiv) vorgegeben ist, dagegen jegliche Ordnung dieses Materials (subjektiv) Leistung apriorischer Formen ist. Materie und Form werden dem Objekt und dem Subjekt zugeordnet. Kann dadurch Erkenntnis zustande kommen? Was ist die Bedingung dafür, daß Inhalte sinnlicher Anschauung auf diesen bestimmten Verstandesbegriff gebracht, ihm eingeordnet werden? Müssen sie nicht selbst schon bestimmt und geformt sein? Setzt die Erkenntnis nicht Ordnungseinheiten, Sinngestalten im Gegebenen voraus? Setzt die (subjektive) Synthesis des Mannigfaltigen in der Erkenntnis nicht eine (objektive) Synthesis des Mannigfaltigen der Wirklichkeit voraus?

234 Dazu kommt das Problem des *Dinges an sich.* Kant setzt als Bedingung sinnlicher Anschauung voraus, daß ein Ding an sich unsere Sinne »affiziert«. Damit wird ein ursächliches Verhältnis eingeführt. Kant selbst spricht davon, daß die Dinge auf unsere Sinne »wirken«. Das Verhältnis von Ursache und Wirkung ist aber für Kant eine Kategorie, die nur von sinnlichen Erscheinungen ausgesagt werden kann, nicht von Dingen an sich. Dies ist ein offenkundiger Widerspruch, an dem sich der nachfolgende Idealismus stoßen, daher das Ding an sich fallen lassen wird.

b) Die Geltung der Erkenntnis

235 Erkenntnis ist jedenfalls *aktive* Leistung des Subjekts, das sich im Bewußtsein das Objekt konstituiert. Wenn Kant nach den Bedingungen der Möglichkeit des Erkennens fragt, also zurückgeht auf die reine Subjektivität, insofern sie a priori den Gegenstand ermöglicht, erreicht er das Subjekt immer nur als *formale* Bedingung und Bestimmung des jeweiligen, im Bewußtsein konstituierten Gegenstandes. Das Ich (oder Subjekt) in seinem realen und aktuellen Vollzug kommt nicht in den Blick – darin wird schon Fichte entschieden über Kant hinausgehen. Erkennen ist nicht nur formales Bedingen und ordnendes, einheit-

stiftendes Bestimmen eines sinnlich gegebenen Inhalts, sondern reale Aktivität – Selbstvollzug – des erkennenden Subjekts. Ist dies, wodurch die Erscheinungswelt zustandekommt, selbst bloße Erscheinung für mich oder Selbsterfahrung einer Wirklichkeit? Durch die rein formale Sicht verschließt sich Kant den Zugang zu realem, im Selbstvollzug gegebenen An-sich-Sein.

Damit wird die *Geltung* der Erkenntnis von Kant relativiert, subjekti- 236 viert: zur Erscheinung für mich. Auf dem Hintergrund des wissenschaftlich vorherrschenden Weltbildes jener Zeit spricht sich darin die kühne Einsicht aus, daß die mechanistische Vorstellung eines notwendigen, nach Naturgesetzen ablaufenden Weltgeschehens noch gar nicht die eigentliche Wirklichkeit erreicht, sondern die bloße Erscheinung nach den Gesetzen unseres Erkennens darstellt. Wahrhafte Wirklichkeit ist etwas ganz anderes: die Welt des freien sittlichen Handelns. Diese Auffassung geht auf altes, von *Platon* stammendes Erbe zurück, der schon zwischen dem Schein der sinnlichen Welt und dem wahren Sein der geistigen Welt unterscheidet. Für Kant war diese Unterscheidung konkreter vorbereitet sowohl durch *Leibniz*, der die materielle, quantitativ erscheinende Welt für bloßen Schein gegenüber der geistigen, qualitativ bestimmten Wirklichkeit der Monade hält, als auch durch *Hume*, dem sich die Gesamtheit sinnlicher Erfahrung zur bloß subjektiven Erscheinung auflöst, ohne objektive Wirklichkeit zu erreichen. Darin verbindet sich seltsam rationalistisches mit empiristischem Denken – und führt gemeinsam zu Kant. Er aber setzt theoretisches Wissen schlechthin mit naturwissenschaftlichem Erkennen gleich und reduziert es auf bloße Erscheinung.

Kant untersucht nur den Gegenstand der *Erfahrung*. Sie bedeutet für 237 Kant nicht nur sinnliche Anschauung, sondern auch Denken. Aber Denken ist für ihn, rein formal, die Subsumierung eines Inhalts unter einen Begriff: im *Urteil*. Dieses ist »Verknüpfung von Vorstellungen«, nicht affirmative Setzung, Behauptung, daß es so »ist«. Dies beachtet Kant nicht, daher auch nicht, daß jedes Urteil den Anspruch unbedingter Geltung setzt, darum – als Bedingung seiner Möglichkeit – den Horizont unbedingter Geltung voraussetzt: Sein als wahrhafte Wirklichkeit.

Die Erkenntnis wird bei Kant relativiert in ihrem Umfang auf mögliche 238 *Erfahrung* und in ihrer Geltung auf bloße *Erscheinung*. Beide Aspekte bedingen einander. Wenn unser Erkennen auf einen wie immer begrenzten Bereich beschränkt ist, kann es auch niemals unbedingte Geltung erreichen; dann ist immer noch ein grundsätzlich anderer und höherer Standort möglich, von dem her alles anders erscheint, unsere Erkenntnis also in ihrer Geltung relativiert wird. Wenn wir aber nur irgendeinen Inhalt, der so »ist«, in unbedingter, nicht mehr relativierbarer Geltung erfassen, und sei es nur das eigene »Ich denke« oder »Ich frage«, so wissen wir, daß es, weil es so »ist«, vor allem und jedem, was auch immer »ist«, unbedingt gilt. Daraus folgt, daß der unbedingte Geltungsanspruch des (noch so partikulären) Wissens einen unbegrenzten Geltungshorizont voraussetzt, worin sich Vernunfteinsicht a priori, aus ihrem Wesen, immer und notwendig vollzieht.

Die Beschränkung der Erkenntnis bei Kant hebt sich selbst wieder auf. Er macht in der KrV Aussagen, die gelten wollen. Er will sagen, was wirklich geschieht, wenn Erkenntnis zustandekommt. Wenn sie nach Umfang (Erfahrung) und Geltung (Erscheinung) relativiert wird, können Aussagen darüber nicht nochmals relativiert werden; dann verlieren sie jeglichen Sinn. Die Erkenntnistheorie Kants ist auf sich selbst nicht anwendbar, ohne sich selbst aufzuheben. Sie setzt einen weiteren, unbedingten Geltungshorizont voraus.

Kant hat die transzendentale Frage gestellt; sie ist richtig und wichtig. Aber er hat sie noch nicht konsequent genug gestellt, nicht die letzten, unbedingten Bedingungen der Möglichkeit menschlichen Erkennens erreicht. Aus seinen Voraussetzungen ergibt sich: Metaphysik als Wissenschaft ist nicht möglich. Damit ist aber die Frage nach der Möglichkeit der Metaphysik noch nicht erledigt, weder für Kant noch der Sache nach. Schon in der KrV bleibt Metaphysik »als Naturanlage« nicht nur möglich, sondern wirklich und notwendig. In der Kritik der praktischen Vernunft setzt Kant nochmals an, Metaphysik nicht im theoretischen Wissen, sondern im praktischen Handeln zu begründen.

II. Kritik der praktischen Vernunft

239 In der Einleitung zu seiner »Logik« (1801) stellt Kant die Fragen: »1) Was kann ich wissen? 2) Was soll ich tun? 3) Was darf ich hoffen? 4) Was ist der Mensch?« Er fügt hinzu: »Die erste Frage beantwortet die Metaphysik, die zweite die Moral, die dritte die Religion und die vierte die Anthropologie. Im Grunde könnte man aber alles dieses zur Anthropologie rechnen, weil sich die drei ersten Fragen auf die letzte beziehen« (IX 25). Es geht Kant um den Menschen, obwohl er keine eigentlich philosophische Anthropologie verfaßt hat – die »Anthropologie in pragmatischer Hinsicht« (1798) entspricht kaum diesem Anliegen. Es gliedert sich vielmehr in die Fragen nach dem Wissen, dem Tun und dem Hoffen des Menschen. Die erste Frage: Was kann ich wissen? (Metaphysik) hat Kant in der KrV behandelt. Der zweiten Frage: Was soll ich tun? (Moral) wendet sich die »Kritik der praktischen Vernunft« (KpV) zu. Mit der dritten Frage wird er sich in der Religionsschrift befassen.

Hier aber, in der KpV, ist zu beachten, daß sich Kant schon lange zuvor mit ethischen Fragen beschäftigt hat, daß eine »Grundlegung zur Metaphysik der Sitten« (1785) der KpV (1788) vorausgeht und »Die Metaphysik der Sitten« (1797), Kants Rechtslehre und Tugendlehre, später nachfolgt. Aber auf transzendental-philosophischer Problemebene eine kritische Begründung der Ethik zu leisten, ist allein die Aufgabe der KpV.

Die Vernunft ist *praktisch*, insofern sie nicht auf theoretisches Wissen, 240 sondern auf praktisch-sittliches Handeln hingeordnet ist, ihm verbindliche Normen zu geben, also die Frage zu beantworten hat: Was soll ich tun? Auch hier ist sie *reine* Vernunft, die aus sich selbst, in erfahrungsfreiem Denken sittliches Sollen zu bestimmen hat. Daher ist die KpV im Sinne Kants Grundlegung der *Ethik*, zugleich aber der neue Versuch einer Grundlegung der *Metaphysik*, jetzt aber von der Verbindlichkeit des Sittlichen her, daher nicht durch theoretisches Wissen, sondern im praktischen Glauben. Wir verfolgen nicht den Inhalt des Werkes, sondern beschränken uns auf eine grundsätzliche Kennzeichnung unter den beiden Aspekten der Ethik und der Metaphysik.

1. Grundlegung der Ethik

Der Problemhintergrund ist durch die KrV gegeben. Schon dort ging 241 es um die Möglichkeit, allgemeine und notwendige Gesetze (der Wissenschaft und, sollte sie möglich sein, der Metaphysik als Wissenschaft) zu erkennen. Weil aber die *Erfahrung* immer nur Einzelnes und Zufälliges zeigt, kann sie niemals allgemeine und notwendige Gesetze liefern; diese können nur a priori, aus reiner Vernunft, begründet werden. Auch hier kehrt das Problem des Allgemeinen und Notwendigen wieder: Sittliche Gesetze sollen allgemein gültig, für alle Menschen und alle Handlungen verbindlich, und notwendig im Sinne unbedingter Verpflichtung sein. Auch diese Allgemeinheit und Notwendigkeit kann niemals aus der Erfahrung, sondern nur a priori aus reiner, erfahrungsfreier Vernunft stammen.

Überdies ist theoretische Erkenntnis auf bloße *Erscheinung* beschränkt, 242 sie erreicht nicht das Ding an sich. Nun hat Kant zwar das gesamte Weltbild der Wissenschaft auf eine bloße Erscheinungswelt herabgesetzt. Daß aber praktisch sittliches Handeln der freien, sich selbst bestimmenden Persönlichkeit nicht nur Erscheinung, sondern wahrhafte Wirklichkeit ist, steht für Kant nicht in Frage. Das ist An-sich-Sein, absolut gültige Realität, nicht mehr sinnlich erscheinende (phänomenale) Welt, sondern intelligible (noumenale) Wirklichkeit – für Kant so evident, daß er es als selbstverständlich voraussetzt. Wie wäre auch eine relativ gültige

Erscheinung möglich und sinnvoll denkbar, wenn sie nicht auf absolut gültige Wirklichkeit bezogen und von ihr abgehoben wäre? Wenn aber theoretisches Wissen nur die Erscheinung (für mich) erreicht, praktisches Handeln aber Wirklichkeit (an sich) ist, so folgt daraus, daß praktisch sittliches Handeln nicht durch theoretische Erkenntnis bestimmt, verbindliche Normen des Handelns nicht durch Wissen und Wissenschaft (wie Kant sie versteht) erstellt werden können. Wenn es überhaupt sittliches Sollen und Handeln gibt, dann nur durch autonome Selbstbegründung, durch Selbstgesetzgebung der reinen Vernunft.

a) Formale Ethik

243 Der Anspruch des Sittlichen stammt nicht aus der Erfahrung; daher kann ein sittliches Gesetz niemals inhaltlich, gegenständlich begründet sein. Das sittliche Grundgesetz, in dem sich die unbedingte Verbindlichkeit als solche ausspricht, kann nur a priori, also erfahrungsfrei, und deshalb rein formal, nicht material bestimmt sein. Das formale, jedoch unbedingt verbindliche Sittengesetz nennt Kant den *kategorischen Imperativ*. Schon in der »Grundlegung zur Met. der Sitten« sagt er: Gegenüber einem hypothetischen Imperativ »gibt es einen Imperativ, der, ohne irgend eine andere durch ein gewisses Verhalten zu erreichende Absicht als Bedingung zum Grunde zu legen, dieses Verhalten unmittelbar gebietet. Dieser Imperativ ist *kategorisch*. Er betrifft nicht die Materie der Handlung und das, was aus ihr erfolgen soll, sondern die Form und das Prinzip, woraus sie selbst folgt, und das Wesentlich-Gute derselben besteht in der Gesinnung, der Erfolg mag sein, welcher er wolle. Dieser Imperativ mag der *der Sittlichkeit* heißen« (IV 416; Hervorhebung im Original). In der KpV formuliert Kant ihn – als »Grundgesetz der reinen praktischen Vernunft« – »Handle so, daß die Maxime deines Willens jederzeit zugleich als Prinzip einer allgemeinen Gesetzgebung gelten könne« (A 54). Dieses Gebot ist formal, nicht inhaltlich bestimmt, die allgemeine Form eines sittlichen Gesetzes. »Reine, an sich praktische Vernunft ist hier unmittelbar gesetzgebend. Der Wille wird als unabhängig von empirischen Bedingungen, mithin, als reiner Wille, durch die bloße Form des Gesetzes als bestimmt gedacht und dieser Bestimmungsgrund als die oberste Bedingung aller Maximen angesehen« (A 55). Daraus kann eine erste Kennzeichnung der Ethik Kants gewonnen werden: Sie ist apriorische, daher wesentlich *formale*, nicht materiale Ethik.

244 Dagegen hat, aus dem Raum der Wertphänomenologie, besonders Max *Scheler* Einspruch erhoben (Der Formalismus in der Ethik und die materiale Wertethik, 1913, ⁴1954). Gegenüber einer rein formalen Ethik fordert er eine materiale, d. h. durch inhaltliche Wertqualitäten

begründete Ethik. Nach mancherlei Diskussionen ist Schelers Einwand, so berechtigt sein Anliegen ist, im Grunde abzuweisen, vor allem aus zwei Gründen:

1) Die Ethik Kants bleibt nicht rein formal, sie wird auch *material*. Mehr als in der KpV entwickelt Kant in den anderen ethischen Schriften Inhalte sittlichen Sollens. Doch ist schon der kategorische Imperativ inhaltlich bezogen: auf die Gleichwertigkeit des anderen Menschen als Person. Dem liegt eine Einsicht zugrunde: »Der Mensch und überhaupt jedes vernünftige Wesen« (als Person) »existiert als Zweck an sich selbst, nicht bloß als Mittel zum beliebigen Gebrauche ...«; er »muß in allen seinen ... Handlungen jederzeit zugleich als Zweck betrachtet werden« (IV 428). Daraus ergibt sich eine Abwandlung des kategorischen Imperativs: »Handle so, daß du die Menschheit sowohl in deiner Person, als in der Person eines jedes andern jederzeit zugleich als Zweck, niemals bloß als Mittel brauchst« (IV 429). Schon daraus ergeben sich inhaltlich sehr konkrete und weitreichende Folgen für sittliches Handeln.

2) Mit der *formalen* Grundlegung der Ethik will Kant jedoch betonen, daß der unbedingt verbindliche Charakter des Sittlichen niemals empirisch, auch nicht aus Werterfahrungen, welcher Art auch immer, zu begründen ist, sondern nur a priori, daher formal, dem Wesen reiner praktischer Vernunft entspringen kann. Gegenüber allen Utilitarismen und Hedonismen (Locke, Hume) als auch ästhetischen Moralauffassungen (Shaftesbury) bricht bei Kant wieder die Erkenntnis unbedingter Verbindlichkeit des Sittlichen durch, die durch keine anderen Werte (des Nützlichen und Lustvollen oder des Schönen) aufgewogen und aufgehoben werden kann. In diesem Sinn ist Kant der Sokrates neuzeitlichen Denkens.

b) Autonome Ethik

Sittliche Verpflichtung ist weder theoretisch begründbar noch aus dem Bewußtsein der Freiheit ableitbar, sonder einfach ein *Faktum*, das »als gegeben anzusehen« (A 56), aber »kein empirisches, sondern das einzige Faktum der reinen Vernunft« (ebd.) ist. Der sittliche Imperativ setzt weder Erfahrung voraus, die keine Verbindlichkeit begründen könnte, noch äußere Gesetzgebung, die als eine von außen auferlegte Bindung Willkür, daher der Freiheit sittlichen Handelns entgegen wäre. »Die *Autonomie* des Willens ist das alleinige Prinzip aller moralischen Gesetze und der ihnen gemäßen Pflichten; alle *Heteronomie* der Willkür gründet dagegen nicht allein gar keine Verbindlichkeit, sondern ist vielmehr dem Prinzip derselben und der Sittlichkeit des Willens entgegen. In der Unabhängigkeit nämlich von aller Materie des Gesetzes (nämlich einem begehrten Objekte) und zugleich doch Bestimmung der Willkür durch die bloße allgemeine gesetzgebende Form, deren eine Maxime fähig sein muß, besteht das alleinige Prinzip der Sittlichkeit. Jene *Unabhängigkeit* aber ist Freiheit im *negativen*, diese *eigene Gesetzgebung* aber der reinen und als solche praktischen Vernunft ist Freiheit im *positiven* Verstande. Also drückt das moralische Gesetz nichts anderes aus als die *Autonomie* der reinen praktischen Vernunft« (A 58 f.).

Autonomie bedeutet demnach Freiheit a) im negativen Sinn der Unabhängigkeit sowohl von empirisch materialen Bedingungen oder Beweggründen des Handelns als auch von der Willkür äußerer Gesetzgebung, weil bloße Heteronomie die sittliche Verbindlichkeit nicht begründen kann, sondern voraussetzen muß; b) im positiven Sinn die Selbstgesetzgebung der reinen praktischen Vernunft, die sich allein aus sich und durch sich selbst sittlich binden kann.

246 Kant vertritt also eine *autonome*, nicht heteronome Ethik. Dies bedeutet aber für Kant nichts weniger als gesetzlose Willkür und Beliebigkeit. Er will nur aufzeigen, daß nichts Empirisches, weder eigene Erfahrung noch äußere Gesetzgebung, die unbedingte Verbindlichkeit als solche konstituieren kann, wenn diese nicht als transzendentale Bedingung jedes konkreten, faktisch empirischen Sollens der reinen praktischen, sich selbst verpflichtenden Vernunft entspringt.

c) Pflichtethik

247 Die Ethik Kants steht unter dem Gedanken der Pflicht. Sie ist der höchste Moralbegriff, in dem sich die Unbedingtheit des Sittlichen ausspricht. Dafür findet Kant hohe, fast pathetisch preisende Worte: »Pflicht! du erhabener großer Name, der du nichts Beliebtes, was Einschmeichelung bei sich führt, in dir fassest, sondern Unterwerfung verlangst, doch auch nichts drohest, was natürliche Abneigung im Gemüte erregte und schreckte, um den Willen zu bewegen, sondern bloß ein Gesetz aufstellst, welches von selbst im Gemüte Eingang findet und doch sich selbst wider Willen Verehrung (wenngleich nicht immer Befolgung) erwirbt, vor dem alle Neigungen verstummen, wenn sie gleich insgeheim ihm entgegenwirken: welches ist der deiner würdige Ursprung, und wo findet man die Wurzel deiner edlen Abkunft, welche alle Verwandtschaft mit Neigungen stolz ausschlägt, und von welcher Wurzel abzustammen die unnachläßliche Bedingung desjenigen Werts ist, den sich Menschen allein selbst geben können?« (A 154).

248 Auf diese Frage nach dem Ursprung der Pflicht – wenn jede Heteronomie ausgeschlossen ist – antwortet Kant: »Es ist nichts anderes als die *Persönlichkeit*, d. i. die Freiheit und Unabhängigkeit von dem Mechanismus der ganzen Natur, doch zugleich als ein Vermögen eines Wesens

betrachtet, welches eigentümlichen, nämlich von seiner eigenen Vernunft gegebenen reinen praktischen Gesetzen ... unterworfen ist« (A 155). Es ist die Würde des Menschen als Person. »Das moralische Gesetz ist heilig (unverletzlich). Der Mensch ist zwar unheilig genug, aber die Menschheit in seiner Person muß ihm heilig sein. In der ganzen Schöpfung kann alles ... auch bloß als Mittel gebraucht werden; nur der Mensch und mit ihm jedes vernünftige Geschöpf ist Zweck an sich selbst. Er ist nämlich das Subjekt des moralischen Gesetzes, welches heilig ist ...« (A 155f.). Der Mensch gehört zwar der Sinnenwelt an und ist ihren Gesetzen unterworfen. Zugleich aber gehört er der intelligiblen Welt an, in welcher sittliches Wollen und Handeln geschieht, das »heilige Gesetz« zu verwirklichen ist.

Wenn wir fragen, wie wir das Sittengesetz wahrnehmen, so ist die Antwort Kants eindeutig. Zwar spricht er von einem »moralischen Gefühl«, dem »Gefühl der Achtung fürs moralische Gesetz« (A 133). Dieses Gefühl ist aber »lediglich durch Vernunft bewirkt« (A 135). Die Erkenntnis des sittlichen Sollens in seiner unbedingten Verbindlichkeit ist nicht Sache emotionaler Erfahrung, »intentionalen Fühlens« (Scheler) oder dgl., sondern unmittelbare *Einsicht* reiner praktischer Vernunft: Als Mensch, d. h. als vernünftiges, frei handelndes Wesen, sehe ich ein, daß ich zu vernünftigem, menschlich richtigem, d. h. sittlichem Verhalten verpflichtet bin. 249

Daraus folgt für Kant, daß allein das Gesetz als solches das *Motiv* sittlichen Handelns sein kann. Er unterscheidet scharf zwischen Legalität und Moralität. »Geschieht die Willensbestimmung zwar *gemäß* dem moralischen Gesetze, aber nur vermittelst eines Gefühls, welcher Art es auch sei ... mithin nicht *um des Gesetzes willen*, so wird die Handlung zwar *Legalität*, aber nicht *Moralität* enthalten« (A 126f.). Dann ist die Handlung »bloß dem Buchstaben, aber nicht dem Geiste (der Gesinnung) nach moralisch gut« (A 127 Anm.). Wahre *Moralität* wird erst erreicht, wenn das Gesetz allein um seiner selbst willen erfüllt wird, die Handlungen nur »aus Pflicht und aus Achtung fürs Gesetz, nicht aus Liebe und Zuneigung zu dem, was die Handlungen hervorbringen sollen, gesetzt« (A 145) werden. 250

Wir können demnach die Sittenlehre Kants als *Pflichtethik* kennzeichnen, und zwar in mehrfachem Sinn. a) Kant erkennt die unbedingt verpflichtende Eigenart sittlichen Sollens. b) Er unterstellt aber den ganzen Bereich sittlichen Handelns der strengen Pflicht; Sittlichkeit ist gleich Erfüllung der Pflicht – es gibt keine freie, über die Pflicht hinausgehende Verwirklichung sittlicher Werte. Und c) er erkennt eine Handlung nur dann als wahrhaft sittlich an, d. h. nicht nur als legal, sondern als moralisch, wenn sie allein durch die Pflicht gegenüber dem Gesetz motiviert ist; dies ist ethischer Rigorismus, der schon damals als zu eng empfunden 251 wurde (vgl. Fr. *Schiller* zur Pflicht und Neigung in der Schrift »Über Anmut und Würde«, 1793).

2. Neubegründung der Metaphysik

252 Kant stellte sich in der KrV das Problem der Metaphysik, die sich aber in theoretischer Erkenntnis, d.h. als strenge Wissenschaft, als unmöglich erwies. Zwar blieb Metaphysik als Naturanlage bestehen, sogar in den Ideen der reinen Vernunft fundiert, die aber keine Erkenntnis konstituieren können. In der KpV versucht Kant eine Neubegründung der Metaphysik, jetzt vom praktisch-sittlichen Handeln her. Der Ansatz dazu ist nicht neu; er findet sich schon am Ende der KrV, wird aber in der KpV thematisch voll entfaltet: in der Lehre von den Postulaten der praktischen Vernunft.

a) Postulate der praktischen Vernunft

253 Kant definiert ein Postulat der reinen praktischen Vernunft als »einen *theoretischen*, als solchen aber nicht erweislichen Satz ...«, sofern er einem a priori unbedingt geltenden *praktischen* Gesetze unzertrennlich anhängt« (A 220). Dies bedeutet genauer: a) Nach seinem Inhalt ist ein Postulat ein theoretischer, nicht ein praktischer Satz, d.h. eine Ist-Aussage, nicht eine Sollens-Aussage. b) Dieser Satz ist aber theoretisch nicht erweislich, d.h. wissenschaftlich auf der Ebene bloßen Erkennens nicht streng beweisbar. c) Er ist aber mit einem praktischen, selbst theoretisch nicht erweisbaren, aber a priori geltenden Sittengesetz notwendig verbunden, daher von diesem her aufweisbar. Daß er ihm »unzertrennlich anhängt« heißt, daß er mit dem praktisch-sittlichen Gesetz in logisch notwendigem Zusammenhang steht. Weil aber das sittliche Gesetz selbst nicht theoretisch beweisbar ist, darum auch nicht, was immer damit in logischem Zusammenhang steht. Wenn man die unbedingte Geltung des sittlichen Gesetzes bejaht, kann man damit zusammenhängende Aussagen zwar nicht beweisen, aber vernünftiger Weise »postulieren«.

254 Zum *Aufweis* der Postulate geht Kant von der Unterscheidung zwischen dem Beweggrund (Motiv) und dem Gegenstand (Objekt) des sittlichen Handelns aus. Das einzig bestimmende Motiv einer wahrhaft moralischen (nicht nur legalen) Handlung kann nur das Gesetz als solches sein. Der Gegenstand ist dasjenige, was die sittliche Tat zwar nicht bestimmen kann, von ihr aber bewirkt wird, also nicht der Beweggrund, sondern die Wirkung sittlichen Handelns ist. Dieser Gegenstand ist für Kant – und damit steht er in der klassischen Tradition – das »höchste Gut« (summum bonum, vgl. A 214f.). Dazu gehören notwendig zwei Elemente: Heilig-

keit und Glückseligkeit, wobei das zweite Element dem ersten (als dessen Folge) zwar untergeordnet bleibt, aber als integrierendes Moment zur Ganzheit des höchsten Gutes gehört: »In dieser Unterordnung allein ist das höchste Gut das ganze Objekt der reinen praktischen Vernunft« (A 214).

Daraus erschließt Kant die Postulate:

1. Das *Gesetz* wendet sich an den Willen, setzt also die Fähigkeit freier Selbstbestimmung zu sittlichem Handeln, d. h. *Freiheit des Willens*, voraus. Die Freiheit ist für Kant nicht unmittelbar gegeben, erst recht nicht psychologisch, durch innere Wahrnehmung, erfahrbar; dann wäre sie ein empirischer, d. h. sinnlich erscheinender Inhalt. Unmittelbar als »Faktum der reinen praktischen Vernunft« gegeben ist allein das sittliche Gesetz. Bedingung der Möglichkeit seiner Verwirklichung ist die Freiheit des Willens. Sie wird von Kant streng transzendental gedacht: als Bedingung der Möglichkeit sittlichen Handelns. Als solche steht sie in notwendigem Zusammenhang mit dem Gesetz, kann daher als Postulat der reinen Vernunft aufgewiesen werden.

2. Das zweite Postulat ergibt sich aus der *Heiligkeit*, deren Verwirklichung das Sittengesetz gebietet. Heiligkeit versteht Kant nicht in einem religiösen, sondern einem rein moralischen Sinn: als sittliche Vollkommenheit. »Die völlige Angemessenheit des Willens aber zum moralischen Gesetze ist Heiligkeit, eine Vollkommenheit, deren kein vernünftiges Wesen der Sinnenwelt in keinem Zeitpunkte seines Daseins fähig ist. Da sie indessen gleichwohl als praktisch notwendig gefordert wird, so kann sie nur in einem ins Unendliche gehenden Progressus zu jener völligen Angemessenheit angetroffen werden ... Dieser unendliche Progressus ist aber nur unter Voraussetzung einer ins Unendliche fortdauernden Existenz und Persönlichkeit desselben vernünftigen Wesens (welche man die Unsterblichkeit der Seele nennt) möglich. Also ist das höchste Gut praktisch nur unter der Voraussetzung der Unsterblichkeit der Seele möglich« (A 220). Als Postulat der praktischen Vernunft ergibt sich die *Unsterblichkeit der Seele*, welche Kant als unendlichen Prozeß approximativer Verwirklichung sittlicher Vollkommenheit versteht.

3. Drittens verlangt sittliches Handeln, nicht als Motiv, nur als Wirkung, die Erreichung der *Glückseligkeit*. Damit nimmt Kant den seit der griechischen Antike durchgehenden Grundgedanken der eudaimonia (beatitudo) als Ziel sittlichen Handelns auf, nur mit dem Unterschied, daß sie nach Kant niemals Motiv, sondern immer nur zu bewirkender Gegenstand moralischen Tuns sein darf. Was heißt das? »Glückseligkeit ist der Zustand eines vernünftigen Wesens in der Welt, dem es, im Ganzen seiner Existenz, alles nach Wunsch und Willen geht, und beruht also auf der Übereinstimmung der Natur zu seinem ganzen Zwecke, imgleichen zum wesentlichen Bestimmungsgrunde seines Willens« (A 224).

Nun argumentiert Kant: Glückseligkeit als Übereinstimmung zwischen dem Naturgeschehen und unserem sittlichen Wollen können wir selbst nicht bewirken, weil wir nicht die Urheber der Welt und des Naturgeschehens sind. Daher ist eine höchste Ursache erfordert, die uns und der Natur überlegen, selbst von sittlichem Wollen bestimmt ist und die Macht hat, die Übereinstimmung des Naturgeschehens mit dem sittlichen Wollen zu bewirken. »Also ist die oberste Ursache der Natur … ein Wesen, das durch Verstand und Willen die Ursache (folglich der Urheber) der Natur ist, d. i. Gott. Folglich ist das Postulat der Möglichkeit des höchsten abgeleiteten Guts (der besten Welt) zugleich das Postulat der Wirklichkeit eines höchsten ursprünglichen Guts, nämlich der Existenz Gottes« (A 225 f.). Glückseligkeit setzt daher als Postulat der praktischen Vernunft die *Existenz Gottes* voraus. Nachdem Kant zu Beginn aus reiner Autonomie der Vernunft die Ethik begründet hat, führt er nun doch Gott als Garanten der Glückseligkeit ein, d. h. aber als letzten Grund unbedingt gültiger Sinnhaftigkeit alles sittlichen Strebens und Handelns.

258 b) Postulate und Ideen

Die Postulate der praktischen Vernunft entsprechen genau den Ideen der reinen (theoretischen) Vernunft. Die KrV nennt die Aufgabe der Metaphysik mit den Worten »Gott, Freiheit und Unsterblichkeit«. Daraus entspringen, im Gefolge der drei Disziplinen der Metaphysica specialis seit Wolff, die drei Ideen der reinen Vernunft: Seele, Welt und Gott, in der Sprache des nachfolgenden Idealismus als subjektive, objektive und absolute Einheit. Nach Kants KrV müssen diese metaphysischen Größen zwar »gedacht«, können aber nicht »erkannt« werden, sie haben nur regulative, nicht konstitutive Funktion in unserer Erkenntnis. Jetzt kehrt in der KpV dieselbe Dreiheit wieder, sogar wörtlich dem Aufgabenkreis der Metaphysik entsprechend: Freiheit, Unsterblichkeit und Dasein Gottes. Dieser Zusammenhang bezeugt die innere Kohärenz und das konsequent metaphysische Anliegen Kants.

Freiheit bedeutet Kausalität, unabhängig von der Notwendigkeit mechanischer Naturkausalität, daher nicht in der bloß erscheinenden (phänomenalen) Welt, sondern in der intelligiblen (noumenalen) Wirklichkeit. Wenn sich für die theoretische Vernunft die Idee der *Welt* nicht in entsprechenden Inhalten der Anschauung objektivieren, erst recht nicht in einer Erkenntnis von Dingen an sich realisieren konnte, so findet jetzt die praktische Vernunft intelligible, an sich seiende und gültige Wirklichkeit vor: im Bereich praktisch-sittlichen Handelns. Damit erfüllt sich die kosmologische Idee der Welt.

Unsterblichkeit der Seele bedeutet Beharrlichkeit eines letzten Subjekts des Bewußtseins, sowohl theoretischen Erkennens als auch und erst recht praktischen Handelns, d.h. das identisch sich durchhaltende Dasein der realen Substanz der Persönlichkeit. Diese geistig-personale Substanz nennen wir *Seele*. Nachdem in der KrV die Idee der Seele, ohne entsprechenden Inhalt sinnlicher Anschauung, leer geblieben war, darum keine Erkenntnis einer Wirklichkeit konstituieren konnte, findet sie jetzt praktisch die theoretisch unerreichbar gebliebene Realisierung.

Dasein Gottes – hier ist die Entsprechung evident. Das praktische Postulat »verschafft ... dem, was spekulative Vernunft zwar denken, aber als bloßes transzendentales Ideal unbestimmt lassen mußte, dem theologischen Begriffe des Urwesens, Bedeutung (in praktischer Absicht ...) als dem obersten Prinzip des höchsten Guts in einer intelligibelen Welt« (A 240).

Die Ideen der reinen Vernunft sind in den Postulaten der praktischen Vernunft wieder aufgenommen. Metaphysik, theoretisch unmöglich, ist praktisch verwirklicht: nicht im Wissen, sondern im Glauben.

c) Wissen und Glauben

Wissen bedeutet für Kant Wissenschaft, genauer, weil auf mögliche Erfahrung beschränkt, empirische Wissenschaft. In ihrem Raum ist Metaphysik nicht möglich. Das ist klar, aber es besagt im Grunde nur, daß metaphysische Größen wie »Gott«, aber auch die Ganzheit der »Welt« und die geistige »Seele« niemals empirisch vorgefunden werden, nicht »Gegenstände« empirischer Wissenschaft werden können. Nun setzt jedoch Kant das gesamte Wissen im Sinne des wissenschaftlichen Weltbildes (seiner Zeit) zur bloßen Erscheinung herab; es erreicht noch gar nicht die wahre Wirklichkeit. Somit werden weitere Dimensionen frei. »Ich mußte also das Wissen aufheben, um zum Glauben Platz zu bekommen« (KrV B XXX). Die wahren Dimensionen der Wirklichkeit werden erst im Glauben erreicht.

Der Mensch ist nicht nur theoretisch erkennendes, wissendes Wesen, sondern auch und noch mehr praktisch lebendes, sittlich handelndes Wesen. Dies eröffnet einen neuen Zugang zur Metaphysik, weil menschliches Leben überhaupt, erst recht sittliches Handeln im letzten nur sinnvoll möglich ist im Glauben an »Gott, Freiheit und Unsterblichkeit«. Kant betont mit Nachdruck den *Primat der praktischen Vernunft* gegenüber rein theoretischer Vernunft: Sie ist das höhere Vermögen, ihr kommt der »Vorzug des Interesses« zu, »sofern ihm ... das Interesse der anderen untergeordnet ist« (A 215f.). Wenn sich der praktischen Vernunft in den Postulaten die intelligible (an sich seiende) Welt in metaphysischen Dimensionen eröffnet, dann heißt das nicht Wissen, sondern Glauben. Dies ist für Kant nicht ein religiöser Glaube, etwa im Sinn des christlichen Offenbarungsglaubens, sondern das Fürwahrhalten »in moralischer Absicht, d. i. ein *reiner praktischer Vernunftglaube*« (A 263). Weil ich sittlich handeln soll und will, bejahe ich dessen Voraussetzungen, obwohl ich sie streng theoretisch nicht beweisen kann. Solcher Glaube ist ein »Bedürfnis der reinen praktischen Vernunft« (A 257), das auf der sittlichen Pflicht gründet, doch ist der Glaube selbst nicht sittliche Pflicht (A 260). Der praktische Glaube ist aber nicht beliebige Willkür, sondern als Vernunftglaube vernünftiger Glaube, wie sittliches Handeln, auf dem er beruht, vernünftig ist.

261 Weil Kant einerseits das Wissen auf die Erscheinungswelt beschränkt, andererseits die Erkenntnis metaphysischer Wirklichkeit bloßem Glauben zuweist, tut sich ein Zwiespalt auf, der zu einem Ansatzpunkt der Kantkritik wird: die Kluft zwischen theoretischem Wissen und praktischem Handeln. Das Theoretische kann nicht praktisch, das Praktische nicht theoretisch werden, d. h. theoretisches Wissen kann das praktische Handeln nicht bestimmen, und praktisches Tun und Glauben keine Bedeutung für die Erkenntnis gewinnen. Ist es nicht dieselbe Vernunft, die theoretisch oder praktisch ist? Muß sie nicht ihre Einheit finden? Kant selbst erkennt das Problem, vermag es aber nicht zu lösen, wie besonders seine Kritik der Urteilskraft erweist.

III. Kritik der Urteilskraft

262 Die Zweiheit theoretischer und praktischer Vernunft bei Kant bedingt einen Gegensatz zwischen zwei völlig verschiedenen Welten. Die Welt theoretischen Erkennens ist die bloße Erscheinungswelt. Die Welt praktisch-sittlichen Handelns ist die wahrhaft intelligible Wirklichkeit. Die Erscheinungswelt ist durch die notwendige Kausalität der Natur beherrscht, die intelligible Welt dagegen durch die freie Kausalität sittlichen Handelns. In beiden Bereichen ist die Vernunft a priori gesetzgebend. In der empirischen Erscheinungswelt denkt sie den Gegenstand aus reinen Verstandesbegriffen, d. h. aus »Naturbegriffen« in einem notwendigen Kausalzusammenhang. Durch das ebenso apriorische Gesetz sittlichen Handelns erschließt sich der praktischen Vernunft aus »Freiheitsbegriffen« eine ganz andere, nämlich übersinnliche, an sich seiende, durch freies Handeln bestimmte Wirklichkeit.

Daß Kant diesen Zwiespalt als Problem empfindet, zeigt die »Kritik der Urteilskraft« (KU), worin er den Gegensatz zu überbrücken sucht. Sittliches Handeln soll doch in die Erfahrungswelt einwirken, das

Übersinnliche soll in der Sinnenwelt seine Zwecke verwirklichen. Also muß die Natur so gedacht werden können, daß ihre notwendige Gesetzlichkeit dennoch freiem Wirken Raum beläßt; die Notwendigkeit der Sinnenwelt muß mit der Freiheit sittlichen Handelns übereinstimmen.

Die Urteilskraft ist das vermittelnde Vermögen, das zwischen theoretischer und praktischer Vernunft die Synthese herstellen, den Zwiespalt zwischen dem notwendigen Naturgeschehen der Erscheinungswelt und der Freiheit sittlichen Handelns in der übersinnlichen Welt überbrücken soll. Nachdem sich die Vernunft in ihrer theoretischen Funktion auf den bloßen Verstand reduziert hat und erst im praktischen Gebrauch als Vernunft eigentlich zu sich selbst kommt, kann man auch sagen, es gehe in diesem Sinn um die Vermittlung zwischen Verstand und Vernunft.

Kant versteht unter der Urteilskraft »das Vermögen, das Besondere als 263 enthalten unter dem Allgemeinen zu denken« (B XXV). »Ist das Allgemeine ... gegeben, so ist die Urteilskraft, welche das Besondere darunter subsumiert ... bestimmend. Ist aber nur das Besondere gegeben, wozu sie das Allgemeine finden soll, so ist die Urteilskraft bloß reflektierend« (B XXVI). Von allgemeinen Begriffen und Grundsätzen ausgehend den besonderen empirischen Inhalt zu bestimmen, war Aufgabe der KrV. Hier geht es um *reflektierende* Urteilskraft, die vom Besonderen ausgehend zum Allgemeinen aufzusteigen hat. Dies setzt aber ein »transzendentales Prinzip« voraus, das die reflektierende Urteilskraft »sich nur selbst als Gesetz geben« (B XXVII) kann, um die Dinge zu »beurteilen«. Ihr Grundbegriff ist der Zweck, das »Prinzip der Urteilskraft ... die *Zweckmäßigkeit der Natur*« (B XXVIII). Wir müssen die Gegenstände der Natur als zweckmäßig geordnet denken, um in die Mannigfaltigkeit der Erfahrung einen sinnvollen Zusammenhang zu bringen. Zweckmäßigkeit (Finalität) kann subjektiv oder objektiv verstanden werden. Sie ist nur *subjektiv*, wenn sie eine Beziehung der Übereinstimmung des Gegenstandes mit dem erkennenden Subjekt bedeutet, d.h. wenn der Gegenstand Lust oder Unlust hervorruft. Sie ist *objektiv*, wenn sie nicht auf das Subjekt bezogen ist, sondern wenn der Gegenstand »Naturzwecke« zu verwirklichen hat. Auf die subjektive Zweckmäßigkeit des Schönen und Erhabenen richtet sich die »ästhetische Urteilskraft«, auf die objektive Zweckmäßigkeit des Naturgeschehens die »teleologische Urteilskraft«.

264 Schon lange zuvor hatte sich Kant mit ästhetischen Fragen beschäftigt und geplant, eine »Kritik des Geschmacks« zu verfassen; diese geht als erster Teil in die KU ein. Das Wort »ästhetisch« wird hier nicht im Sinne der KrV, sondern in der üblichen Bedeutung einer Lehre vom Schönen (und Erhabenen) gebraucht. Wenn ein Gegenstand durch seine Form im wahrnehmenden Subjekt »Lust« hervorzurufen vermag, als *schön* empfunden wird und Wohlgefallen erweckt, so ist das eine subjektive Zweckmäßigkeit. Das Wohlgefallen daran ist eine ästhetische Beurteilung durch den »Geschmack«. Das Schöne unterscheidet sich ebenso vom Angenehmen wie vom sittlich Guten. Denn das bloße Angenehme bereitet Vergnügen, nicht Wohlgefallen; das sittlich Gute verlangt Achtung, nicht Wohlgefallen. Auch ist das Angenehme wie das Gute »mit Interesse verbunden« (B 7 ff.; 10 ff.). Dagegen ist ästhetisches »Wohlgefallen oder Mißfallen *ohne alles Interesse*. Der Gegenstand eines solchen Wohlgefallens heißt *schön*« (B 16). Es wird nicht in Begriffen gedacht, sondern im Gefühl der Lust erfaßt, dennoch ist es objektiv, daher allgemein und notwendig gültig: »Schön ist das, was ohne Begriff allgemein gefällt« (B 32), genauer, »was ohne Begriff als Gegenstand eines notwendigen Wohlgefallens erkannt wird« (B 68).

265 Über das Schöne geht das *Erhabene* durch seine Unbegrenztheit hinaus (B 75). Die Natur kann als schön, aber nicht als erhaben empfunden werden, »denn das eigentlich Erhabene kann in keiner sinnlichen Form enthalten sein, sondern trifft nur Ideen der Vernunft, welche, obgleich keine ihnen angemessene Darstellung möglich ist, eben durch diese Unangemessenheit, welche sich sinnlich darstellen läßt, rege gemacht und ins Gemüt gerufen werden« (B 76 f.). So ist das Schöne den sinnlichen Gegenständen des Verstandes, das Erhabene aber den übersinnlichen Ideen der Vernunft zugeordnet. Erhaben ist, was unser Vorstellen und Begreifen übersteigt: das unbegrenzt Große, das schlechthin Gute. Es übersteigt sinnliche Anschauung und Darstellung, aber auch ihm kommt allgemeine und notwendige Geltung zu, obwohl es »gegen das Interesse der Sinne unmittelbar gefällt« (B 115). »Erhaben ist, was auch nur denken zu können ein Vermögen des Gemüts beweist, das jeden Maßstab der Sinne übertrifft« (B 85).

2. Die teleologische Urteilskraft

266 Nicht nur subjektive, sondern objektive Zweckmäßigkeit erfaßt die teleologische Urteilskraft. Kant gibt zu, daß wir die Natur als zweckmäßig geordnet beurteilen. Schon die Gesetze der unbelebten Natur,

die wir in Mathematik und Physik erkennen, scheinen zweckmäßig, erst recht das Leben der Organismen, das Verhältnis der Teile zum Ganzen, die gegenseitige Beziehung von Ursache und Wirkung, von Mittel und Zweck. Dies alles, von Kant mit vielen Beispielen belegt, wird nur als teleologisches Geschehen verständlich. Das setzt eine ordnende Vernunft voraus: nicht menschliche, sondern göttliche Vernunft. Teleologie wird zur »Propädeutik der Theologie« (vgl. B 309). Aber die Wirklichkeit Gottes bleibt nach den Prinzipien der KrV grundsätzlich unerkennbar; darüber geht Kant auch hier nicht hinaus. Unsere Erkenntnis bleibt begrenzt auf die bloße Erscheinungswelt, die wir aus »Naturbegriffen«, nicht aus »Freiheitsbegriffen« denken, daher keine objektive Finalität zu erkennen vermögen. Wenn wir dennoch die Welt als zweckmäßig geordnet denken, so ist das ein Denken der Dinge, *als ob* sie zweckmäßig eingerichtet wären, nicht eine Erkenntnis realer Finalität. Kant ringt hier mit dem Problem, das er nicht bewältigen kann, weil schon in der KrV der Zugang zu einer Lösung verbaut ist. Es kann ihm nicht mehr gelingen, Notwendigkeit mit Freiheit, die Sinnenwelt der theoretischen Vernunft mit der intelligiblen Welt der praktischen Vernunft in Einklang zu bringen.

Der wertvollste Gehalt der KU ist Kants Theorie des Schönen und des 267 Erhabenen, die auf die Ästhetik der Klassiker (Schiller, Goethe) und der Idealisten (Schelling, Hegel) auf vielfache Weise eingewirkt hat. Im ganzen bleibt aber die KU das fragwürdigste unter den Hauptwerken Kants. Das Problem, das zu lösen er sich ausdrücklich zur Aufgabe gestellt hat, nämlich die Zweiheit von theoretischer und praktischer Vernunft, von Notwendigkeit und Freiheit zu überwinden, bleibt völlig ungelöst. Auch der Zweckbegriff bleibt eine Idee unseres Denkens, welche die Erscheinungswelt nicht übersteigt, die Wirklichkeit nicht erreicht. Damit fällt Kant wieder in die bloße KrV zurück, ohne die metaphysischen Dimensionen der KpV einzuholen und auszuwerten. Das Problem bleibt offen – und wird gerade dadurch zum Ansatz weiterer Problementwicklung im Idealismus.

IV. Religionsphilosophie

Seine Religionsphilosophie legt Kant in der sogenannten »Religions- 268 schrift« dar: »Die Religion innerhalb der Grenzen der bloßen Vernunft« (Rel.). In kaum einem anderen Bereich erweist sich Kant so abhängig vom Geist der Aufklärung seiner Zeit. Der gesamten Aufklärung war die Tendenz eigen, die Religion auf bloße Vernunft zu reduzieren und die Vernunftreligion vor allem aus ihrem praktischen Nutzen zu verstehen, moralisches Handeln zu fördern. So kann auch Kants Religionsphilosophie unter den beiden Stichworten Vernunft und Moral gekennzeichnet werden.

269 Gegenüber dem Glauben an göttliche Offenbarung bricht in der Aufklärung das Bestreben durch, die Religion allein aus natürlicher *Vernunft* zu begründen. Dies geschah schon in der englischen Aufklärung bei den »Freidenkern« wie Toland, Tindal, Collins u. a., später in Frankreich besonders bei Voltaire und Rousseau, in Deutschland bei Reimarus und Lessing. Dieselbe Tendenz ist auch bei Kant deutlich wirksam, nur dasjenige anzuerkennen, was natürlich rationalem Denken einsichtig und beweisbar ist, und fallen zu lassen oder umzudeuten, was die Einsicht natürlicher Vernunft übersteigt.

Was Kants KrV nicht zu leisten vermochte, hat die KpV erreicht, nämlich einen Zugang zu Gott zu gewinnen: das Dasein Gottes ist Postulat der praktischen Vernunft. Dies macht es möglich, das Sittengesetz als Gebot Gottes zu betrachten. Religion ist daher für Kant die »Erfüllung aller Menschenpflichten als göttlicher Gebote« (B 158; vgl. B 138 u. ö.). Nicht als ob die sittliche Verpflichtung ursprünglich von Gott stammen könnte; dies wäre für Kant Heteronomie, die der Autonomie sittlichen Wollens widerspräche. Wohl aber kann nachträglich das sittliche Gesetz »zugleich auch« als Gebot Gottes aufgefaßt werden. Was Gott von uns verlangt, bildet jedoch nicht einen eigenen Bereich religiöser Pflichten wie Gebet, kultische Gottesverehrung, kirchlicher Gottesdienst – dies alles lehnt Kant mit scharfen Worten ab: als Aberglaube und Afterdienst, Fehlformen der Religion. Hierin zeigt sich deutlich der Einfluß der Religionskritik Humes.

270 So entschieden Kant auch wirkliche oder vermeintliche Verfälschungen äußerlich geübter Religion ablehnt, spricht er doch mit Achtung und und Ehrfurcht von der *christlichen* Religion. Vor allem in der Einleitung zur 2. Auflage der Rel. (1794) grenzt er (philosophische) Vernunftreligion deutlich ab von (theologischer) Offenbarungsreligion. Sie bilden konzentrische Kreise, deren »weitere Sphäre des Glaubens ... eine engere in sich beschließt« (B XXII). Kant will bloße Vernunftreligion offenhalten für die weitere Dimension des christlichen Glaubens; er ist nicht nur »natürliche Religion« (B 236 ff.), sondern »gelehrte Religion« (B 247 ff.). Seine Ehrfurcht vor Jesus Christus geht soweit, daß er selbst dort, wo er ausdrücklich von ihm und seiner Lehre spricht, ihn auch nur zu nennen sich scheut; er nennt ihn nur den »Lehrer« oder »Stifter« der christlichen Religion. Kant selbst beschränkt sich jedoch (philosophisch) auf die Religion »innerhalb der Grenzen der bloßen Vernunft«.

271 In diesem Sinn gilt aber für ihn: Religion ist Moral. Entscheidend ist

allein die praktisch-sittliche Wirkung. So deutet Kant auch den christlichen Glauben, dessen Lehren nur moralisch auszulegen sind. »Diese Auslegung mag uns selbst in Ansehung des Texts (der Offenbarung) oft gezwungen scheinen, oft es auch wirklich sein, und doch muß sie, wenn es nur möglich ist, daß dieser sie annimmt, einer solchen buchstäblichen vorgezogen werden, die entweder schlechterdings nichts für die Moralität in sich enthält, oder dieser ihren Triebfedern wohl gar entgegenwirkt« (B 158). Dazu stellt Kant die Frage, »ob die Moral nach der Bibel, oder die Bibel vielmehr nach der Moral ausgelegt werden müsse« (ebd., Anm.).

Zum rechten Verständnis seiner Religionsphilosophie ist der konkrete, 272 persönliche Hintergrund zu beachten. Kant führte ein sittenstrenges Leben, war bescheiden und pflichtbewußt, äußerst liebenswürdig und hilfsbereit, eine der menschlich ansprechendsten Gestalten in der Geschichte neuerer Philosophie; und er war im Grunde ein gläubiger Christ. Doch hatte er wenig Sinn für eigentlich religiöse Akte und Ausdrucksformen. Dies geht vor allem zurück auf die übertrieben religiöse Erziehung in der Pietistenschule in Königsberg mit ihrem (heute unvorstellbaren) Übermaß an religiösen Andachten, Unterweisungen u. a., allgemeiner auf die Erfahrung offiziellen Religionszwangs, gegen den er sich wehrte. Dies alles drängte ihn zu kritischer Distanz gegenüber praktischer und äußerlicher, erst recht kirchlicher Religionsübung. Kant vermied es, eine Kirche zu betreten, wenn nicht seine Amtspflicht es gebot. Dennoch bewahrte er Achtung vor der Religion und hielt bloße Vernunftreligion offen für christlichen Offenbarungsglauben.

Würdigung

Das philosophische Gesamtwerk Kants machte schon zu seiner Zeit 273 tiefen und weitreichenden Eindruck, es rief vielfache Auseinandersetzungen hervor. Die offen gebliebenen Probleme werden zu entscheidenden Ansätzen des nachfolgenden Idealismus. Obwohl Kants Denken wesentlich geleitet ist durch das Bestreben nach Einheit in der Mannigfaltigkeit, bleiben doch offenkundig zentrale Gegensätze unvermittelt bestehen. Sie werden zu Triebkräften der folgenden Denkentwicklung: das Verhältnis von Anschauung und Denken (Reinhold), von theoretischer und praktischer Vernunft (Fichte), vor allem das Verhältnis zwischen Subjekt und Objekt, d. h. auf der einen Seite (subjektiv) das empirische und das transzendentale Ich, auf der anderen Seite (objektiv) das Ding an sich und die Erscheinung, darüber hinaus das Bestreben des Denkens, jenseits der Zweiheit von Subjekt und Objekt einen letzten (absoluten) Einheitspunkt und Ursprungsgrund zu erreichen (Fichte,

Schelling, Hegel). Zugleich aber, zum Teil schon vor dieser Entwicklung zum deutschen Idealismus (worauf noch eigens einzugehen ist), kommt es zu heftigem Für und Wider Kant, nicht nur von Seiten der alten Schulphilosophie, sondern auch mitbedingt durch die neue, als Reaktion gegen die Aufklärung sich erhebende Denkungsart der Romantik.

E. Kants Folgen

I. Für und Wider Kant

Kants KrV wurde anfangs noch wenig beachtet und verstanden. Ihre 274 Verbreitung wurde besonders gefördert durch *K.L. Reinhold* (1757 bis 1823), einen begeisterten Anhänger Kants, der »Briefe über die kantische Philosophie« (im »Deutschen Merkur« 1786/87) herausgab. Daraufhin wurde Reinhold 1787 als Professor der Philosophie nach Jena berufen und machte nun Jena zum Mittelpunkt kantischer und in ihrem Gefolge idealistischer Philosophie. Reinholds Nachfolger in Jena wurde 1794 Fichte; 1798 kommt Schelling und 1801 Hegel nach Jena. Dort vor allem vollzieht sich die Weiterentwicklung der Philosophie Kants zum Deutschen Idealismus.

Zugleich dringt jedoch Kant, noch mehr durch seine folgenden Schrif- 275 ten (KpV u. KU), in das gesamte Geistesleben ein. Die deutschen Klassiker nehmen Gedanken Kants auf, besonders *Friedrich Schiller*, der z. B. in der Schrift »Über Anmut und Würde« (1793) ästhetische Ideen übernimmt, ohne jedoch Kants ethischen Rigorismus zu teilen. Auch *Heinrich Kleist* u. a. sind von Kant beeinflußt.

Doch meldet sich schon früh Kritik an Kants Philosophie. Als einer der 276 ersten deckt *F.H. Jacobi* (1743–1819) den Widerspruch im kantischen Ding an sich auf. Darin folgt ihm *G.E. Schulze* (1761–1833, Professor in Göttingen), der unter dem Titel »Aenesidemus« (1792) scharfe Kritik an Kant übt und ihm einen skeptischen Standpunkt gegenüberstellt. Damit setzt sich wiederum *Fichte* in seiner berühmten »Aenesidemus-Rezension« (1794) auseinander, einer der ersten Schriften Fichtes, worin er, über Reinhold hinausgehend, seinen eigenen Standort entwickelt. Damals ist Fichte noch ebenso wie Reinhold davon überzeugt, treuer und konsequenter Anhänger Kants zu sein, obwohl er schon weit über Kant hinausgeht. Jedenfalls steht schon in den neunziger Jahren des 18. Jahrhunderts die Philosophie Kants mitten in der geistigen Auseinandersetzung der Zeit.

Unter den Gegnern Kants, nicht nur als Kritiker seiner Philosophie, sondern als Gegenkräfte im Geistesleben der Zeit, treten besonders Jacobi, Hamann und Herder hervor, die darin übereinkommen, daß sie schon in die Richtung romantischen Denkens und Fühlens weisen.

Friedrich Heinrich Jacobi, 1743 in Düsseldorf geboren, war Geschäfts- 277 mann und Privatgelehrter, schließlich seit 1807 Präsident der Akademie der Wissenschaften in München, wo er 1819 starb. Er hat nicht ein philosophisches System erstellt, aber in zahlreichen Schriften zu philosophischen Bewegungen seiner Zeit Stellung genommen und darin eine Philosophie des Gefühls und des Glaubens vertreten. Großes Aufsehen erregte seine Schrift »Über die Lehre des Spinoza, in Briefen an Moses Mendelssohn« (1785), worin er das Bekenntnis Lessings zum Spinozismus mitteilt und diesen nicht nur für Pantheismus, sondern in letzter Konsequenz für Atheismus erklärt. Mit Hume setzt er sich in der Schrift »David Hume über den Glauben oder Idealismus und Realismus« (1787), mit Fichte in einem »Sendschreiben an Fichte« (1799), mit Schelling in der Schrift »Von göttlichen Dingen« (1811) auseinander. In seiner Philosophie des Glaubens, der nicht in Vernunfteinsicht, sondern in irrationalem Gefühl gründet, wird Jacobi zum Philosophen der Romantik, auf die er stark einwirkt, zugleich auf Anliegen der späteren Lebens- und Existenzphilosophie vorausweisend.

278 Nicht minder bedeutsam ist *Johann Georg Hamann*, 1730 in Königsberg geboren (wie Kant), dort als Beamter tätig, mit Kant, Herder, Jacobi befreundet; er stirbt auf einer Reise in Münster 1788. Dieser originelle und tiefsinnige, christlich mystische Denker wird schon zu seiner Zeit als »Magus des Nordens« bezeichnet. Er ist entschiedener Gegner der rationalistischen Aufklärung, weist gegen Kant auf die schöpferischen Kräfte des Gemütes hin und entwickelt eine lebendig organische Sprachauffassung, die über die bloße Bezeichnungsfunktion der Sprache hinausgeht, in der christlichen Logoslehre gründet und in der Sprache die Mutter der Vernunft und der Offenbarung sieht: Vernunft ist Sprache, Logos, sie ist »Organon und zugleich Kriterion der Vernunft« (III 284). Diese Sprachauffassung, weitergeführt durch Herder, W. v. Humboldt, Schleiermacher, wirkt nicht nur entscheidend auf die Romantik ihrer Zeit, sondern kommt von neuem zur Geltung in der Hermeneutik und Sprachphilosophie der Gegenwart.

279 In dieselbe Richtung wirkt *Johann Gottfried Herder*, auch in Ostpreußen (Mohrungen) 1744 geboren. Nach dem Theologiestudium in Königsberg ist er als evangelischer Pfarrer, Lehrer und Hofprediger tätig, schließlich als Generalsuperintendent in Weimar 1803 gestorben. Er war in Königsberg Schüler Kants in dessen vorkritischer Periode, lehnt aber die kritische Philosophie entschieden ab und schreibt eine »Metakritik zur Kritik der reinen Vernunft« (1799). Im besonderen stellt er dem kantischen Dualismus zwischen empirischem Inhalt und apriorischer Form, zwischen Notwendigkeit der Naturkausalität und Freiheit sittlichen Handelns eine organisch-einheitliche Entwicklung der Natur und des Geistes entgegen, so daß die geschichtliche Entwicklung der Menschheit (Ideen zur Philosophie der Geschichte der Menschheit, 1784–91) in der Entwicklung des Naturgeschehens auf den Geist hin gründet. Damit nähert er sich, von G. Bruno angeregt, der Philosophie Spinozas, die er aber durch die Überzeugung vom persönlichen Gott

korrigiert (Gott. Gespräche über Spinozas System, 1787), und übernimmt von Leibniz den Gedanken der Individualität. Doch entwickelt Herder selbst kein ausgereiftes und abgerundetes System. Ähnlich wie Hamann, mit dem er befreundet war, legt auch Herder besonderen Wert auf die Sprache, die in der menschlichen Natur gründet und darum göttlichen Ursprungs ist. Die Sprache ist die Vermittlung vom Sinneseindruck zum Denken. Raum und Zeit sind Erfahrungsbegriffe, Materie und Form der Erkenntnis entspringen derselben lebendigen Einheit und Unmittelbarkeit gesamtmenschlichen Erlebens, dessen vorgegebener Inhalt in der Sprache reflektiert und zum Ausdruck gebracht wird. So bedeutsam Herders sprachphilosophische Ansätze sind, so wenig Verständnis zeigt er für die Problematik Kants, die er entschieden zurückweist, die aber rasch an Einfluß gewinnt und zur Ausbildung des deutschen Idealismus führt.

II. Kanterneuerung

Nach dem Tode Kants (1804) tritt seine Philosophie bald in den Hinter- 280 grund; durch mehrere Jahrzehnte wird sie durch andere Denkbewegungen verdrängt. Auf der einen Seite entwickelt sich, zwar von Kant her, aber in jeder Richtung weit über ihn hinausgehend, das idealistische Denken (Fichte, Schelling, Hegel). Auf der anderen Seite kommt es, als kritische Reaktion darauf, zum Vordringen des Positivismus (Comte) und Materialismus (Büchner, Vogt, Moleschott), bei den Linkshegelianern zur atheistischen Religionskritik (Feuerbach) und später zum dialektischen Materialismus (Marx und Engels). Im ganzen ist die Mitte des 19. Jahrhunderts gekennzeichnet durch einen Tiefstand philosophischen Denkens. Dagegen erhebt sich der Ruf: *Zurück zu Kant!* Schon Kuno *Fischers* Kantwerk (in seiner Geschichte der neueren Philosophie, 1852–77) trägt viel zu neuem Kantverständnis bei. Noch mehr gibt Otto *Liebmanns* Schrift »Kant und die Epigonen« (1865) den entscheidenden Anstoß zur neukantischen Bewegung – durch den Aufruf, der am Ende jedes Kapitels wiederkehrt: »... also muß zu Kant zurückgegangen werden«.

Nun setzt eine Kanterneuerung ein, bald als *Neukantianismus* bezeichnet, 281 der zu einer der mächtigsten Geistesbewegungen vieler Jahrzehnte wird und bis um die Mitte des 20. Jahrhunderts fortwirkt. Eine Reihe bedeutender Werke über Kant (K. Fischer, H. Cohen, Fr. Paulsen, H. Vaihinger, K. Vorländer u. a.) erforscht seine Philosophie. Zugleich entwickelt sich aber der Neukantianismus in verschiedene Richtungen. Im allgemeinen hält er an der These Kants von der Unmöglichkeit der Metaphysik fest; Kant gilt einseitig als Antimetaphysiker (diese Auffassung wird erst durch F. Paulsen, später besonders durch M. Wundt und M. Heidegger durchbrochen). Wenn es aber keine Metaphysik gibt noch geben kann, was ist dann noch Philosophie, nachdem die empirischen Gegenstandsbereiche Aufgaben der Einzelwissenschaften sind? Die Antwort darauf: Die Philosophie hat keinen eigenen Sachbereich, ihre Funktion liegt in »Wissenschaftstheorie«, d. h. in erkenntnistheoretischer und methodologischer Reflexion der positiven Wissenschaften. Hierin unterscheiden sich die beiden bedeutendsten Schulen des Neukantianismus: Die Marburger Schule befaßt sich mit einer Theorie der exakten Naturwissenschaften, die Badische Schule mit einer Theorie der Geschichte und Kulturwissenschaft oder, wie man bald sagen wird, der Geisteswissenschaften, in denen sich das Wertproblem stellt.

1. Die Marburger Schule

282 Die Hauptvertreter der Marburger Schule sind H. Cohen und P. Natorp; aus ihr hervorgegangen sind u. a. E. Cassirer und N. Hartmann, die jedoch völlig eigene Wege gehen.

283 a) *Hermann Cohen* (1842–1918, Professor in Marburg) ist der Begründer der Marburger Schule. Er befaßt sich vor allem mit Kant, versteht die Kritik Kants als Theorie der Erfahrung (Kants Theorie der Erfahrung, 1871) und entwickelt von daher ein eigenes System der Logik, Ethik und Ästhetik (System der Philosophie, 3 Bde. 1902–1912). Er entwickelt von Kant her eine Theorie der mathematischen Naturwissenschaften auf dem Standpunkt eines »logischen Idealismus«: Es ist ein Idealismus, insofern er das Ding an sich ausschalten will; ohne vorgegebenes, von außen stammendes Empfindungsmaterial soll die transzendentale Konstitution der Erkenntnis, genauer der mathematisch-naturwissenschaftlichen Erkenntnis, erforscht werden. Es geht nicht um die Erkenntnis konkreter Einzelobjekte, sondern allein um die allgemeinen, daher formalen Bedingungen wissenschaftlicher Erkenntnis. Es ist daher nicht ein metaphysischer, sondern ein logischer Idealismus, der allein die formal apriorischen Bedingungen der Erfahrung untersucht, aber jegliche Metaphysik als unmöglich ablehnt.

284 b) Daneben wird *Paul Natorp* (1854–1924, Professor in Marburg) bedeutendster Vertreter der Marburger Schule. Auch er vertritt einen logischen Idealismus (Die logischen Grundlagen der exakten Wissenschaften, 1910), deutet die Ideenlehre Platons in diesem Sinn als rein logisches Apriori des Denkens (Platons Ideenlehre, 1903) und befaßt sich darüber hinaus mit psychologischen und sozialpädagogischen Problemen (Sozialpädagogik, 1899).

c) Von der Marburger Schule ausgegangen ist *Ernst Cassirer* (1874–1945, 285 Professor in Hamburg, seit 1934 in New York), der über das reine naturwissenschaftliche Denken hinaus vordringt zum Problem der Sprache, des mythisch-religiösen Denkens und der künstlerischen Anschauung. Sein Hauptwerk »Philosophie der symbolischen Formen« (3 Bde., 1923–29) ist heute noch oder von neuem, nämlich im Problemkreis der Sprache und der Hermeneutik von großer Bedeutung (daneben: Substanzbegriff und Funktionsbegriff, 1910. Das Erkenntnisproblem in der Philosophie und Wissenschaft der neueren Zeit, 3 Bde., 1906–20).

d) Ebenfalls vom Marburger Neukantianismus herkommend, geht auch 286 *Nicolai Hartmann* (1882–1950, Professor in Berlin und Göttingen) schon früh eigene Wege. Er löst sich völlig vom logischen Idealismus und dringt zu einem Realismus der Erkenntnis vor (Metaphysik der Erkenntnis, 1921). Bis um die Mitte dieses Jahrhunderts galt er als einer der bedeutendsten Philosophen Deutschlands, doch gehört seine Kategorialanalyse schon in den Bereich neuerer Ontologien und seine Ethik in den Zusammenhang des wertphilosophischen Problems – deutliches Anzeichen dafür, wie sehr sich der Marburger Neukantianismus überholt hat.

e) Der letzte, der in Marburg selbst die Tradition aufrechthielt, war 287 *Julius Ebbinghaus* (geb. 1885, seit 1930 Professor in Marburg, gestorben 1981), der sich in zahlreichen Werken mit Kant (Kantkritik und Kantinterpretation, 1924. Kant und das 20. Jahrhundert, 1954, u. a.), ansonsten vor allem mit Rechts- und Staatsphilosophie befaßt.

2. Die Badische Schule

Die Badische Schule (auch Südwestdeutsche Schule genannt, bes. an 288 den Universitäten Heidelberg und Freiburg) vertritt eine andere Richtung neukantischen Denkens. In Marburg ging es um eine Theorie der Naturwissenschaften, hier geht es um eine Theorie der Geschichts- und Kulturwissenschaften (bes. seit W. Dilthey »Geisteswissenschaften« genannt). Die wichtigsten Vertreter dieser Schule sind W. Windelband und H. Rickert; doch geht ihr Anliegen viel breiter in die philosophische Diskussion der letzten Jahrzehnte ein.

a) *Wilhelm Windelband* (1848–1915, Professor in Heidelberg) ist vor 289 allem Philosophiehistoriker, der bedeutende Werke über die Philosophie des Altertums (1888) und der Neuzeit (2 Bde. 1878–80) herausgibt, dazu das ideengeschichtlich geistvolle »Lehrbuch der Geschichte der Philosophie« (1892). Wissenschaftstheoretisch stammt von ihm die Unterscheidung zwischen verallgemeinernden oder »nomothetischen« (allgemeine Gesetze erstellenden) und individualisierenden oder »ideographischen« (das einzelne beschreibende und zu verstehen suchende) Wissenschaften (Geschichte und Naturwissenschaft, 1894). Damit ist der grundlegende Unterschied zwischen zwei wesentlich verschiedenen Typen der Wissenschaft herausgestellt. Die Eigenart geschichtlich-kultureller Wissenschaften – neben Naturwissenschaften – wird damit zum Problem, das in der Folgezeit vielfältig nachwirkt.

290 b) Dieses Problem nimmt *Heinrich Rickert* (1863–1936, Professor in Heidelberg) auf. Auch er sucht den methodologischen Unterschied zwischen Naturwissenschaft und Kultur- (Geistes-)Wissenschaft herauszuarbeiten (Die Grenzen der naturwissenschaftlichen Begriffsbildung, 1896–1902. Kulturwissenschaft und Naturwissenschaft, 1899). Dies war bisher noch nicht ausdrücklich geschehen. Bei Kant und noch weithin im 19. Jahrhundert gilt exakte Naturwissenschaft als die einzige Idealnorm der Wissenschaftlichkeit überhaupt.

291 Ansätze, historische Wissenschaften in ihrer Eigenständigkeit zu begreifen, finden sich erst bei *J. G. Droysen* (Grundriß der Historik, 1868), später vor allem bei *W. Dilthey* (Einleitung in die Geisteswissenschaften, 1883. Der Aufbau der geschichtlichen Welt, 1910). In diesem Zusammenhang steht auch Rickert, der zwar den Begriff der Geisteswissenschaft ablehnt und von Geschichts- und Kulturwissenschaft spricht, aber den entscheidenden Unterschied macht: Die Natur ist durch Gesetze zu erklären, die Geschichte und die geschichtliche Kultur aus Werten zu verstehen. Die Unterscheidung zwischen »Erklären« (der Natur) und »Verstehen« (der Geschichte) stammt, vorbereitet durch Friedrich Schleiermacher, schon von Droysen; sie wird von Windelband im Gegensatz nomothetischer und ideographischer Wissenschaften formuliert. Wenn aber geschichtliche Erscheinungen aus Werten zu verstehen sind, so stellt sich die Frage nach dem Wesen des Wertes, des Sollens, also das ethische und wertphilosophische Problem.

292 Schon von Windelband wird die Frage in diese Richtung verwiesen. Er ist im Gefolge Kants Idealist. Die Erkenntnis hat nicht eine objektive Wirklichkeit zu erfassen. Eine Aussage ist nicht deshalb wahr, weil sie der Wirklichkeit entspricht, sondern weil sie so gedacht werden soll, d. h. weil und insofern sie apriorischen Gesetzen des Erkennens entspricht. Nicht das Sollen gründet in der Wahrheit, sondern die Wahrheit im Sollen (des Denkens). Ebenso im ethischen Bereich: Wenn ich etwas tun soll, so gründet das Sollen nicht in der objektiven Gutheit der Handlung, sondern die Gutheit im apriorischen Sollen. Wahr und Gut ist, was gedacht oder getan werden soll. Damit stellt sich aber das Problem des Sollens, der Werte, das von Rickert entschieden aufgegriffen wird, aber in einem weiteren Problemzusammenhang steht.

3. Das Wertproblem

Das Problem ist schon durch Kants scharfe Unterscheidung zwischen 293
theoretischem Wissen und praktischem Handeln gestellt. Wenn die
Erfahrung nur die Erscheinung erreicht und diese das sittliche Handeln
nicht zu bestimmen vermag, wodurch sind dann die Inhalte sittlicher
Verbindlichkeit konstituiert? Wenn es auch ein formal-apriorisches
Sittengesetz gibt, was sollen wir (sachlich, inhaltlich) tun? Dieselbe
Frage stellt sich vom empiristisch-positivistischen Denken der Zeit her:
Wenn die Erkenntnis auf bloße Feststellung empirischer Fakten be-
schränkt ist, kann daraus keine sittliche Verbindlichkeit folgen; wenn
wir aber sittlich handeln sollen, woher stammen die Inhalte sittlicher
Verpflichtung?

a) Dieses Problem wurde – längst vor dem Neukantianismus – von 294
Hermann Lotze aufgenommen (1817–1881, Professor in Göttingen, gest.
in Berlin). Er ist Metaphysiker (Metaphysik, 1841), der in vieler Hinsicht
Leibniz folgt, ohne dessen Rationalismus zu teilen, die Monadenlehre
übernimmt, die Allbeseeltheit der Natur lehrt und an einer unendlichen
Zentralmonade, dem transzendenten und persönlichen Gott, festhält.
Er vertritt einen christlichen Theismus gegenüber allen Formen des
Pantheismus und Atheismus seiner Zeit. Sein Bemühen, gegenüber
jeder Relativierung die unbedingte Geltung sittlicher Werte und sittlichen Sollens zu wahren, führt ihn zum Ansatz der Wertphilosophie, der
in der Folge immer wieder aufgegriffen wird. Er kann in drei Begriffen
zusammengefaßt werden: Wert, Gelten und Fühlen.

Wenn hier und in der späteren Wertphilosophie immer wieder scharf 295
unterschieden wird zwischen Sein und *Wert*, so sind nicht nur, aber in
erster Linie ethische Werte gemeint (Güte, Gerechtigkeit usw.). Solche
Werte »sind« nicht, sondern sie »gelten«, d.h. sie bestehen nicht wie
reale Dinge, sondern sie haben eine eigene, wenn auch objektive Seinsweise, die als Geltung bezeichnet wird.

Daraus ergibt sich der Unterschied zwischen Sein und *Gelten*. Ein kon- 296
kretes Einzelding »ist« oder existiert; aber ein Satz, ein Urteil oder ein
logisches Gesetz »ist« nicht, sondern es »gilt«. Ebenso ein Wert, besonders ein ethischer Wert; er gehört einer völlig anderen Sphäre an, wenn
diese auch eine Beziehung auf das Sein, nämlich Normcharakter für das
hat, was ist oder sein soll. Dabei ist zu beachten: Die »Geltung« ist nicht
auf das Wertphänomen beschränkt, sondern betrifft auch logische Denk-
gesetze wie ästhetische Normen; auch Bernh. *Bolzano* (1781–1848)
beruft sich in seiner Logik und Wissenschaftstheorie ebenso auf objektive Geltung. Diese setzt voraus, daß das Sein oder die Wirklichkeit im
Sinne des positivistisch-mechanistischen Denkens aufgefaßt wird: Das
Sein ist wertfrei, kann darum keine Normen des Handelns geben. Weil

es aber objektive Werte und Normen des Handelns gibt, werden diese seinsfrei, in einem völlig anderen Bereich des »Geltens« angesetzt. Man hat diese Auffassung (wenig zutreffend) als Wertdualismus bezeichnet; gemeint ist ein Dualismus zwischen Sein und Wert, Sein und Gelten.

297 Daraus ergibt sich weiter der Unterschied zwischen Erkennen und *Fühlen*. Nach Lotze erkennt der Verstand das Sein, die Vernunft fühlt den Wert. Damit wird das alte, von neuem durch Kant und Hegel aufgenommene Begriffspaar von Verstand und Vernunft wieder eingeführt, aber so, daß der Verstand dem wertfreien Sein positiver mathematisch-naturwissenschaftlicher Erkenntnis zugeordnet bleibt, die Vernunft jedoch darüber hinaus den Bereich geltender Werte erreicht. Aber die Vernunft erfaßt die Werte nicht in rationaler Erkenntnis, sondern in irrationalem Gefühl, das aber durchaus als objektives und intentionales Vermögen verstanden wird.

Damit sind die Grundlagen der Wertphilosophie gegeben, die aber viele Fragen stellt, die noch offen bleiben: sowohl (objektiv) nach der Seinsweise des »Geltens« der Werte, als auch (subjektiv) nach der Eigenart des »Fühlens« der Werte. Diese Fragen werden aufgegriffen und verschiedentlich weiter verfolgt.

298 b) In der *Badischen Schule*, schon bei W. Windelband, noch mehr bei *H. Rickert*, stellt sich im Zusammenhang der Geschichts- und Kulturwissenschaften das Problem der Werte. Rickert unterscheidet: Die Natur ist zu erklären aus Gesetzen, die Geschichte und die geschichtlichen Kulturen sind zu verstehen aus Werten. Sie bilden durchaus verschiedene Regionen. Wenn Rickert sie auch durch den umfassenden Begriff des Seins bezeichnet, so bleibt es ein äquivoker Seinsbegriff, der sowohl das existierende Sein (realer Einzeldinge) als auch das nicht-existierende Sein (geltender Werte und Normen) umfaßt. Die Geltung der Werte wird in einem platonischen Sinn als ideale, über-reale, aber normgebende Seinssphäre aufgefaßt. Doch sollen die Werte in die reale Welt eingeführt, in ihr verwirklicht werden, insofern ist der wertende, den Wert verwirklichende Akt des Menschen der »Seinsknoten«, der die ideale mit der realen Welt verknüpft.

299 c) *Franz Brentano* (1838–1917, Neffe des Dichters Clemens Brentano, erst katholischer Priester, verläßt den Beruf und die Kirche, wird Professor der Philosophie in Würzburg und Wien, lebt als Privatgelehrter in Florenz und stirbt in Zürich) ist ein philosophisch und psychologisch richtungweisender Denker seiner Zeit (Psychologie vom empirischen Standpunkte, 1874. Vom Ursprung sittlicher Erkenntnis, 1889, u. a.). Auch er nimmt das Wertproblem auf. Werterfassung ist Sache des Gefühls, nicht Sache rationaler Erkenntnis. Ebenso wie die Erkenntnis intentional objektbezogen ist, so ist auch das Fühlen des Gemüts auf ein

Objekt bezogen. Und wie das letzte Kriterium wahrer Erkenntnis die Evidenz ist, d. h. unmittelbare Einsicht in einen objektiven Sachverhalt, so gibt es auch eine nicht rückführbare Quasi-Evidenz des Wertfühlens in der »als richtig charakterisierten Liebe«. Die Liebe, das Wertgefühl, weiß spontan um die eigene Richtigkeit, sie weiß unmittelbar darum, daß sie objektiv gültige Werte erfaßt.

Worin aber die Werte objektiv fundiert sind, in welcher Weise sie dem wertenden Akt objektiv vorgegeben sind, bleibt bei Brentano im Dunkel. Er greift mehr den subjektiven (psychologischen) Aspekt des Wertfühlens auf, ohne den objektiven Aspekt zu klären. Darum auch seine Entwicklung: Während er zuvor an der objektiven Geltung der Werte festhalten will, verfällt er immer mehr einem Subjektivismus und Psychologismus, dem eine objektive Fundierung fehlt.

d) Von seinem Lehrer Brentano abhängig erweist sich *Alexius Meinong* 300 (1853–1921, Professor in Graz, Gründer der Grazer Schule). Parallel zur Phänomenologie E. Husserls, der ebenfalls Brentanos Schüler war, entwickelt er eine Gegenstandstheorie. Doch befaßt er sich auch mit dem Wertproblem (Psychologisch-ethische Untersuchungen zur Werttheorie, 1894) und spricht von »emotionaler Präsentation«. Diese ist nicht ein rationaler, sondern ein emotionaler Akt (des Gefühls), der aber nicht rein subjektiv, sondern objektiv bestimmt ist, d. h. analog zum Erkenntnisakt intentional objektive Werte »präsentiert«.

e) Dies wird in der phänomenologischen Schule besonders von *Max* 301 *Scheler* (1877–1928, Professor in Jena, München, Köln) aufgenommen und fortentwickelt (Der Formalismus in der Ethik und die materiale Wertethik, 1913–16. Vom Umsturz der Werte, 1919. Wesen und Formen der Sympathie, 1923). Die realen Dinge sind wertfrei, sie werden aber zu Gütern, insofern in ihnen Werte realisiert sind. Die Wertqualitäten bilden ein eigenes Reich idealer Ordnung, ihnen kommt »letzte Unabhängigkeit vom Sein« zu. Wie die Phänomenologie die Unmittelbarkeit einer Wesenschau lehrt, so auch die unmittelbare Erfassung der Werte, bei Scheler durch »intentionales Fühlen«. Damit meint er, ähnlich wie Brentano und Meinong, einerseits ein emotionales, nicht rationales Geschehen, andererseits aber einen intentionalen Akt, der objektiv gegebene und geltende Werte erfaßt.

f) Der letzte bedeutende Philosoph, der eine solche Wertlehre vertritt, 302 ist *Nicolai Hartmann*, der vom Marburger Neukantianismus herkommend zu einem realistisch ontologischen Denken vordringt. In seiner »Ethik« (1925) erweist er sich als abhängig von Scheler. Auch für ihn ist (unter objektivem Aspekt) das Sein wertfrei; die Werte gründen nicht im Sein, sondern bilden eine eigene Sphäre idealer Wesenheiten gegenüber der realen Wirklichkeit, als Region objektiv geltender Wertqualitäten. Andererseits (unter subjektivem Aspekt) ist auch für ihn die

Werterfassung nicht Sache rationalen Erkennens, sondern emotionalen, aber intentionalen Fühlens, dem sich die Wertqualitäten erschließen.

Eine Wertphilosophie dieser Art wirft mehr Probleme auf, als sie zu lösen vermag. Auf der einen Seite (objektiv) setzt sie ein positivistisches Seinsverständnis voraus, das keine verbindlichen Werte, erst recht kein sittliches Sollen zu begründen vermag. Dagegen die Werte als objektive, aber ideale Qualitäten anzusetzen, bedeutet einen platonischen Idealismus allgemeiner Wesenheiten. Auf der anderen Seite (subjektiv) ist das intentionale Wertfühlen ebenso problematisch. Sittliches Sollen wird nicht nur emotional gefühlt, sondern intellektuell erkannt. Seine verbindliche Geltung behauptet sich auch gegen das Gewicht des Gefühls. In diesem Sinn hat, von Scheler herkommend, *Dietrich von Hildebrand* eine wesentliche Korrektur vorgenommen (1889–1976, Professor in München, Wien, New York), der die Werte nicht als ideale Wertqualitäten, sondern als reale Seinsqualitäten auffaßt, die nicht durch emotionales Gefühl, sondern durch intellektuelle Einsicht erfaßt werden (Christliche Ethik, 1959).

303 Dieser ganze Problemkomplex steht im Gefolge Kants: Auf dem Hintergrund seiner Erkenntnistheorie (KrV) bemüht sich der Neukantianismus um eine Methodenlehre der Naturwissenschaften (Marburger Schule), und der Geschichte und Kulturwissenschaft (Badische Schule), worin das Wertproblem auftaucht. Die Wertphilosophie (von Lotze bis Scheler und Nicolai Hartmann) steht in der Auseinandersetzung mit der formalen Ethik Kants (KpV) und will einen neuen Zugang zu inhaltlichen Wertqualitäten erschließen, der sich aber – nach dem völligen Scheitern einer solchen Wertphilosophie – nur durch den Rückgang auf eine ontologisch-anthropologische Begründung der Werte, ihrer Geltung und sittlichen Verbindlichkeit als möglich erweist.

Werke

(ND = Nachdruck)

Alembert: s. D'Alembert

Bacon, Francis, Lord of Verulam: Works, Hg. J. Spedding u. a., 14 Bde., London 1857–74; Stuttgart–Bad Cannstatt 1963; teilw. ND 1986

–: s. a. Heinisch

Berkeley, George: Works, Hg. A. C. Fraser, 4 Bde., London 1871; Oxford 1901

–: The Works, Hg. A. A. Luce, T. E. Jessop, 9 Bde., Edinburgh 1947–1957; ND 1964*

–: Eine Abhandlung über die Prinzipien der menschlichen Erkenntnis, Hg. A. Klemmt, Meiner Hamburg 1979

–: Drei Dialoge zwischen Hylas und Philonous, Hg. W. Breidert, Meiner Hamburg ³1980

–: Philosophisches Tagebuch, Hg. W. Breidert, Meiner Hamburg 1979

Bodin, Jean: Œuvres philosophiques, Hg. P. Mesnard, Bd. 1 Paris 1951

–: Les six livres de la république, Paris 1583; ND Aalen 1961

–: Sechs Bücher über den Staat. Hg. P. C. Mayer-Tasch, München 1981–86

–: Über den Staat (Ausw.), Hg. G. Niedhart, Reclam Stuttgart 1976

Böhme, Jakob: Sämtliche Schriften (1730), Hg. W.-E. Peuckert, 11 Bde., Stuttgart–Bad Cannstatt 1955–61; teilw. ND 1986–88

–: Die Urschriften, Hg. W. Buddecke, 2 Bde., Stuttgart–Bad Cannstatt 1963–66

–: Von der Gnadenwahl oder Von dem Willen Gottes über die Menschen. Hg. G. Wehr, Freiburg 1978

Bolzano, Bernard: Gesamtausgabe, Hg. E. Winter u. a., Stuttgart–Bad Cannstatt 1969 ff

Brentano, Franz von: Psychologie vom empirischen Standpunkt, Wien 1874

–: Vom Ursprung sittlicher Erkenntnis, Leipzig 1889

–: Vom Dasein Gottes, Hg. A. Kastil, Meiner Hamburg 1980

–: Kategorienlehre, Hg. A. Kastil, Meiner Hamburg 1974; ND 1985

–: Die vier Phasen der Philosophie, Hg. O. Kraus, Meiner Hamburg 1968; ND 1977

–: Psychologie vom empirischen Standpunkt, 3 Bde., Hg. O. Kraus, Meiner Hamburg 1971–74

–: Vom Ursprung sittlicher Erkenntnis, Hg. O. Kraus, Meiner Hamburg 1969

–: Wahrheit und Evidenz (Ausw.), Hg. O. Kraus, Meiner Hamburg 1974

–: Philosophische Untersuchungen zu Raum, Zeit und Kontinuum, Hg. S. Körner, R. M. Chisholm, Meiner Hamburg 1976

–: Religion und Philosophie, Hg. F. Mayer-Hillebrand, Meiner Hamburg 1979

–: Die Lehre vom richtigen Urteil, Hg. F. Mayer-Hillebrand, Meiner Hamburg 1956

Bruno, Giordano: Jordani Bruni opera latine conscripta (1879–91) 3 Bde. in 8 Teilbd., Stuttgart–Bad Cannstatt 1961–62

–: Opere Italiane, 2 Bde., Bari 1925–27

–: Von der Ursache, dem Prinzip und dem Einen. Hg. P. R. Blum, Meiner Hamburg ⁶1983

Caietanus, Thomas de Vio: Scripta philosophica, 6 Bde., Rom 1934–39

–: Thomae de Vio Caietani Commentaria in Summam Theologiae S. Thomae Aquinatis; in: Sti. Thomae Aquinatis Opera omnia Ed. Leonina Bd. IV–XII, Rom 1888–1906

–: In de ente et essentia D. Thomae Aquinatis Commentaria, Hg. M.H. Laurent, Turin 1934

Campanella, Tommaso: Tutte le Opere di Tommaso Campanella, Hg. L. Firpo, Bd. I Mailand 1954

–: Opera Latina Francofurti impressa annis 1617–1630, Hg. L. Firpo, 2 Bde. Turin 1975

–: La città del sole, lat.-it. Hg. N. Bobbio, Turin 1941

–: Die Sonnenstadt, Hg. Ch. Wyrwa, München 1988

–: s. a. Heinisch

Cassirer, Ernst: Philosophie der symbolischen Formen, Darmstadt, Bd. 1 [9]1988, Bd. 2 [8]1987, Bd. 3 [8]1982, Indexbd. 1982

–: Substanzbegriff und Funktionsbegriff, Berlin 1910; ND Darmstadt 1980

–: Das Erkenntnisproblem in der Philosophie und Wissenschaft der neueren Zeit, 4 Bde. Berlin 1922f., Stuttgart 1957; ND Hildesheim 1971–73

Charron, Pierre: Œuvres, Paris 1635; 2 Bde. Genf 1970

Cohen, Hermann: Werke Hg. H. Holzhey u. a., 16 Bde., Hildesheim, New York 1977f.

Collins, Anthony: A Discourse of Free-Thinking (London 1713), engl.-dt., Hg. G. Gawlick, Stuttgart 1965

D'Alembert, Jean le Rond: Œuvres de d'Alembert, 6 Bde., Paris 1821–22

–: Einleitung zur Enzyklopädie, frz.-dt., Hg. E. Köhler, Meiner Hamburg [2]1975

De Lamettrie, Julien Offray: Œuvres philosophiques, Berlin 1774; ND Hildesheim, New York 1970

De la Ramée, Pierre: s. Ramus

De Malebranche: s. Malebranche

De Montaigne: s. Montaigne

Descartes, René: Œuvres de Descartes, Hg. Ch. Adam, P. Tannery, 12 Bde., Paris 1897–1910 (zitiert: AT)

–: Correspondance, Hg. Ch. Adam, G. Milhaud, 8 Bde., Paris 1936–63

–: Meditationes de prima philosophia, lat.-dt. Hg. L. Gäbe, H.G. Zekl, Meiner Hamburg [2]1977* (zitiert: Med.)

–: Meditationes de prima philosophia, lat.-dt., Hg. G. Schmidt, Reclam Stuttgart 1986

–: Meditationen über die Grundlagen der Philosophie, dt., Hg. L. Gäbe, H.G. Zekl, Meiner Hamburg 1976

–: Meditationen über die Grundlagen der Philosophie mit den sämtlichen Einwänden und Erwiderungen, dt., Hg. A. Buchenau, Meiner Hamburg 1915; ND 1972

–: Discours de la méthode (zitiert: Disc.). Texte et commentaire, Hg. E. Gilson, Paris [4]1967

–: Discours de la méthode, frz.-dt., Hg. L. Gäbe, Meiner Hamburg 1960; ND 1969*

–: Von der Methode des richtigen Vernunftgebrauchs und der wissenschaftlichen Forschung, dt., Hg. A. Buchenau, L. Gäbe, Meiner Hamburg 1960; ND 1978

–: Regulae ad directionem ingenii, lat.-dt., Hg. H. Springmeyer u. a., Meiner Hamburg 1973

–: Regeln zur Ausrichtung der Erkenntniskraft, dt., Hg. L. Gäbe, Meiner Hamburg 1979

–: Die Prinzipien der Philosophie (zitiert: Princ.), dt., Hg. A. Buchenau, Meiner Hamburg [4]1922; ND 1965*

–: Die Leidenschaften der Seele, frz.-dt., Hg. K. Hammacher, Meiner Hamburg 1984

–: Gespräch mit Burman, lat.-dt., Hg. H.W. Arndt, Meiner Hamburg 1982

–: Le Monde ou Traité de la Lumière, frz.-dt., Hg. M. Tripp, Weinheim 1989
–: Über den Menschen sowie Beschreibung des menschlichen Körpers, Hg. K. E. Rothschuh, Heidelberg 1969
De Silvestris: s. Silvester von Ferrara
De Spinoza: s. Spinoza
De Vio: s. Caietanus
De Vitoria, Francisco: Die Grundsätze des Staats- und Völkerrechts bei Francisco de Vitoria (Ausw.), Hg. A. Truyol Serra, Zürich [2]1957
–: Franciscus de Victoria: De Indis recenter inventis et de jure belli Hispanorum in Barbaros, lat.-dt., Hg. W. Schätzel, Tübingen 1952
D'Holbach: s. Holbach
Diderot, Denis: Œuvres complètes, Hg. J. Assézat, N. Tourneux, 20 Bde., Paris 1875–77
–: Philosophische Schriften, 2 Bde., Hg. T. Lücke, Berlin 1984
Dilthey, Wilhelm: Gesammelte Schriften, Leipzig/Göttingen 1913 ff.
Droysen, Johann Gustav: Historik, Hg. P. Leyh, Stuttgart 1977
Ebbinghaus, Julius: Gesammelte Werke, Hg. H. Oberer/G. Geismann, Bonn 1986–88
Gassendi, Pierre: Petrus Gassendi: Opera omnia (1658) 6 Bde., Stuttgart–Bad Cannstatt 1964
Geulincx, Arnold: Opera philosophica, 3 Bde., Den Haag 1891–93
–: Sämtliche Schriften, Hg. H. J. de Vleeschauwer, 5 Bde., Stuttgart–Bad Cannstatt 1965–68
–: Ethik oder über die Kardinaltugenden, Üb. G. Schmitz, Meiner Hamburg 1948
Grotius, Hugo: Opera omnia theologica (1679) 4 Bde., Stuttgart–Bad Cannstatt 1972
–: Opera ad posteritatis usum, lat.-dt., Hg. H. K. E. L. Keller, München 1959 ff.
–: De jure belli ac pacis libri tres, lat.-dt., Üb. W. Schätzel, Tübingen 1950
Hamann, Johann Georg: Sämtliche Werke, Hg. J. Nadler, 6 Bde., Wien 1949–1957
Hartmann, Nicolai: Grundzüge einer Metaphysik der Erkenntnis, Berlin [5]1965
–: Ethik, Berlin [4]1962
–: Die Erkenntnis im Lichte der Ontologie, Meiner Hamburg 1982
Heinisch, K. J. (Hg.): Der utopische Staat (Morus: Utopia; Campanella: Sonnenstaat; Bacon: Neu-Atlantis) dt. Rowohlt Hamburg 1970
Herder, Johann Gottfried von: Sämtliche Werke, Hg. B. Suphan, 33 Bde., Berlin 1877–1913; ND Hildesheim, New York 1967–68
–: Sprachphilosophische Schriften (Ausw.), Hg. E. Heintel, Meiner Hamburg [2]1964
Hildebrand, Dietrich von: Gesammelte Werke, 10 Bde., Regensburg 1971 ff./ Stuttgart 1973 ff.
Hobbes, Thomas: The English Works, Hg. W. Molesworth, 11 Bde., London 1839–45; ND Aalen 1966
–: Opera philosophica quae latine scripsit omnia, Hg. W. Molesworth, 5 Bde., London 1839–45; ND Aalen 1966
–: Vom Körper (Ausw.), Hg. M. Frischeisen-Köhler, Meiner Hamburg [2]1967
–: Vom Menschen. – Vom Bürger. Hg. G. Gawlick, Meiner Hamburg 1977
–: Leviathan oder Wesen, Form und Gewalt des kirchlichen und bürgerlichen Staates, Hg. P. C. Mayer-Tasch, Rowohlt Hamburg 1965; ND Reclam Stuttgart 1987
–: Leviathan oder Stoff, Form und Gewalt eines bürgerlichen und kirchlichen Staates, Hg. I. Fetscher, Neuwied, Berlin 1966; ND Frankfurt a. M. 1984

Holbach, Paul Heinrich Dietrich (Paul Henri Thiry) Baron von (d'): La morale universelle ou les devoirs de l'homme fondés sur sa nature, Amsterdam 1776; ND Stuttgart–Bad Cannstatt 1970

–: Système de la nature ou des lois du monde physique et du monde moral, London 1770; ND Genf 1973

–: System der Natur oder von den Gesetzen der physischen und der moralischen Welt, Üb. F.G. Voigt, Frankfurt a.M. 1978

–: Système social ou Principes naturels de la morale et de la politique, London (Amsterdam) 1773; ND Hildesheim, New York 1969

Hume, David: Philosophical Works, Hg. T.H. Green, T.H. Grose, 4 Bde., London 1882–86; ND Aalen 1964

–: Dialoge über natürliche Religion, Hg. G. Gawlick, Meiner Hamburg [5]1980

–: Ein Traktat über die menschliche Natur, Hg. Th. Lipps, 2 Bde., Meiner Hamburg [3]1978

–: Eine Untersuchung über den menschlichen Verstand, Hg. J. Kulenkampff, Üb. R. Richter, Meiner Hamburg [11]1984* (zit. Enquiry)

–: Eine Untersuchung über den menschlichen Verstand, Hg. H. Herring, Reclam Stuttgart 1967; ND 1986

–: Eine Untersuchung über die Prinzipien der Moral, Hg. C. Winckler, Meiner Hamburg 1972

–: Eine Untersuchung über die Prinzipien der Moral, Hg. G. Streminger, Reclam Stuttgart 1984

Jacobi, Friedrich Heinrich: Werke, 6 Bde. in 8 Teilbd., Leipzig 1812–25

–: Briefwechsel, Gesamtausgabe, Hg. M. Brüggen, S. Sudhof, Stuttgart 1981 ff.

–: Über die Lehre des Spinoza in Briefen an Moses Mendelssohn, Breslau 1785

–: David Hume über den Glauben oder Idealismus und Realismus, Breslau 1787

–: Von göttlichen Dingen, Leipzig 1811

Kant, Immanuel: Sämtliche Werke, Hg. Preußische (Dt.) Akademie der Wissenschaften, bisher 28 Bde., Berlin 1910 ff. (Bd. I–IX + 2 Bde. Anm. auch als Akademie-Textausgabe, Berlin 1968/77)* – Die Schreibweise der Zitate ist modernisiert. Die Hauptwerke KrV, KpV, KU, Rel. werden nach den Originalausgaben zitiert (A = 1. Aufl., B = 2. Aufl.), deren Paginierung meistens in der Akademie- und anderen Ausgaben angegeben ist.

–: Werke in 6 Bdn., Hg. W. Weischedel, Darmstadt [5]1983 u. andere Ausg.

–: Kritik der reinen Vernunft (zitiert: KrV), Hg. R. Schmidt, Meiner Hamburg 1976; ND 1986

–: Kritik der reinen Vernunft, Hg. I. Heidemann, Reclam Stuttgart 1966; ND 1985

–: Kritik der praktischen Vernunft (zitiert: KpV), Hg. K. Vorländer, Meiner Hamburg 1974; ND 1985

–: Kritik der praktischen Vernunft, Hg. J. Kopper, Reclam Stuttgart 1961; ND 1986

–: Kritik der Urteilskraft (zitiert: KU), Hg. K. Vorländer, Meiner Hamburg 1974

–: Kritik der Urteilskraft, Hg. G. Lehmann, Reclam Stuttgart 1963; ND 1986

–: Die drei Kritiken, in ihrem Zusammenhang mit dem Gesamtwerk (Ausw.), Hg. R. Schmidt, Stuttgart [11]1975

–: Die Religion innerhalb der Grenzen der bloßen Vernunft (zitiert: Rel.), Hg. K. Vorländer, Meiner Hamburg [8]1978

–: Prolegomena, Hg. K. Vorländer, Meiner Hamburg 1976

–: Grundlegung zur Metaphysik der Sitten, Hg. K. Vorländer, Meiner Hamburg 1966; ND 1971

–: Anthropologie in pragmatischer Hinsicht, Hg. K. Vorländer, Meiner Hamburg [7]1980

Leibniz, Gottfried Wilhelm: Die philosophischen Schriften, Hg. C. J. Gerhardt, 7 Bde., Berlin 1875–90

–: Sämtliche Schriften und Briefe, Hg. Preußische (Dt.) Akademie der Wissenschaften, Darmstadt (später Berlin) 1923 ff.; teilw. ND Berlin (O) 1986 ff.

–: Philosophische Schriften, Hg. (W. Engelhardt,) H. Herring, H. H. Holz, 5 Bde. in 8 Teilbd. geplant, Darmstadt, Frankfurt a. M. 1959 ff.; teilw. ND 1986 ff.

–: Opuscules et fragments inédits, Hg. L. Couturat, Paris 1903; Hildesheim 1961

–: Hauptschriften zur Grundlegung der Philosophie, Hg. E. Cassirer, 2 Bde., Meiner Hamburg ³1966

–: Metaphysische Abhandlung, frz.-dt., Hg. H. Herring, Meiner Hamburg ²1985

–: Neue Abhandlungen über den menschlichen Verstand, dt., Üb. E. Cassirer, Meiner Hamburg ³1915; ND 1971

–: Die Theodizee, Üb. A. Buchenau, Meiner Hamburg ²1968; 1977

–: Vernunftprinzipien der Natur und der Gnade – Monadologie (zitiert: Monad.), frz.-dt., Hg. H. Herring, Meiner Hamburg 1956; ND 1969*; ²1982

–: Kleine Schriften zur Metaphysik, lat./frz.-dt., Hg. H. H. Holz, Frankfurt a. M. 1965

Lessing, Gotthold Ephraim: Werke, Hg. J. Petersen, W. v. Olshausen, 25 Bde., (1925–35) Hildesheim, New York 1970

Locke, John: Works, Hg. T. Tegg, 10 Bde., London 1923; ND Aalen 1963

–: The Clarendon Edition of the Works of John Locke, Oxford 1975 ff.; auf 30 Bde. geplant. Bisher erschienen: An Essay Concerning Human Understanding, Hg. P. H. Nidditch; sowie Correspondence, Hg. E. S. De Beer, 7 Bde. (8 geplant)

–: Ein Brief über Toleranz, engl.-dt., Hg. J. Ebbinghaus, Meiner Hamburg 1975

–: Über den richtigen Gebrauch des Verstandes, Üb. O. Martin, Meiner Hamburg 1920; ND 1978

–: Versuch über den menschlichen Verstand, (Hg. C. Winckler, 2 Bde. 1911–13), Meiner Hamburg ⁴1981*

Lotze, Rudolf Hermann: Metaphysik, Leipzig 1841; ²1912

–: Mikrokosmos, 3 Bde., Hildesheim o. J.

–: Grundzüge der praktischen Philosophie, Leipzig 1882; ND Amsterdam 1969

Machiavelli, Niccolò: Opera omnia, Hg. S. Bertelli, 9 Bde., Mailand 1968–70

–: Opere, Hg. S. Bertelli, F. Gaeta, 8 Bde., Mailand 1960–65

–: Tutte le opere, Hg. M. Martelli, Florenz 1971

–: Werke, Üb. J. Ziegler, 8 Bde. Karlsruhe 1832–41

–: Il Principe, Hg. P. Cordati, Turin 1972

–: Der Fürst, Üb. R. Zorn, Kröner Stuttgart ⁶1978

–: Der Fürst, ital.-dt., Hg. Ph. Rippel, Reclam Stuttgart 1986

Malebranche, Nicolas de: Œuvres complètes, Hg. A. Robinet, 20 + 1 Bde., Paris 1958–70; teilweise ²1978

–: Œuvres, Hg. G. Rodis-Lewis, Bd. I, Paris 1979

–: Von der Erforschung der Wahrheit, Drittes Buch, Hg. A. Klemmt, Meiner Hamburg 1968*

Meinong, Alexis: Gesamtausgabe, Hg. R. Haller, R. Kindinger, 7 + 1 Bde., Graz 1968–78

Mendelssohn, Moses: Gesammelte Schriften, Jubiläumsausgabe, 20 Bde., Stuttgart–Bad Cannstatt 1972 ff.

–: Schriften zur Philosophie, Ästhetik und Apologetik, 2 Bde., Hildesheim, New York 1968

–: Phädon oder die Unsterblichkeit der Seele, Hg. D. Bourel, Meiner Hamburg 1979

Montaigne, Michel de: Œuvres complètes, Hg. A. Thibaudet, M. Rat, Paris 1976
–: Œuvres complètes, Hg. R. Barral, P. Michel, Paris 1967
–: Essais (dt.), Hg. R.-R. Wuthenow, Frankfurt a. M. 1976
More, Thomas: Workes (1557), Leeds 1978
–: The complete works of St. Thomas More, Hg. G. L. Caroll, J. B. Murray, New Haven, London 1963 ff.
–: Opera omnia latina, Frankfurt a. M., Leipzig 1689; ND Frankfurt a. M. 1963
–: Werke, Hg. H. Schulte-Herbrüggen, 5 Bde., München 1983–85
–: Utopia (1516), Leeds 1966
–: Utopia. Eine Konstruktion des humanen Staates, Hg. H. M. Endres, München 1960
–: Utopia, dt., Üb. G. Ritter, Reclam Stuttgart 1964; ND 1987
Natorp, Paul: Platons Ideenlehre, Leipzig 1903
–: Die logischen Grundlagen der exakten Wissenschaften, Leipzig 1910; Vaduz 1969
Paracelsus, Theophrastus Bombastus von Hohenheim: Werke, Hg. W.-E. Peukkert, 5 Bde., Darmstadt 1965–68; [2]1976
–: Vom Licht der Natur und des Geistes (Ausw.), Hg. K. Goldammer, K.-H. Weimann, Reclam Stuttgart 1960; ND 1984
Pascal, Blaise: Œuvres complètes, Hg. L. Brunschvicg u. a., 14 Bde., Paris 1904–14; ND Vaduz 1965
–: Œuvres complètes, Hg. L. Lafuma, Paris 1963
–: Pensées et opuscules, Hg. L. Brunschvicg, Paris 1971* (zit.: Pens.)
–: Pensées, Hg. L. Lafuma, Paris 1962
–: Pensées, Hg. F. Kaplan, Paris 1982
–: Werke, dt., 4 Bde., Heidelberg 1978 ff.
–: Schriften zur Religion, Hg. H. U. v. Balthasar, Einsiedeln 1982
–: Gedanken. Über die Religion und über einige andere Gegenstände, Hg. E. Wasmuth, Frankfurt a. M. 1987
–: Gedanken, Hg. J.-R. Armogathe, Üb. U. Kunzmann, Reclam Leipzig 1987; ND Köln 1988
Pico della Mirandola, Giovanni: Joannes Picus Mirandulanus: Opera omnia, 2 Bde., Turin 1971
–: De dignitate hominis, lat.-dt., Üb. H. H. Reich, Bad Homburg u. a. 1968
Ramus, Petrus: Dialecticae institutiones. – Aristotelicae animadversiones (1543), Stuttgart–Bad Cannstatt 1964
Reinhold, Karl (Carl) Leonhard: Über das Fundament des philosophischen Wissens, Jena 1791
–: Versuch einer neuen Theorie des menschlichen Vorstellungsvermögens, Prag und Jena 1789
–: Über das Fundament des philosophischen Wissens (1791). Über die Möglichkeit der Philosophie als strenge Wissenschaft (1790), Hg. W. Schrader, Meiner Hamburg 1978
–: Korrespondenzausgabe d. Österr. Akademie d. Wissenschaften, Hg. R. Lauth u. a., Stuttgart/Wien 1983 (ff.)
Rickert, Heinrich: Die Grenze der naturwissenschaftlichen Begriffsbildung, Freiburg 1896
–: Kulturwissenschaft und Naturwissenschaft, Tübingen [7]1926; Reclam Stuttgart 1986
Rousseau, Jean Jacques: Œuvres complètes, Hg. B. Gagnebin, M. Raymond, Paris 1959–69
–: Sämtliche Werke, Hg. C. F. Cramer, Berlin 1785–99
–: Correspondance complète, Hg. R. A. Leigh, Genf 1965 ff.

–: Vom Gesellschaftsvertrag oder Grundsätze des Staatsrechts, Hg. H. Brockard, Reclam Stuttgart 1979

–: (Schriften zur Kulturkritik:) Über Kunst und Wissenschaft. Über den Ursprung der Ungleichheit unter den Menschen, frz.-dt., Hg. K. Weigand, Meiner Hamburg [4]1983

–: Emile oder über die Erziehung, Hg. M. Rang, Reclam Stuttgart 1963; ND 1986

Scheler, Max: Gesammelte Werke, Hg. M. Frings, M. Scheler, Bonn 1971 ff.

Schulze, Gottlob Ernst: Aenesidemus, Helmstedt 1792; Berlin 1911

–: Über die menschliche Erkenntnis, Göttingen 1832; Brüssel 1970

Silvester von Ferrara: Francisci de Sylvestris Ferrariensis Commentaria in Summam contra Gentiles S. Thomae Aquinatis, in: Sti. Thomae Aquinatis Opera omnia, Ed. Leonina, Bd. XIII–XV, Rom 1918–30

Spinoza, Benedictus (Baruch) de: Opera, Hg. C. Gebhardt, 4 Bde., Heidelberg [2]1973, Ergänzungsbd. 1987

–: Opera. Werke, lat.-dt., Hg. G. Gawlick, F. Niewöhner, K. Blumenstock, 2 Bde., Darmstadt, I 1979, II [3]1980

–: Sämtliche Werke in 7 Bd., Hg. C. Gebhardt u. a., Meiner Hamburg 1965 ff.

–: Die Ethik, lat.-dt. Üb J. Stern, I. Rauthe-Welsch, Reclam Stuttgart 1977* (zitiert: Eth.; Def = Definitio[n]; Schol. = Scholium); ND 1984

–: Briefwechsel, Üb. C. Gebhardt, Meiner Hamburg 1977; ND 1988

Suárez, Francisco: Opera omnia, 26 + 2 Bde., Paris 1856–78; ND Brüssel 1963

–: Disputationes metaphysicae, 2 Bde. Paris 1866; ND Hildesheim 1965

–: Disputaciones metafísicas, lat.-sp., Hg. S. Rábade Romeo, S. Caballero Sánchez, A. Puigcerver Zanón, 7 Bde., Madrid 1960–1966

–: De Anima, lat.-sp., Hg. S. Castellote, Madrid 1978 ff. (bisher 2 Bde.)

–: Über die Individualität und das Individuationsprinzip, lat.-dt., Hg. R. Specht, 2 Bde., Meiner Hamburg 1976

–: De legibus, lat.-span., 6 Bde., Madrid 1971–77

–: Ausgewählte Texte zum Völkerrecht, lat.-dt., Hg. J. de Vries, Tübingen 1965

Tindal, Matthew: Christianity as old as creation, London 1730, ND Stuttgart 1967

Toland, John: Christianity not mysterious, Hg. R. Wellek, New York 1978

Vitoria: s. de Vitoria

Voltaire, François Marie Arouet: Œuvres complètes, Hg. L. Moland, 52 Bde., Paris 1877–82

–: Œuvres, Hg. R. Gross u. a., 3 Bde., Paris 1957 ff.

Windelband, Wilhelm: Einleitung in die Philosophie, Tübingen 1914

–: Geschichte und Naturwissenschaft, Straßburg [3]1904

–: s. a. Literatur

Wolff, Christian: Gesammelte Werke, Hg. J. Ecole u. a., Hildesheim (New York) 1962 ff.

Literatur

Aaron, R. J.: John Locke, New York ³1971

Adickes, E.: Kants Opus postumum dargestellt und beurteilt, Berlin 1920

–: Kant als Naturforscher, Berlin 1924

Allison, H. E.: Kant's Transcendental Idealism. An Interpretation and Defense, New Haven, London 1983

Alquié, F.: La découverte métaphysique de l'homme chez Descartes, Paris 1950

–: Descartes, Stuttgart–Bad Cannstatt 1962

–: Le cartésianisme de Malebranche, Paris 1974

–: Le rationalisme de Spinoza, Paris 1981

Anderson, T. H.: The philosophy of Francis Bacon, Chicago 1948; New York ²1975

Ardley, G.: Berkeley's Renovation of Philosophy, Den Haag 1968

Ayer, A. J.: Hume, Oxford 1980

Baruzzi, A. (Hg.): Aufklärung und Materialismus im Frankreich des 18. Jahrhunderts, München 1968

Baumgartner, H. M.: Kants »Kritik der reinen Vernunft«. Eine Anleitung zur Lektüre, Freiburg, München 1985

Beck, L. J.: The Method of Descartes. A Study of the Regulae, Oxford 1952; New York 1987

–: The Metaphysics of Descartes. A Study of the Meditations, Oxford ²1967

Beck, L. W.: Kants »Kritik der praktischen Vernunft«. Ein Kommentar, München ²1985

Belaval, Y.: Leibniz. Initiation à sa philosophie, Paris ⁴1975

Bennett, J.: A Study of Spinoza's Ethics, New York 1983

Bermbach, U., Kodalle, K. (Hg.): Furcht und Freiheit. Leviathan-Diskussion 300 Jahre nach Thomas Hobbes, Wiesbaden 1982

Beyssade, J.-M.: La philosophie première de Descartes, Paris 1979

Bloch, E.: Vorlesungen zur Philosophie der Renaissance, Frankfurt a. M. ³1984

Blumenberg, H.: Die Legitimität der Neuzeit, Frankfurt a. M. ²1987

–: Säkularisierung und Selbstbehauptung, Frankfurt 1974 (Erweiterung des vorhergehenden Werks)

Bouillier, F.: Histoire de la philosophie cartésienne, 2 Bde., Paris ³1868; ND Brüssel 1969

Bracken, H. M.: Berkeley, London 1974; New York 1975

Brandt, R. (Hg.): John Locke, Symposion Wolfenbüttel 1979, Berlin 1981

Bréhier, E.: Histoire de la philosophie II: La philosophie moderne, Paris 1968

Brereton, G. (Hg.): French Thought in the 18ᵗʰ Century, New York 1953

Brockdorff, C. v.: Die englische Aufklärungsphilosophie, München 1924

–: Die deutsche Aufklärungsphilosophie, München 1926

Broiles, R. D.: The moral philosophy of David Hume, Den Haag ²1969

Brown, S. C.: Leibniz, Minneapolis 1984

Cantor, N. F., Klein, P. L. (Hg.): Seventeenth-Century Rationalism. Bacon and Descartes, Waltham 1969

Cassirer, E.: Kants Leben und Lehre, Berlin 1918; Darmstadt ⁵1977

–: Die Philosophie der Aufklärung, Tübingen 1932

–: Leibniz' System in seinen wissenschaftlichen Grundlagen, Marburg 1902; Darmstadt ²1962

Cavendish, A. P.: David Hume, New York ²1968

Chevalier, J.: Histoire de la pensée Bd. 3: La pensée moderne. De Descartes à Kant, Paris 1961

Church, R. W.: Hume's Theory of the Understanding, 1935; ND Westport 1980

Cohen, H.: Kommentar zu Immanuel Kants Kritik der reinen Vernunft, Leipzig 1907

Copleston, F.: A History of Philosophy Bd. 4–6, London 1958–60

Couturat, L.: La logique de Leibniz, Paris 1901

Cox, R. H.: Locke on War and Peace, Lanham 1982

Craig, E.: David Hume. Eine Einführung in seine Philosophie, Frankfurt a. M. 1979

Cramer, K., Bittner, R. (Hg.): Materialien zu Kants Kritik der praktischen Vernunft, Frankfurt a. M. ²1985

Cramer, W.: Die absolute Reflexion, Bd. I: Spinozas Philosophie des Absoluten, Frankfurt a. M. 1966

Crowther, J. G.: Francis Bacon, the first statesman of science, London 1960

De Lattre, A.: L'occasionalisme d'Arnold Geulincx, Paris 1967

Delekat, F.: Immanuel Kant. Historisch-kritische Interpretation der Hauptschriften, Heidelberg 1963

Deleuze, G.: Spinoza, Paris 1970

De Lubac, H.: Le mystère du Surnaturel, Paris 1965

Diesselhorst, M.: Ursprünge des modernen Systemdenkens bei Hobbes, Stuttgart 1968

–: Naturzustand und Sozialvertrag bei Hobbes und Kant, Göttingen 1988

Dijksterhuis, E. J.: Die Mechanisierung des Weltbildes, Berlin u. a. 1956

Dunin Borkowski, S. v.: Spinoza, 4 Bde., Münster 1933–36

Dunn, J.: Locke, London, New York 1984

–: The Political Thought of John Locke, Cambridge, London, New York 1982

Eisler, R.: Kant-Lexikon, Berlin 1930; Hildesheim u. a. ⁹1984

Erdmann, J. E.: Versuch einer wissenschaftlichen Darstellung der Geschichte der neuern Philosophie, Bd. 1–5, Stuttgart ²1977

Euchner, W.: Naturrecht und Politik bei John Locke, Frankfurt a. M. ²1979

Farrington, B.: The philosophy of Francis Bacon. An essay on its development from 1603 to 1609, Liverpool ²1970

–: Bacon, philosopher of industrial science, New York 1951; ND 1979

Fischer, K.: Geschichte der neuern Philosophie, Bd. 1–5 u. 10, Heidelberg 1869 ff.

Foster, J., Robinson, H. (Hg.): Essays on Berkeley. A Tercentennial celebration, Oxford, New York 1985

Frankfurt, H. G.: Demons, dreamers and madmen. The defense of reason in Descartes's »Méditations«, Indianapolis, New York 1970

Garcia, A.: Thomas Hobbes: Bibliographie internationale de 1620 à 1986, Caen 1986

Gay, P.: The Enlightenment. An Interpretation, 2 Bde., London, New York 1967–69

Gerl, H.-B.: Einführung in die Philosophie der Renaissance, Darmstadt 1989

Giancotti Boscherini, E.: Lexicon Spinozanum, 2 Bde., Den Haag 1970

Gibson, J.: Locke's Theory of Knowledge, New York ²1960

Gilson, E.: Etudes sur le rôle de la pensée médiévale dans la formation du système cartésien, Paris ²1951

–: s. a. Werke: Descartes: Discours

Gouhier, H.: La pensée métaphysique de Descartes, Paris ²1969

–: Essais sur Descartes, Paris ³1973

–: Blaise Pascal, commentaires, Paris ³1984

Grassi, E.: Einführung in philosophische Probleme des Humanismus, Darmstadt 1986

Green, A. W.: Sir Francis Bacon, New York 1966

Groethuysen, B.: Philosophie de la Révolution française, Paris 1956

Gueroult, M.: Berkeley. Quatre études sur la perception et sur Dieu, Paris 1956

–: Malebranche, 3 Bde., Paris 1955–59

–: Leibniz, dynamique et métaphysique, Paris 1967

–: Descartes selon l'ordre des raisons, 2 Bde., Paris 1968

–: Spinoza, 2 Bde., Hildesheim (New York) 1969–74

–: Etudes sur Descartes, Spinoza, Malebranche et Leibniz, Hildesheim, New York 1970

Gulyga, A.: Immanuel Kant, Frankfurt a. M. 1985

Hecker, K.: Spinozas allgemeine Ontologie, Darmstadt 1978

Heess, M.: Blaise Pascal. Wissenschaftliches Denken und christlicher Glaube, München 1977

Hegyi, J.: Die Bedeutung des Seins bei den klassischen Kommentatoren des heiligen Thomas von Aquin – Capreolus – Silvester von Ferrara – Cajetan, Pullach bei München 1959

Heidegger, M.: Sein und Zeit, Halle 1927; Tübingen [16]1986a

–: Kant und das Problem der Metaphysik, Bonn 1929; Frankfurt a. M. [4]1973

–: Identität und Differenz, Pfullingen [8]1986b

Heimsoeth, H.: Metaphysik der Neuzeit, München, Berlin 1929

–: Transzendentale Dialektik. Ein Kommentar zur Kritik der reinen Vernunft, 4 Bde., Berlin 1966–71

Hicks, G. D.: Berkeley, New York [2]1968

Hirschberger, J.: Geschichte der Philosophie Bd. 2: Neuzeit und Gegenwart, Freiburg u. a. [13]1988

Höffe, O. (Hg.): Klassiker der Philosophie, 2 Bde., München [2]1985

–(Hg.): Thomas Hobbes. Anthropologie und Staatsphilosophie, Freiburg (Schweiz) 1981

–: Immanuel Kant, München 1983

Hubbeling, H. G.: Spinoza, Freiburg, München 1978

Huber, K.: Leibniz, München 1951

Janke, W.: Leibniz. Die Emendation der Metaphysik, Frankfurt a. M. 1963

Jaspers, K.: Kant. Leben, Werk, Wirkung, München [2]1983

Johnston, G. A.: The development of Berkeley's philosophy, New York 1965

Kaulbach, F.: Immanuel Kant, Berlin [2]1983

Kennington, R. (Hg.): The Philosophy of Baruch Spinoza, Washington 1980

Kenny, A.: Descartes. A Study of his Philosophy, New York 1968

Kondylis, P.: Die Aufklärung im Rahmen des neuzeitlichen Rationalismus, Stuttgart 1981

Kopper, J.: Einführung in die Philosophie der Aufklärung. Die theoretischen Grundlagen, Darmstadt 1979

Kopper, J., Malter, R. (Hg.): Materialien zu Kants »Kritik der reinen Vernunft«, Frankfurt a. M. [2]1980

Kraus, J. L.: John Locke. Empiricist, atomist, conceptualist and agnostic, New York 1968

Krauss, W.: Studien zur deutschen und französischen Aufklärung, Berlin 1963

–(Hg.): Grundpositionen der französischen Aufklärung, Berlin 1955

Kreimendahl, L.: Humes verborgener Rationalismus, Berlin, New York 1982

Laird, J.: Hume's philosophy of human nature, Hamden 1967

Lang, B. M.: David Hume, New York [2]1968

Laporte, J.: Le rationalisme de Descartes, Paris [2]1950

Lauener, H.: Hume und Kant. Systematische Gegenüberstellung einiger Hauptpunkte ihrer Lehren, Bern 1969

Lewin, J.: Die Lehre von den Ideen bei Malebranche, Halle 1912; ND Hildesheim, New York 1981

Liebmann, O.: Kant und die Epigonen, Stuttgart 1865

Link, C.: Subjektivität und Wahrheit. Die Grundlegung der neuzeitlichen Metaphysik durch Descartes, Stuttgart 1978

Mackie, J. L.: Problems from Locke, Oxford 1976; ND 1982

–: Hume's Moral Theory, London u. a. 1980

Mahnke, D.: Leibnizens Synthese von Universalmathematik und Individualmetaphysik, Halle 1925

Maier, A.: Studien zur Naturphilosophie der Spätscholastik, 5 Bde., Rom 1949–58

Mall, R. A.: Der operative Begriff des Geistes. Locke, Berkeley, Hume, Freiburg, München 1984

Maréchal, J.: Le point de départ de la métaphysique, Cahier III: La critique de Kant, Paris 1923

Marion, J.-L., Sur le prisme métaphysique de Descartes, Paris 1986

Martin, G.: Leibniz. Logik und Metaphysik, Berlin [2]1967

Matheron, A.: Individu et communauté chez Spinoza, Paris [2]1988

Metz, R.: David Hume, Leben und Philosophie, Stuttgart 1925; ND 1968

Mittelstraß, J.: Neuzeit und Aufklärung, Berlin 1970

Moreau, P. F.: Spinoza, Paris 1975

Müller, K.: Leibniz-Bibliographie. Die Literatur über Leibniz bis 1980, Hg. A. Heinekamp, Frankfurt a. M. [2]1984

O'Connor, D. J.: John Locke, New York 1967

Oelmüller, W.: Die unbefriedigte Aufklärung, Frankfurt a. M. Neuausg. 1979

Otto, S.: Renaissance und frühe Neuzeit (Geschichte d. Phil. in Text u. Darstellung, Bd. 3), Stuttgart 1984

Paton, H. J.: Der kategorische Imperativ. Eine Untersuchung über Kants Moralphilosophie, Berlin 1962

Paulsen, F.: Immanuel Kant. Sein Leben und seine Lehre, Stuttgart 1898

Penelhum, T.: Hume, London 1975

Peters, R. S.: Hobbes, London 1956; ND Westport 1979

Prauss, G.: Kant über Freiheit als Autonomie, Frankfurt a. M. 1983

Pucelle, J.: Berkeley ou l'itinéraire de l'âme à Dieu, Paris 1967

Ratke, H.: Systematisches Handlexikon zu Kants Kritik der reinen Vernunft (1929), Meiner Hamburg 1972

Reiter, J.: System und Praxis. Zur Analyse der Denkformen neuzeitlicher Metaphysik im Werk von Malebranche, Freiburg, München 1972

Rescher, N.: Leibniz. An Introduction to his Philosophy, Oxford 1979

–: Leibniz's metaphysics of nature, Dordrecht 1981

Richetti, J. J.: Philosophical Writing. Locke, Berkeley, Hume, Cambridge 1983

Rickert, H.: Kant als Philosoph der modernen Kultur, Tübingen 1924

Rodis-Lewis, G.: Nicolas Malebranche, Paris 1963

–: L'œuvre de Descartes, Paris 1971

Röd, W.: Descartes. Die Genese des cartesischen Rationalismus, München [2]1982

–: Geschichte der Philosophie, Bd. VII u. VIII: Die Philosophie der Neuzeit 1 u. 2, München 1978–84

Rombach, H.: Substanz, System, Struktur, 2 Bde., Freiburg, München [2]1981

Russell, B.: A Critical Exposition of the Philosophy of Leibniz, Cambridge 1900; London [2]1937

Sala, G. B.: Kant und die Frage nach Gott. Gottesbeweise und Gottesbeweiskritik in den Schriften Kants, Berlin, New York 1990

Sandvoss, E. R.: Immanuel Kant. Leben, Werk, Wirkung (Urban-Taschenbücher 356), Stuttgart u. a. 1983

Schalk, F.: Studien zur französischen Aufklärung, Frankfurt a. M. [2]1977

Schmidt, G.: Aufklärung und Metaphysik. Die Neubegründung des Wissens durch Descartes, Tübingen 1965

Schmitt, C.: Der Leviathan in der Staatslehre des Thomas Hobbes. Sinn und Fehlschlag eines politischen Symbols, Köln 1982

Schöndorf, H.: »Denken-Können« und »Wollen-Können« in Kants Beispielen für den kategorischen Imperativ, in: Zeitschr. f. phil. Forsch. 39 (1985), 549–573

Schulz, W.: Philosophie in der veränderten Welt, Pfullingen [5]1984

Sebba, G.: Bibliographia Cartesiana. A Critical Guide to the Descartes Literature 1800–1960, Den Haag 1964

Seliger, M.: The liberal politics of John Locke, New York 1969

Smith, N. Kemp: The Philosophy of David Hume, London 1941; New York 1983

Specht, R.: Commercium mentis et corporis. Über Kausalvorstellungen im Cartesianismus, Stuttgart–Bad Cannstatt 1966

Speck, J. (Hg.): Grundprobleme der großen Philosophen, Philosophie der Neuzeit Bd. I u. II, Göttingen I [2]1986; II [2]1982

Steinmann, J.: Pascal, Stuttgart [2]1962

Stephen, L.: Hobbes, Ann Arbor 1961

–: History of the English Thought in the 18th Century, 2 Bde. (1876–1880), New York 1963

Strauss, L.: Hobbes' politische Wissenschaft, Berlin 1965

Strawson, P. F.: Die Grenzen des Sinns. Ein Kommentar zu Kants Kritik der reinen Vernunft, Königstein 1981

Totok, W.: Handbuch der Geschichte der Philosophie, Bd. III u. IV, Frankfurt a. M. 1980–81 (Bibliographie!)

–, Haase, C. (Hg.): Leibniz. Sein Leben – Sein Wirken – Seine Welt, Hannover 1966

Ueberweg, F.: Grundriß der Geschichte der Philosophie, 3. Teil: Die Philosophie der Neuzeit bis zum Ende des achtzehnten Jahrhunderts, Berlin [12]1924

Urmson, J. O.: Berkeley, Oxford 1982

Vaihinger, H.: Commentar zu Kants Kritik der reinen Vernunft, 2 Bde., Stuttgart [2]1922; ND Aalen 1970

Vorländer, K.: Immanuel Kant. Der Mann und das Werk, 2 Bde., Leipzig 1924; Hg. R. Malter, Meiner Hamburg [2]1977

–: Geschichte der Philosophie Bd. 3–5, Reinbek bei Hamburg 1965–67

Wallace, K. R.: Francis Bacon on the nature of man, Urbana (Ill.), London 1967

Walther, M.: Metaphysik als Anti-Theologie. Die Philosophie Spinozas im Zusammenhang der religionsgeschichtlichen Problematik, Hamburg 1971

Warnock, G. J.: Berkeley, Harmoudsworth 1969; Notre Dame (Ind.) 1983

Wasmuth, E.: Der unbekannte Pascal, Regensburg 1962

Weiss, U.: Das philosophische System von Thomas Hobbes, Stuttgart–Bad Cannstatt 1980

Werf, Th. v. d., u. a.: A Spinoza Bibliography 1971–1983, Leiden 1984

Wetlesen, J.: A Spinoza Bibliography. Particularly on the Period 1940–1967, Oslo [2]1971

–(Hg.): Spinoza's Philosophy of Man, Oslo 1978

Wettstein, R. H.: Kritische Gegenstandstheorie der Wahrheit. Argumentative Rekonstruktion von Kants kritischer Theorie, Würzburg [2]1983

Wiedmann, F.: Baruch de Spinoza, Würzburg 1982

Williams, B.: Descartes. Das Vorhaben der reinen philosophischen Untersuchung, Königstein 1981

Willms, B.: Der Weg des Leviathan. Die Hobbes-Forschung vor 1968–1978, Berlin 1979

–: Thomas Hobbes. Das Reich des Leviathan, München 1987

Wilson, M. D.: Descartes, London u. a. 1978

Windelband, W.: Die Geschichte der neueren Philosophie, Bd. 1: Von der Renaissance bis Kant, Leipzig [8]1922

–, Heimsoeth, H.: Lehrbuch der Geschichte der Philosophie, Tübingen [15]1957; ND 1980

Wolf, F. O.: Die neue Wissenschaft des Thomas Hobbes, Stuttgart 1969

Wolff, H. M.: Die Weltanschauung der deutschen Aufklärung, Bern 1949

–: Spinozas Ethik, Bern 1958

Wolfson, H. A.: The Philosophy of Spinoza, 2 Bde., New York 1969

Woolhouse, R. S.: Locke, Brighton; Minneapolis 1983

Wright, J. P.: The Sceptical Realism of David Hume, Minneapolis 1983

Wundt, M.: Kant als Metaphysiker, Stuttgart 1924

–: Die deutsche Schulmetaphysik im Zeitalter der Aufklärung, Tübingen 1939

–: Die deutsche Schulphilosophie im Zeitalter der Aufklärung, Tübingen 1945; ND Hildesheim 1964

Yolton, J. W.: Locke. An Introduction, Oxford 1985

Schulze, G.E. 147
Scotus, J. Duns 14, 125
Shaftesbury, Earl of (A. Ashley
  Cooper) 87, 92, 96, 133
Silvester von Ferrara 19
Sokrates 133
Sophie Charlotte von Hannover 47
Spinoza, B. de 33, 36, 40–46, 47, 52,
  62, 64, 86, 92, 93, 102, 125, 148, 149
Suárez, F. 19, 100

Telesio, B. 18
Thomas von Aquin 14, 19, 98, 100,
  106, 120, 125
Tindal, M. 86, 144
Toland, J. 86, 144
Torricelli, E. 37

Vaihinger, H. 149
Valla, L. 18
Verulam s. Bacon, Francis
Vitoria, F. de 19
Vogt, C. 149
Voltaire, F.M. (Arouet) 87f., 91, 144
Vorländer, K. 149

Weigel, V. 18
Wieland, C.M. 92
Wilhelm von Ockham s. Ockham
Wilhelm von Oranien 58
Windelband, W. 151f., 154
Wolff, C. 52, 55, 91, 95, 99, 100, 101,
  102, 104, 107, 125, 138
Wundt, M. 101, 150

Sachregister